FOLLOW ME

Follow Me

팔로우 미

지은이 | 데이비드 플랫
옮긴이 | 최종훈
초판 발행 | 2013. 3. 25.
11쇄 발행 | 2025. 3. 7.
등록번호 | 제1988-000080호
등록된 곳 | 서울특별시 용산구 서빙고로65길 38
발행처 | 사단법인 두란노서원
영업부 | 02)2078-3333 FAX | 080-749-3705
출판부 | 02)2078-3330

책값은 뒤표지에 있습니다.
ISBN 978-89-531-1904-8 03230

독자의 의견을 기다립니다.
tpress@duranno.com   http://www.duranno.com

두란노서원은 바울 사도가 3차 전도 여행 때 에베소에서 성령 받은 제자들을 따로 세워 하나님의 말씀으로 양육
하던 장소입니다. 사도행전 19장 8-20절의 정신에 따라 첫째 목회자를 돕는 사역과 평신도를 훈련시키는 사역,
둘째 세계선교(TIM)와 문서선교(단행본 · 잡지) 사역, 셋째 예수문화 및 경배와 찬양 사역, 그리고 가정 · 상담 사역 등을
감당하고 있습니다. 1980년 12월 22일에 창립된 두란노서원은 주님 오실 때까지 이 사역들을 계속할 것입니다.

FOLLOW ME

데이비드 플랫 지음 | 최종훈 옮김

두란노

갈렙, 조슈아, 마라 루스, 아이자야.
나의 네 아이들이 다른 무엇보다도
그분의 죽음에서 생명을 찾아내길
간절히 기도한다.

하나님은 당신의 가장 소중한 아들을 십자가에 내주는 대가를 지불하심으로 우리를 자녀 삼아 주셨다. 이것이 낭비인가? 결코 그렇지 않다. 문제는 하나님 아버지께서 자녀 된 우리에게 원하시는 것, 즉 가서 모든 민족으로 제자 삼으라는 명령을 따르지 않는다면, 하나님의 이 은혜는 낭비가 된다는 것이다. 제자 삼지 않은 우리 자신이 하나님에게 가장 큰 낭비다. 하나님의 은혜를 더 이상 낭비하지 말자. 하나님이 나에게 주신 은혜가 낭비가 아니라 가장 가치 있는 일이 되게 하기 위한 길잡이로 이 책을 적극 추천한다.

권준 _시애틀형제교회 담임목사

제자리에 머물러 있는 오늘날 크리스천들에게 신선한 충격을 던지는 책이다. 홍수가 나면 오염되지 않는 생수를 구하기가 어렵듯이 제자 사역의 홍수 시대를 맞은 한국 교회에 새로운 도전과 올바른 이정표가 되리라 확신한다.

김유수 _월광교회 담임목사

한국 교회의 문제는 진정한 회심에 있고, 진정한 회심의 가장 중요한 특질은 하나님 나라 복음의 전수이다. '예수를 혼자 믿거나 겨우 예수를 전하는 정도가 아니라 예수를 따르는 길을 전수하는 일이 없다면, 그것은 예수를 따르지 않는 것이나 다름없다'는 저자의 주장은 전적으로 옳다. 기독교가 개인의 종교, 개인적 신앙으로 전락하는 우리 시대에 이 책은 본질적인 질문을 우리에게 던진다. 예수 따르는 길을 전수하지 않는 자가 예수를 정말 믿는 자일 수 있을까? 교회의 양적 성장을 위해서가 아니라, 진정한 예수 따르미들의 재생산이 필요한 시기에 이 책은 귀한 도전과 길잡이가 될 것이다.

김형국 _나들목교회 대표목사, 「교회를 꿈꾼다」·「교회 안의 거짓말」 저자

신앙은 자신이 하나님 앞에 회개하고 돌이키는 것으로 시작해서, 개인을 넘어서 공동체에 영적 영향력을 끼치며, 나아가서 다른 사람을 제자 삼아 양육하는 단계에까지 이를 수 있어야 한다. 이 과정은 선택 사항이 아니라 필수이다. 자신의 것을 모두 내려놓고 주님의 부르심을 전적으로 따를 때 가능한 일이다. 제자 삼는 삶에는 세상에서 얻을 수 없는 기쁨과 행복이 가득하다. 이 책을 통해, 배와 그물을 버려두고 전폭적으로 주님의 삶을 따라 살았던 제자들이 만든 기적의 역사를 맛볼 것이다.

김형준 _동안교회 담임목사

예수님의 제자는 어부(Fisherman)가 아니라 사람을 낚는 어부(Fisher of Man)로 부르심을 받았다. 어부는 살아 있는 물고기를 잡아 죽이는 일을 하지만 사람을 낚는 어부는 영적으로 죽었던 사람을 살리는 일을 한다. 저자는 이 책에서 크리스천들이 예수님처럼 사람을 살리는 어부로 살아야 하는 이유와 방법을 명확하게 가르쳐 준다.

노창수 _남가주사랑의교회 담임목사

30여 년 동안 제자 훈련은 한국 교회에 신선한 자극제가 되어 왔다. 단순한 프로그램이 아니라 본질을 위한 말씀 운동이었기에, 삶의 변혁을 가능케 하였다. 그런데 안타깝게도 최근 제자 삼기의 본질이 내외적인 어려움 속에서 크게 희석되고 있다. 따라서 이 책이 담고 있는 제자도에 대한 확신과 도전은 우리에게 시의적절한 선물이다. 본서가 삶의 현장에서 제자로 서기 위해 분투하는 교회 지도자와 성도들에게 위로와 격려가 되기를 소망하는 마음으로 일독을 권한다.

송태근 _삼일교회 담임목사

데이비드 플랫 목사의 책들은 항상 감동을 넘어 당장 실천으로 옮겨야 한다는 절박함과 주님의 명령대로 살 수 있다는 놀라운 확신을 주었다. 이 책에서 데이비드 플랫 목사는 "나를 따르라(Follow me)"라는 예수님의 부르심이 '죽으라는 부르심' 같지만 실제로는 '살라는 부르심'임을 진술하면서도 강력하게 증거한다. 이 혁신적인 메시지를 통해 다시 한 번, 한국 교회 안에 평신도들이 살아나서 선교가 일상이 되는 영적 부흥이 일어나기를 소망한다.

유기성 _선한목자교회 담임목사

추수할 것은 많되 일꾼이 적다(마 9:37)라는 주님의 말씀을 다시금 떠올린다. 참 제자를 찾아보기 힘든 이때에, 이 책은 한국 교회와 세계 교회에 던지는 주님의 음성과도 같다. 제자로 부름 받은 우리에게 저자는 거기에 머물지 말고 다른 사람을 제자 삼으라고 도전한다. 제자 삼는 과정에서 영적 기쁨을 누리고, 공동체에 영향력을 나타내라고 말한다. 참 제자가 무엇인지를 알고 참 제자의 삶을 소망하는 당신을 위한 책이다. 제자 삼기의 정석과 같은 이 책이 우리를 그 가슴 뛰는 부르심에 즉각 반응하도록 돕기를 기대한다.

유재필 _순복음노원교회 위임목사

지금 한국 교회는 그리스도의 길을 따르기 위해 생명을 건 참된 제자도의 정신이 목마른 때를 맞이했다. 피상적 신앙, 영적 건조 증세가 심화되는 이때에 이 책의 내용들이 절절히 가슴에 와 닿는다. 제자도의 핵심을 간파하고 도전하는 이 책이 나른한 신앙에 빠져 있는 신자들에게 반드시 되찾아야 할 신앙의 핵심을 되새겨 줄 것이라 믿는다.

이규현 _수영로교회 담임목사

데이비드 플랫 목사의 전작인 「래디컬」과 「래디컬 투게더」는 습관과 타성에 젖은 크리스천과 교회를 영적 잠에서 깨워 성경의 근본적인 가르침을 되새기게 하는 하나님의 음성과도 같았다. 이번 「팔로우 미」는 제자의 삶을 넘어서, 다른 사람들을 모두 제자 삼으라는 선교적 사명을 완수할 것을 강력하게 요청한다. 이 명령을 따르는 것이야말로 진정한 제자의 길임을 확신한다.

이영훈 _여의도순복음교회 담임목사

저널리스트로서 반드시 인터뷰 하고 싶은 욕심이 드는 인물이 있다. 데이비드 플랫 목사가 바로 그런 인물이다. 그의 책 「래디컬」을 접했을 때에 "이 젊은 목사와 만나서 이야기해 보고 싶다"는 마음이 들었다. 다른 모든 것을 뒤로 놓고 오직 주 예수 그리스도만을 바라보는 그의 열정에 전염되고 싶었다. 그의 메시지 주제는 버림이었다. '버림을 통한 얻음'이라는 역설을 그는 강조하고 있었다. 강조할 뿐 아니라 그대로 살아가려고 몸부림치는 모습이 책 속에 여실히 보였다. 「팔로우 미」에서 플랫 목사는 우리가 무엇을 위해서 버려야 하는 지 그 버림의 목적을 정확히 기술하고 있다. '죽어야 살고, 잡혀야 살고, 버려야 산다'는 역설의 진리를 플랫 목사는 강조하고 있다. 지금 만신창이의 한국 교회에 '본질 회복'의 바람이 불고 있다. 플랫 목사는 그 바람을 일으켜 준 주역 중의 하나다. 그래서 고맙다.

이태형 _국민일보 부국장. 「더 있다」 저자

Follow me!

변화되기를 두려워하는 사람은 피해야 할 책이다. 그러나 제자처럼 살고 싶고 주님을 닮고 싶은 사람은 꼭 읽어야 할 책이다. 루터가 다시 살아난다면 이 책을 서슴없이 집어 들고 읽을 것이다. 그리고 결코 야고보서를 지푸라기 복음이라고 말하지 않을 것이다. 이 책은 삶으로 증명한 살아 있는 야고보서이다.

루터가 생존할 당시에는 '이신칭의'와 '이신득구'가 가장 필요한 복음이었고 충분한 교리였다. 그러나 이 세대는 "행함이 없는 믿음은 죽은 것"이라는 야고보의 복음이 절대적으로 필요하다. 열매가 없는 나무는 죽은 나무다. 복음을 입으로 말하지 않고 삶으로 보여야 한다. 꽃피고 열매를 맺어야 한다. 수학 공식처럼, 그리스도가 내 안에 진정으로 내주하면 삶의 열매가 반드시 열려야 한다. 「팔로우 미」는 이 사실을 깊이 깨우쳐 준다. 당신은 살아 있는 나무인가?

열매 없는 나무는 가치가 없다. 사과나무에 사과가 열리듯이 그리스도인의 나무에는 반드시 그리스도의 열매가 열린다. 당연한 자연의 법칙이다. 그러나 우리는 이 법칙에 어긋나게 살고 있다. 행함이 없거나 지극히 빈약하여 도통 열매를 맺지 못한다. 죽은 나무와 같다. 이 책은 정말 살아 있는 그리스도의 나무를 소개하고 있다. 저자 데이비드 플랫은 야고보서를 삶으로 시원하게 보여 줄 뿐 아니라 굳은 우리 가슴을 망치로 두드린다. 열매가 없다면 부끄러워해야 한다. 부끄러움을 느껴야 산다. 열매 있는 삶은 특별한 것이 아니다. 그리스도인이라면 당연한 삶이다.

이재환 _컴미션 국제 대표

우리 시대에는 복음을 선포하는 일에 삶을 드리고 싶어 조바심을 내는 래디컬 제자들이 간절히 필요하다. 이 책은 주의 사랑에 접속한 순간부터, "예수님의 기쁨이 내 기쁨이 되고, 예수님의 마음이 내 마음이 되고, 예수님의 열망이 내 열망이 된다"는 사실을 일깨운다. 지금 주님이 우리를 부르신다. 어떻게 할 것인가? 안전지대에서 벗어나 우선순위를 바꾸고 주님을 따르려는 열정으로 가득 찬 래디컬 제자들이 일어나기를 소망한다.

진재혁 _지구촌교회 담임목사

1885년 이 땅에 심겨진 복음은 경이적인 교회 성장과 3만 선교사 파송이라는 결과를 낳았다. 지금 한국 교회가 당면한 최대의 과제는 제자다운 제자의 삶으로 하나님 나라를 완성하는 것이다. 이 흐름에 맞게 데이비드 플랫 목사는 참다운 제자로 서라는 강력한 영적 도전으로 새로운 전환점을 마련해 준다. 주님의 제자들은 마땅히 귀 기울여야 할 책이다.

최이우 _종교교회 담임목사

신선한 충격과 기대를 불러일으키는 데이비드 플랫의 책에는 영감을 촉발하는 내용이 풍부하게 담겨 있다. 「래디컬」, 「래디컬 투게더」에 이어 「팔로우 미」도 지금까지의 신앙생활을 다시 한 번 돌아보는 계기를 마련해 준다. 우리는 하나님의 자녀가 되는 데 머물지 말고 예수님의 제자가 되는 자리까지 나가야 한다. 제자를 삼는 것으로 영적 재생산을 이루어야 한다. 예수님을 따르는 길은 좁은 길이지만 생명으로 이어진다. 구원은 은혜로 받지만, 제자는 값을 지불해야 한다. 제자 됨이 없는 구원은 값싼 은혜다. 은혜가 값비싼 이유는 예수님을 따르라고 촉구하기 때문이다. 예수님은 "와서 죽으라"고 부르신다. 그러나 이것은 "와서 살라"는 초대장이다.

한기채 _중앙성결교회 담임목사

신앙의 진정성이 필요한 시대를 살아가고 있다. 진정성은 삶으로 드러난다. 은혜를 받은 자는 반드시 나누고 싶어진다. 주의 은혜는 나누지 않고는 홀로 감당하기 어려운 크기와 깊이를 지녔다. 가정에서부터 이웃과 열방까지 그 은혜를 나누라. 제자 삼으라는 부르심의 은혜를 경험하라. 그때 신앙의 진정성이 드러날 것이다.

홍민기 _호산나교회 담임목사, 브리지임팩트사역원 대표

저자는 목회자요 신학자로서 목회 현장에서 발견되는 여러 문제들에 대한 정확하면서도 바른 영적인 진단을 하고 그것들에 대한 가장 적절한 성경적 대안을 제시한다. 현대 교회가 직면하고 있는 가장 큰 문제 가운데 하나는 성도들의 삶에서 발견되는 부동성, 피동성의 문제일 것이다. 많이 배우나 변화가 없고, 행동이 없는 명목상의 성도들을 향하여 더 이상 그런 자리에 머물지 말고 성경이 가르치는 대로 복음을 믿으며 제자를 삼는 삶을 살라고 강력하게 도전한다. 오늘 조국 교회에도 큰 도전과 시사점을 가지므로 적극 추천하는 바이다.

화종부 _남서울교회 담임목사

part 2 　　　　　　　　　　　　영혼을 살리는 극처방,
"죽어야 산다"

part 1

삶을 내려놓으라는 소환장,
"나를 따르라"

chapter 01

목숨을 내놓으라

한 점 망설임 없이 "예"라고 답하라

대가를 지불하지 않는 신앙은 가짜다

Follow Me

아얀(Ayan)은 한 명도 빠짐없이 온 주민이 회교도라는 사실에 자부심을 가진 부족 출신이다. 공동체에 속해서 살기 위해선 반드시 무슬림이 되어야 했다. 개인적인 정체성, 집안의 체면, 친인척 관계, 사회적 지위 등이 모두 이슬람 신앙과 단단히 뒤엉켜 있었다. 한마디로, 이슬람 신앙을 버리면 살 길이 막힌다. 아얀이 더 이상 무슬림이 아니라는 사실이 밝혀지면, 가족들은 한마디 질문도, 한 점의 망설임도 없이 목을 잘라 버릴 것이다.

자, 이제 이 여인에게 예수님을 소개한다고 생각해 보자. 하나님이 아얀을 한없이 사랑하셔서 독생자를 보내셨으며 구주가 되셔서 죄를 대신 지고 십자가에 달려 돌아가셨다는 사실부터 알려 준다. 시간이 지날수록 이편에서 전하는 메시지에 여인의 마음이 열리는 게 느껴진다. 그렇지만 한편으론 그리스도를 따르

19

기로 작정하는 경우에 치러야 할 엄청난 대가를 예상하고 몸서리치는 영적인 떨림도 감지된다. 마음에는 신앙을, 그리고 눈에는 두려움을 한가득 담은 채, 여인이 묻는다. "어떻게 하면 크리스천이 될 수 있죠?"

아얀에게 대답할 수 있는 길은 두 갈래다. 우선 크리스천이 되는 게 얼마나 쉬운 일인지 설명하는 방식이 있다. 몇 가지 진리에 동의하고 리더가 이끄는 대로 정해진 기도문을 따라 읽기만 하면 구원을 받을 수 있다고 가르친다. 필요한 건 그게 전부다.

반면에 진실을 알려 주는 방법도 있다. 하나님은 복음 안에서 죽기를 요구하신다고 단도직입적으로 이야기해 주는 것이다.

자신의 삶에 대하여,

가족에 대하여,

친구들에 대하여,

장래에 대하여

문자 그대로 죽어야 한다.

그렇게 죽으면 산다. 예수님 안에서 생명을 얻는다. 모든 부족을 아우르는 우주적인 가족의 식구가 된다. 나이와 세대를 뛰어넘는 친구들과 더불어 지내게 된다. 기쁨만 영원히 지속되는 미래에 살게 된다.

아얀은 만들어 낸 드라마의 주인공이 아니다. 그리스도를 좇아 살기로, 다시 말해서 비싼 값을 치르고서라도 자기를 버리고 예수님 안에서 살기로 작정한 실제 인물이다. 그런 결단을 내린 탓에 가족들을 피해 달아나야 했고 친구들에게 버림받은 외톨이 신세가 됐다. 그럼에도 불구하고 지금은 동족들 사이에 복음을 전파하는 사역을 전략적이고도 희생적으로 감당해 나가고 있다. 위험부담은 날이 갈수록 높아만 간다. 여인으로서는 그리스도 안에서 살기 위해 날마다 자신을 죽이는 작업을 쉬지 않고 되풀이하는 게 유일한 대안이다.

부르심, 목숨을 내놓으라는 소환장

아얀의 이야기는 그리스도의 첫 번째 부르심은 필연적으로 죽음으로의 초대일 수밖에 없다는 사실을 선명하게 보여 준다. 기독교가 시작된 이래 지금까지 그 부르심은 줄곧 존재했고 줄기차게 이어져 왔다. 예수님은 1세기의 어느 바닷가에 서 있던 네 명의 어부에게 다가가셔서 "나를 따라오라. 내가 너희를 사람을 낚는 어부가 되게 하리라"(마 4:19)고 하셨다. 직업과 재산, 꿈과 야망, 가족과 친구, 안전과 안정을 모두 버리고 좇아오라는 부름이었다. 주님은 가진 걸 다 버리라고 하신다. "아무든지 나를 따라오려는 사람은 자기를 부인해야 한다"는 말씀을 수없이 되풀이하신다.

스스로 자신을 보호하고, 드러내며, 지키고, 고무하며, 위로하고, 보살피는 시대를 사는 현대인들에게 예수님은 자기를 죽이라고 하셨다. 그리고 실제로 그런 일이 벌어졌다. 성경 말씀과 전승에 따르면, 네 명의 어부는 값비싼 대가를 치르고 그리스도를 따랐다. 베드로는 십자가에 거꾸로 달려 죽었다. 안드레 역시 그리스에서 십자가에 못 박혔다. 야고보는 목이 잘렸고 요한은 귀양살이를 해야 했다.

그렇지만 다들 그만한 가치가 있음을 믿어 의심치 않았다. 모든 걸 다 잃더라도 반드시 잡아야 할 가치를 예수님 안에서 찾았다. 인간의 머리로는 납득할 수 없는 사랑, 조건을 뛰어넘는 만족, 세상 사람들이 추구하는 가치들을 초월한 목적을 그리스도 안에서 발견했다. 그분을 알고, 따르고, 선포하기 위해 열성적이고 자발적으로, 더 나아가 기쁜 마음으로 목숨을 내놓았다. 초기 제자들은 주님의 뒤를 좇으면서 자연스럽게 생명과 기꺼이 맞바꿀 만큼 고귀한 길에 눈을 뜨게 되었던 것이다.

2천여 년이 지난 지금, 이 시대의 제자들은 과연 그 길을 제대로 가고 있는지 궁금하다. 문화의 흐름과 크리스천들이 좋아하는 교회의 성향이 수없이 바뀌면서 어느덧 예수님의 가르침은 설 자리가 줄어들다 결국 버려진 게 아닌지 의심스럽다. 교회마다 이름만 걸어 놓은 채 그리스도와 피상적인 교제를 나누는 데 만족하는 명목상의 크리스천들이 그득하다. 그저 몇 가지 진리를 깨우치거나 몇 마디 고백을 하기만 하면 그리스도의 제자가 될 수 있다고 배우고 믿는 이들이 얼마나 많은지 모른다. 유감스럽게도 그건 사실이 아니다. 베드로, 안드레, 야고보, 요한 그리고 아얍 같은 제자들이 여실히 보여 주듯, 그리스도를 따르라는 부르심은 특정한 기도를 드리자는 초대장이 아니라 목숨을 내놓으라는 소환장이다.

그런데도 어째서 다들 '나에게만큼은 크리스천이 된다는 게 다른 의미일 것'이라고 생각하는가? 그리스도 안에서 살기 위해 자신이 죽는 것을 한사코 거부하는 까닭은 무엇인가? 간편하고, 안락하며, 문화적인 기독교에서 빠져나오는 데는 대가가 따른다는 점만큼은 분명하다. 하지만 거기엔 그만한 가치가 있다. 정확히 말하자면, 그리스도는 그만큼 소중한 분이시다. 예수님은 지성적인 신앙의 대상으로 제한할 수 없을 만큼 귀한 분이시다. 따라서 그분의 제자가 된다는 건 단조로운 영성과는 차원이 완전히 다른 영역이다. 자기를 죽이고 주님을 위해 살면 이루 설명할 수 없는 기쁨과 깊고 깊은 만족감을 얻을 수 있으며 반드시 이루고 싶은 영원한 목표가 생긴다.

이 책을 내놓는 까닭이 거기에 있다. 지난번 책, 「래디컬」에서는 현대 문화와 교회 안에 널리 퍼져 있는 복음과 상반된 가치와 사상을 드러내는 데 힘을 기울였다. 예수님을 따르려면 마땅히 버려야 할 세상에 속한 사고방식과 요소들을 하나하나 짚어 보는 데 초점을 맞췄다. 「팔로우 미」는 그 다음 단계를 목표로 삼는다. "무엇을 버려야 할 것인가?"에서 "누굴 붙잡아야 하는가?"

로 시선을 돌려보고 싶었다. 세상에 속한 것들을 버리는 게 얼마나 중요한지 이야기하는 수준을 넘어 이 땅에 사는 동안 따라가야 할 분이 얼마나 크고 높으신지 살펴보고 싶었다. 자기에 대해 죽고 그리스도에 대해 산다는 게 무얼 의미하는지 자세히 설명해 보고 싶었다.

지금부터 펼쳐 가려는 여정에 동행하지 않겠는가? 드문드문, 요즘 기독교 세계에서 상식으로 통하는 상용구들을 짚고 넘어가려 한다. 그런 말들을 쓰는 이들을 바로잡겠다는 심산이 아니라 흔히 쓰는 상투적인 말들의 이면에 감춰진 잠재적인 위험 인자들을 드러내 보자는 의도다.

의문을 제기하고 질문을 던지기는 하지만 정답을 내놓을 자신은 없다. 예수님을 따르는 데 필요한 사항들을 낱낱이 꿰고 있는 것도 아니다. 명확하게 아는 건 하나뿐이다. 문화적인 영향과 교회 내부에 존재하는 오해 탓에 그리스도를 믿고 크리스천으로 사는 일의 토대마저 흔들리는 게 현실이지만, 굽이굽이마다 안주하고 싶은 유혹에 시달리게 만드는 틀에 박힌 신앙생활을 넘어선 무언가가 예수님에게 있다.

"나를 따르라"는 말씀의 참뜻을 진지하게 받아들이기만 하면 주님 안에서 무한한 기쁨을 누릴 수 있다. 상상의 한계를 훨씬 뛰어넘는 권능이 나타나고 세상이 제시하는 것과는 상대가 되지 않을 만큼 고상한 목적을 이루게 된다. 결국 모두(크리스천 하나하나)

가 열성적이고 자발적으로, 그리고 기쁜 마음으로 목숨을 내놓고 그리스도를 알고 선포하는 일에 나서게 될 것이다. 그것이 주님을 따른다는 말의 속뜻이기 때문이다.

영접 기도를 드렸으니 끝?

가까이 지내는 친구(여기서는 그냥 존이라고 부르기로 하자) 하나는 어려서 〈톰과 제리〉라는 만화영화를 보다가 지옥의 개념을 갖게 됐다. 평소 제리를 괴롭히던 톰이 지옥에 떨어진다는 에피소드였다. 장면 하나하나가 생생했다. 재미있으라고 만든 만화영화를 보다가 죽음의 공포를 알게 된 존은 교회로 달려가서 아무 어른이나 붙잡고 사정을 털어놓았다.

그 어른 성도는 아이를 바라보며 말했다. "그러니까 지옥에 가고 싶지 않다는 얘기로구나, 그렇지?"

"예!" 꼬마 존은 고개를 끄덕였다.

"그럼 말이다, 내가 기도하는 대로 한 마디씩 따라하도록 해라." 어른이 말했다. "사랑하는 예수님…."

존은 잠시 망설였다. 어색한 침묵이 흘렀다. 어쩐지 시키는 대로 고분고분 따라 해야 할 것 같았다. 소년은 머뭇머뭇 입을 열었다. "사랑하는 예수님."

"저는 죄인입니다. 주님이 저를 위해 십자가에 달려 돌아가셨음을 압니다."

존은 앵무새처럼 되풀이했다.

"제 마음에 들어오셔서 죄로부터 구해 주세요." 기도가 이어졌다.

다시 한 번 아이가 같은 말을 반복했다.

"아멘." 마침내 마침표가 찍혔다.

꼬마를 굽어보며 말했다. "얘야, 넌 이제 죄에서 구원을 받았다. 다시는 지옥 따위를 걱정할 필요가 없어."

분명히 말하지만 그날, 그 어른 성도가 어린 존에게 했던 말은 사실이 아니다. "나를 따르라"는 예수님의 초대에 응한다는 건 그처럼 간단한 의식으로 끝나는 일이 아니다. 그럼에도 불구하고 이런 부류의 기만적인 이야기들이 현대 기독교 사회에 들불처럼 번져 나가고 있다.

"예수님께 마음에 들어와 달라고 부탁드리세요."

"그리스도를 삶 속으로 초대하기만 하면 돼요."

"따라서 기도하면 구원을 받을 수 있습니다."

성경은 단 한 번도 그런 기도를 언급한 적이 없다. 두렵지 않은가? 그리스도께 마음에 들어와 달라고 부탁하라든지 삶 속으로 초대하라는 이야기를 성경 어디서도 찾을 수 없다는 점을 생각해 본 적이 있는가? 그럼에도 불구하고 그런 권유를 받고 크리스천이 되었다고 고백하는 이들이 이루 헤아릴 수 없을 만큼 많다.

이들은 특정한 문구를 소리 내어 읽거나, 정해진 기도문을 따라 외우거나, 손을 들거나, 설문에 체크를 하거나, 카드에 서명을 하거나, 강대상 앞으로 걸어 나갔으니 영원토록 구원을 보장받게 됐다고 굳게 믿는다.

그렇지 않다. 될 수 있는 대로 많은 이들을 그리스도께 인도하고자 하는 선한 의도와 진심은 이해하고도 남는다. 하지만 그건 "나를 따르라"는 명령에 담긴 광대한 의미를 교묘하고도 기만적으로 제한하고 축소하는 발상에 지나지 않는다. 언제부터인가 교회에서 진부한 관용구들이 예수님의 도전적인 말씀을 대신하기에 이르렀다. 청중들의 입맛에 맞출 욕심에 기독교의 생명력을 유지해 주는 핵심 요소를 빼내고 그 빈자리에 실속 없는 미사여구를 채워 넣은 것이다. 결과는 재앙에 가깝다. 실제로는 그렇지 않으면서 스스로 죄에서 구원을 받았다고 믿는 이들이 수두룩해졌다. 문화적으로는 크리스천이라고 자부하지만 성경적으로는 전혀 그렇지 않은 이들이 온 세상에 넘쳐나게 된 것이다.

무늬만 크리스천인 당신을 향한 경고

그럴 수도 있을까? 크리스천이라고 고백하지만 여전히 그리스도를 모르는 일이 가능한 것일까? 두말하면 잔소리다. 예수님 말씀에 따르면 얼마든지 벌어질 수 있는 비극이다.

가장 유명한 설교를 마무리하면서 주님이 전하셨던 말씀을 기억하는가? 제자 소리를 듣던 이들에게 둘러싸인 자리에서 예수님은 말씀하셨다.

> 나더러 주여, 주여 하는 자마다 다 천국에 들어갈 것이 아니요 다만 하늘에 계신 내 아버지의 뜻대로 행하는 자라야 들어가리라. 그날에 많은 사람이 나더러 이르되 주여, 주여 우리가 주의 이름으로 선지자 노릇 하며 주의 이름으로 귀신을 쫓아내며 주의 이름으로 많은 권능을 행하지 아니하였나이까 하리니 그 때에 내가 그들에게 밝히 말하되 내가 너희를 도무지 알지 못하니 불법을 행하는 자들아 내게서 떠나가라 하리라(마 7:21-23).

성경 전체를 통틀어 이보다 더 두려운 말씀이 있을까 싶다. 문득, 주일 아침마다 교회를 가득 채우는 이들 가운데 상당수가 마지막 날 예수님 앞에 서서 "내가 너희를 도무지 알지 못하니… 내게서 떠나가라!"는 말을 들을지 모른다는 생각이 들면 자다가도 벌떡 일어나 앉게 된다.

딱히 누구랄 것도 없이 다들 이런 속임수에 넘어가기 쉽다. 마태복음 7장 말씀은 신앙이 없는 무신론자들이나 불가지론자, 이방인이나 이교도에게 주신 가르침이 아니다. 주님은 영원한 생명을 보장받았다고 확신하지만 실상은 판이하게 달라서 언젠가 큰 충격을 받을 선하고 신앙적인 남녀들에게 말씀하고 있다. 예수님을 믿으며 그분의 이름으로 온갖 일들을 다 했노라고 자신하면서도 속을 들여다보면 그리스도를 전혀 모르고 있는 이들이다.

21세기 크리스천과 교회들도 얼마든지 그런 착각에 빠질 수 있다. 마태복음 7장 말씀을 읽을 때마다 얼마 전부터 우리 교회에 출석하기 시작한 톰의 얼굴이 가장 먼저 떠오른다. 버밍엄에서 직장 생활을 하는 이 남자는 평생을 예배당에서 살다시피 했다. 교회에 새로운 봉사 팀이 생기면 어김없이 들어가 섬겼다. 예전에 다니는 교회에서는 아예 목회자 가운데 하나로 여길 정도였다. 톰이 얼마나 선량하고 신실했는지, 그리고 평신도로서 공동체에 얼마나 큰 힘이 됐는지 단박에 짐작할 수 있는 대목이다.

그렇지만 교회에 50년 넘게 열심히 봉사하면서도 진정으로 예수님의 제자가 되지 못했다는 게 문제였다. 톰은 말한다. "그처럼 긴 세월 동안 예배당 의자에 앉아서 그리스도를 안다고 믿었습니다. 아는 게 조금도 없으면서도 말이죠."

우리 교회에 나오는 대학생 조던(Jordan)의 경우도 마찬가지다. 이 젊은이의 신앙 여정을 본인의 입으로 들어 보자.

다섯 살 때, 예수님께 기도하면서 제 마음에 들어와 주시길 부탁드렸습니다. 그 뒤로는 줄곧 죄에 빠져 지내면서도 그날의 기도를 '지옥에서 벗어나게 하는 면죄부' 쯤으로 여겼습니다. 청년부의 다른

01 한 점 망설임 없이 "예"라고 답하라

친구들보다 성실하게 살고 있다는 자부심이 그런 믿음을 더욱 부추겼는지도 모르겠습니다. 물론, 가끔은 확신이 흔들리기도 했습니다. 그러나 신앙에 회의가 들 때마다 부모님이나 목회자, 친구들이 입을 모아 '너는 크리스천'이라고 확인해 주었습니다. 영접기도를 드렸고 겉보기에 그럭저럭 착실한 생활을 하고 있는 걸로 미루어 울타리 '안쪽'에 있음에 틀림없다고 생각했나 봅니다.

실은, 은혜의 실체를 올바르게 파악할 수 있을 정도로 마음이 열린 상태가 아니었습니다. 적어도 어려서 드린 영접기도만으로는 충분치 않다는 사실만큼은 분명했습니다. 자, 그럼 이제 어떻게 해야죠? 철저하게 깨지고 망가진 존재라는 걸 거룩하신 하나님 앞에서 인정할 준비를 갖추지 못한 인간이 할 수 있는 일을 했습니다. 삶을 다시 그리스도께 드렸습니다(이런 용어가 성경에 나오는지 모르겠군요. 개인적으로는 아닌 것 같습니다만).

그럼에도 불구하고 여태껏 회개의 열매가 없이 죄 가운데 죽어 있습니다. 지난날의 선행을 헤아리며 앞으로도 착한 일을 계속해 나가는 게 무엇보다 중요하다고 생각했습니다. 스스로 구원에 이를 수 있을 것 같았습니다. 아니 그렇게 확신했습니다. 성경공부모임을 이끌고 선교여행을 다녔습니다. 하지만 별 소용이 없더군요. 날 때부터 분노의 자식이라는 한계를 벗어날 수가 없었어요.

대학에 들어간 첫해, 마침내 죄에 물든 자아와 하나님의 거룩한 성품 사이에서 극단적인 긴장을 경험했습니다. 십자가를 통해서만

나를 정조준하고 있는 하나님의 진노를 해결할 수 있다는 진리를 난생처음 깨달았습니다. 두려움에 떨며 무릎을 꿇고 주님을 찬양했습니다. 눈물을 쏟으며 세상 그 무엇보다 예수님이 절실하게 필요하다고 말씀드렸습니다. 지금은 기쁜 마음으로 '내가 그리스도와 함께 십자가에 못 박혔나니 그런즉 이제는 내가 사는 것이 아니요 오직 내 안에 그리스도께서 사시는 것이라'(갈 2:20)고 고백하곤 합니다.

그로부터 오랜 기간 신앙생활을 계속하면서 조던의 삶은 예수님을 아는 수준에서 주님 안에 사는 차원으로 현격하게 달라졌다. 하나님의 사랑을 받기 위해서 이를 악물고 열심히 뛰어다니는 게 아니라 내면의 믿음이 자연스럽게 흘러넘쳐 그리스도와 동행하는 형태로 변했다.

톰과 조던의 사례가 특별하다고 생각지 않는다. 현대 기독교 세계에 열병처럼 유행하는 현실을 단적으로 드러낸다고 볼 따름이다. 예수님을 좇는 데 따르는 대가 따위는 단 한 번도 진지하게 짚어 보지 않은 채 크리스천이라는 명패를 내걸고 편안하게 앉아 있는 남녀노소가 온 세상에 차고 넘치는 게 오늘의 현실이다.

구원의 길은 비좁고 험하다

마태복음 7장에 기록된 예수님 말씀에 귀를 기울이는 게 중요한 까닭이 여기에 있다. 주님은 편하고 통속적인 쪽으로 쉽게 기우는 인간의 성향을 적나라하게 지적하신다. 그리스도의 경고를 들어 보라. "좁은 문으로 들어가거라. 멸망으로 이끄는 문은 넓고, 그 길이 널찍하여서, 그리로 들어가는 사람이 많다. 생명으로 이끄는 문은 너무나도 좁고, 그 길이 비좁아서, 그것을 찾는 사람이 적다"(마 7:13-14, 새번역). 다시 말해서, 넓고도 매력적인 신앙의 길이 존재한다는 뜻이다. 말끔하고 안락하며 수많은 인파로 붐비는 길이라면 누구나 눈이 가고 마음이 끌릴 수밖에 없다. 그리로 들어가는 데 필요한 조건은 더도 말고 딱 한 번, 그리스도를 맞아들이겠다는 결단을 내리는 것뿐이다. 결정 이후에 따라오는 거룩한 명령이나 새로운 표준, 주님의 영광 등은 신경 쓰지 않아도 좋다. 영접하는 절차를 마쳤는가? 그렇다면 이제 천국행 티켓을 거머쥔 셈이다. '자기의'의 형태를 띠든, 아니면 '방종'의 모습으로 표출되든 죄는 그대로 가지고 가면 된다.

하지만 그건 예수님의 길이 아니다. 그분은 비좁은 길로 부르신다. 주님이 여기에 쓰신 '비좁은'이란 말은 다른 본문에서 고통, 압박, 고난, 박해 따위를 표현하는 용어로 사용되곤 한다. 그리스도의 길은 따라가기가 한없이 고돼서 웬만한 이들은 다 기피하는 험한 길이라는 걸 암시하는 대목이다.

마태복음 7장의 여운이 채 가시기도 전에 예수님은 몇 장 뒤에서 다시 한 번 그분의 가르침을 따르려면 얻어맞고, 배신당하고, 멸시를 받으며, 홀로 고립되고, 심지어 목숨을 잃을 각오를 해야 한다는 메시지를 제자들에게 전하셨다. "사람들을 삼가라. 그들이 너희를 공회에 넘겨주겠고 그들의 회당에서 채찍질하리라. 또 너희가 나로 말미암아 총독들과 임금들 앞에 끌려가리니 … 장차 형제가 형제를, 아버지가 자식을 죽는 데에 내주며 … 또 너희가 내 이름으로 말미암아 모든 사람에게 미움을 받을 것이나 …"(마 10:17-22).

그뿐만이 아니다. 예수님은 "주는 그리스도시요 살아 계신 하나님의 아들"이라고 고백한 베드로를 칭찬하셨지만, 제자가 그 광대한 의미를 제대로 파악하지 못하자 즉시 매섭게 꾸짖으셨다. 오늘을 사는 수많은 크리스천들이 그러하듯, 베드로 역시 십자가가 빠진 그리스도, 고난이 생략된 구세주를 소망했다. 그런 속내를 단번에 파악하신 주님은 제자들을 바라보며 단호하게 말씀하셨다. "누구든지 나를 따라오려거든 자기를 부인하고 자기 십자가를 지고 나를 따를 것이니라. 누구든지 제 목숨을 구원하고자 하면 잃을 것이요 누구든지 나를 위하여 제 목숨을 잃으면 찾으리라"(마 16:24-25).

십자가를 지러 가시기 직전에도 뒤따르는 이들에게 이르셨다. "사람들이 너희를 환난에 넘겨주겠으며 너희를 죽이리니 너희가 내 이름 때문에 모든 민족에게 미움을 받으리라"(마 24:9). 마태복음의 본문들을 하나하나 뜯어보면 죽으라는 부르심이 선명하게 드러난다. 천국에 이르는 길을 가자면 세상에서는 위태롭고, 고독하며, 값비싼 대가를 치러야 하는데 그런 대가를 지불하고 싶어 하는 이는 거의 없다. 예수님을 따르는 데는 생명을 잃어버리고 그분 안에서 새로운 삶을 찾는 옵션이 포함되어 있다.

북아프리카에 머물면서 핍박받는 형제자매들을 돕던 시절이 있었다(아주 오래 전 이야기는 아니다). 함께 이야기를 나누었던 청년은 불과 몇 달 전에 교회를 노린 폭탄 테러로 다리를 잃었다고 했다. 어느 목회자는 단지 크리스천이라는 이유로 납치돼서 얻어맞고 성폭행까지 당하는 여성들의 현실을 들려주었다. 저녁밥을 대접한 집 주인장은 두 블록 떨어진 곳에 살던 예수님의 제자가 심장에 칼을 맞고 즉사했다는 소식을 전했다.

현지 병원에서 일하기 위해 미국에서 건너온 세 명의 크리스천들의 사연도 들었다. 어리석고 멍청한 짓이라는 주위의(세상 사람들은 물론 적잖은 크리스천들까지도) 손가락질을 무릅쓰고, 크리스천이 되는 걸 금지하는 나라에 예수님의 사랑과 은혜를 전하기 위해 안락한 삶과 번듯한 직장, 가족과 친구, 안전과 안정을 기꺼이 포기한 의료인들이었다. 이들은 날마다 병원에서 주민들의 병든 몸을 고치는 한편, 영적인 진리를 나누었다.

적대적인 시선으로 지켜보는 세력이 있다는 걸 잘 알았지만 뾰족한 대책이 있을 리 없었다. 어느 날, 한 남자가 손을 붕대로 칭칭 감고 병원을 찾았다. 다른 한 팔로는 아이처럼 보이는 무언가를 담요에 싸들고 있었다. 곧장 사무실로 들어선 사내가 모포를 벗어던지자 총알이 장전된 소총이 튀어나왔다. 괴한은 거기부터 시작해서 병원을 두루 누비며 형제자매 셋을 모두 사살했다.

피격 사건 10주기를 앞두고 현지에 머물 기회가 있어서 따로 시간을 비워 희생된 세 명의 크리스천을 기념하는 시간을 가졌다. 마침 추모식장이 오스왈드 챔버스(Oswald Chambers)의 무덤 인근이었다. 자연스레 고인이 쓴 유명한 묵상집, 「주님은 나의 최고봉」(My Utmost for His Highest) 가운데서 그날에 해당하는 대목을 낭독하는 게 좋겠다는 쪽으로 의견이 모아졌다. 책을 찾아보니 마치 행사를 염두에 두고 쓴 글인 듯, 상황과 딱 맞아떨어졌다.

하나님이 상식을 크게 시험하는, 다시 말해서 상식에 완전히 어긋나는 일을 하라고 말씀하신다 치자. 어떻게 하겠는가? 한 발 물러서겠는가? 특정한 행동을 되풀이하는 신체적인 습관이 있다면 단단히 마음먹고 그 버릇을 끊어 내지 않는 한, 시험을 받을 때마다 똑같은 짓을 저지르게 될 것이다. 영적으로도 매한가지다. 자기를 버리고 하나님께 완전히 굴복하지 않는 한, 번번이 예수님이 원하시는 자리까지 다가갔다가 결정적인 순간에 돌아서기를 반복하게 마련이다. (중략)

예수 그리스도는 그분을 믿고 의지하는 이들에게 무엇에도 매이지 않는 모험심을 가지길 요구하신다.… 무엇이든 가치 있는 일을 하고자 하면 가진 걸 다 잃을 각오를 하고 어둠 속으로 뛰어들어야 하는 시점이 어김없이 찾아온다. 예수 그리스도는 영적인 영역에서도 손에 쥐고 있는 것들, 또는 상식을 통해 갖게 된 생각들을 외면하고 믿음에 기대어 주님이 말씀하시는 자리로 담대히 들어가기를 요구하신다. 일단 순종하고 나면, 그분의 말씀이 상식만큼이나 한 점 흔들림 없이 확고하다는 사실을 금방 알게 된다.

그러한 시기에는 예수님의 가르침이 터무니없어 보일지 모르지만, 믿음의 도전으로 상식을 시험해 보라. 결과가 하나님 말씀 그대로라는 사실에 놀라움과 두려움이 뒤섞인 감정이 심령을 가득 채울 것이다. 주님을 온전히 신뢰하라. 새로운 도전의 기회를 주시면, 서슴지 말고 받아들이라. 위기가 닥치면 흔히들 이방인처럼 처신한다. 뭇 사람들 가운데 오직 한 명만이 하나님의 성품을 믿고 삶을 투자한다.[1]

세 순교자의 삶을 렌즈 삼아 "예수님의 가르침이 터무니없어 보일지 모르지만"이란 챔버스의 이야기를 자세히 살피고 곱씹어 보았다.

무릇 내게 오는 자가 자기 부모와 처자와 형제와 자매와 더욱이 자기 목숨까지 미워하지 아니하면 능히 내 제자가 되지 못하고 누구든지 자기 십자가를 지고 나를 따르지 않는 자도 능히 내 제자가 되지 못하리라.··· 이와 같이 너희 중의 누구든지 자기의 모든 소유를 버리지 아니하면 능히 내 제자가 되지 못하리라(눅 14:26-27, 33).

세상의 속한 이들에게 이 구절은 정신 나간 소리에 지나지 않는다. 하지만 그리스도를 따르는 이들에게는 생명의 말씀이나 다름없다. 하나님의 뜻을 이루기 위해 자신을 버리고 그분의 성품을 깊이 신뢰하며 값비싼 대가를 치를지라도 예수님을 따라가기로 결단한 몇몇 크리스천들만이 알아들을 수 있는 메시지다.

흔하디 흔한 믿음으로는 구원에 이를 수 없다

그리스도를 따르기 위해 치러야 할 대가를 강조하다 보면, 단순한 믿음으로 구원을 받는다는 성경 본문에 대한 의구심이 들 수도 있다. 예수님은 니고데모에게 "하나님이 세상을 이처럼 사랑하사 독생자를 주셨으니 이는 그를 믿는 자마다 멸망하지 않고 영생을 얻게 하려 하심이라"(요 3:16)고 말씀하셨다. 바울과 실라는 빌립보 감옥에 갇힌 죄수에게 "주 예수를 믿으라 그리하면 너와 네 집이 구원을 받으리라"(행 16:31)고 했다. 로마서에는 "입으로 예수를 주로 시인하며 또 하나님께서 그를 죽은 자 가운데서 살리신 것을 네 마음에 믿으면 구원을"(롬 10:9) 받는다고 되어 있다. 이런 구절들을 근거로 예수님을 믿는다는 말이 크리스천이 되고 크리스천으로 사는 걸 모두 아우른다고 결론 내릴 수 있다.

어김없는 사실이다. 하지만 성경이 말하는 '믿음으로'라는 말의 참뜻을 헤아리려면 문맥을 살펴볼 필요가 있다. 니고데모를 '믿음'으로 초청하면서 예수님은 거듭나기를 요구하셨다. 전심으로 그리스도를 따르는 전혀 새로운 삶을 살기 시작하라고 명령하신 것이다. 빌립보 감옥의 죄수도 마찬가지다. 예수를 믿는 순간, 신앙을 위해 얻어맞고, 채찍질을 당하고, 감옥에 갇히는 크리스천 공동체의 식구가 된다는 걸 잘 알고 있었다. 그리스도를 따르려면 대가를 치러야 한다는 점에는 재론의 여지가 없다. 바울 역시 죽음에서 부활하신 예수님을 믿는다는 말은 곧 삶 전반에 걸쳐 그분의 주권을 고백하고 인정한다는 뜻임을 강조했다.

여기 소개한 구절들은 물론이고 다른 본문들에서도 예수를 믿고 구원을 받는다는 표현에는 지적으로 동의하는 행위와는 차원이 다른 의미가 담겨 있다. 하다못해 귀신들조차도 예수님이 십자가에 못 박혔다가 다시 살아나신 하나님의 아들이라고 믿는다(약 2:19). 분명히 말하지만, 오늘날 흔하디흔한 그런 믿음으로는 구원에 이를 수 없다. 거리에서 마주치는 술주정뱅이들 가운데 열에 아홉은 예수님을 믿노라고 자부한다. 세계를 돌아다니며 만났던 힌두교도, 무속 신앙인, 무슬림들 가운데서도 어느 정도는 예수님을 믿는다고 고백하는 이들이 수두룩했다. 미적지근한 심령으로 세상과 교회 사이에 두 발을 걸치고 사는 성도들도 그리스도를 믿는다고 이야기한다.

인격적으로 내면화된 신앙을 갖지 못했으면서도 공공연히 '믿음'을 고백할 가능성은 누구에게나 있다. 심지어('특히'라는 말이 더 어울릴지 모른다) 교회 안에도 그런 이들이 허다하다. 마태복음 7장에서 예수님은 목청껏 "주여, 주여!"를 외치는 이들에게 단호하게 대답하셨다. "나더러 주여, 주여 하는 자마다 다 천국에 들어갈 것이 아니요 다만 하늘에 계신 내 아버지의 뜻대로 행하는 자라야 들어가리라"(마 7:21). 그리스도를 믿는다는 고백만 가지고는 영원한 하늘나라를 장담할 수 없다. 도리어 예수님께 순종하는 이들만이 주님의 나라에 들어갈 수 있다.

여기까지 읽고 풀이 죽었던 독자들은 이 대목에서 불끈 일어나 물을지도 모른다. "목사님, 그럼 구원에 행위가 포함된다는 말입니까?" 거기에 대해서라면 자신 있게 답할 수 있다. 그렇게 말한 건 내가 아니다.

그건 주님이 말씀하고 있는 사실이다.

이제부터는 아주 조심해야 한다. 자칫 복음을 왜곡해서 전혀 다른 이론을 만들어 낼 수도 있기 때문이다. 예수님은 행위를 구원의 근거로 삼지 않으셨다. 오직 하나님의 은혜만이 구속의 토대가 될 수 있다(제2장에서 더 자세히 다루려 한다). 하지만 은혜의 소중함을 드러내기에 급급해서 오직 그리스도의 말씀에 순종하는 이들만이 그분의 나라에 들어가게 된다는 명명백백한 말씀을 무시하고 지나칠 수는 없다. 예수님을 따르는 이에게 합당한 열매를 삶에서 맺지 못하면 당초에 주님을 좇는다고 생각하는 것부터가 어리석은 일이다.

당신도 가짜일 수 있다

최근에 나온 조사를 보면 미국 인구의 80퍼센트는 자신을 크리스천으로 여긴다. 그처럼 스스로 크리스천이라고 주장하는 집단 가운데 매주 교회에 출석하는 이들의 비율은 절반을 밑돈다. 또 그 중의 절반 이하가 성경을 정확한 하나님의 말씀으로 믿는다. 절대다수는 성경의 관점으로 주변 세계를 바라볼 줄 모른다.

조사원은 한 걸음 더 깊이 들어가서 '거듭난 크리스천'(그렇지 않은 경우도 있다는 걸 전제로)임을 자부하는 계층을 겨냥한다. 개인적으로 주께 삶을 드렸다고 고백하는 한편, 예수님을 구주로 영접했으므로 당연히 하늘나라에 가리라고 믿는 이들이다. 연구 결과에 따르면, 미국인의 절반 정도는 자신을 '거듭난 크리스천'으로 인식한다.

하지만 연구자는 이런 '거듭난 크리스천' 그룹에 속한 이들의 사고방식과 라이프 스타일이 주변 세계의 일반인들과 실질적으로 별 차이가 없었다고 보고한다. 자칭 '거듭난 크리스천'들 가운데 상당수는 공로를 쌓아야 하늘나라에 들어갈 수 있다고 믿고 있었다. 크리스천과 무슬림이 같은 하나님을 섬기는 줄 아는 경우도 적지 않았다. 더러는 세상에 계시는 동안에는 예수님도 죄를 지었을 것이라는 반응을 보였다. 주님에 대한 헌신이 아주 미미한 수준이라고 답한 이들은 이루 헤아릴 수가 없을 정도였다.[2]

이런 데이터를 들어서 크리스천들도 별 수 없다는 결론을 내리는 이들이 많지만, 그건 연구 결과에 대한 정확한 해석이 아니다. 이런 통계 자료를 통해 얻을 수 있는 가장 주목할 만한 정보는 실상과 달리 자신을 크리스천이라고 철석같이 믿는 이들이 부지기수라는 점이다. 거듭났다고 생각하지만 실제로는 위험천만한 착각에 빠져 살고 있다는 뜻이다.

누군가와 점심을 함께하기로 약속하고 레스토랑에서 기다린다고 생각해 보자. 그런데 웬일인지 기다리고, 기다리고, 또 기다려도 상대가 나타나지 않는다. 30분이 지나서야 헐레벌떡 달려와서는 가쁜 숨을 몰아쉬며 변명을 늘어놓는다. "미안합니다. 많이 늦었죠? 운전을 하고 오는데 갑자기 타이어가 터졌지 뭡니까. 그래서 고속도로 한쪽에 차를 세웠어요. 정신없이 바퀴를 갈아 끼우다가 보니 실수로 길 안쪽으로 들어갔던 모양이에요. 정신을 차려 보니 집채만 한 트레일러가 시속 100킬로미터로 달려오더군요. 피할 새도 없이 정면으로 부딪히고 말았어요. 트럭은

41

박살이 났지만 난 얼른 털고 일어나서 스페어타이어를 끼우고 이렇게 달려오는 참입니다."

이런 얘길 들으면 상대방이 일부러 거짓말을 하고 있거나, 아니면 무언가에 씌어 헛소리를 하고 있다고 판단할 것이다. 맹렬하게 달려오는 거대한 트레일러트럭과 충돌했다면, 예전과는 딴판으로 모습이 달라졌어야 정상이기 때문이다.[3]

그런 차원에서 판단할 때, 육신을 입고 오신 우주의 하나님이신 예수님과 정말 일대일로 만났다면, 그래서 주님이 마음 깊은 곳을 어루만져 주시고, 죄의 손아귀에서 영혼을 건지시며 삶을 바꾸셔서 그분의 뒤를 따르게 하셨다면, 총체적인 변화가 나타날 수밖에 없다는 가정에서 출발하는 게 안전하다. 달라져도 이만저만 달라지는 게 아니다. 예수님을 따르기로 했다고 주장하면서도 다른 이들과 전혀 차별화되지 않은 삶을 산다면 아직 크리스천이 아닌 게 분명하다.

이런 착각은 미국에만 존재하는 게 아니라 지구촌 전체에 두루 나타나는 일반적인 현상이다. 최근에 세계 여러 국가들을 위해 기도하면서 백퍼센트에 가까운 국민들이 예수를 믿는다는 자메이카라는 나라를 알게 됐다. 개인적으로 사용하는 기도 안내서에 소개된 정보를 그대로 옮기자면 이렇다. "단위면적 당 예배당의 숫자가 세계 최고를 자랑하지만, 스스로 크리스천이라고 고백하는 이들 대다수가 교회에 출석하거나 크리스천다운 삶을 살지 않는다."⁴ 글을 읽으면서 마음이 무거웠다. 자메이카 국민들은 대부분 실제로 크리스천이 아니면서 그런 줄 알고 있다는 결론을 내릴 수밖에 없었다. 크리스천임을 자부하면서도 그리스도를 따르지 않는 세계 여러 나라 국민들과 같은 대열에 서 있는 것이다.

영적인 착각은 저주에 가까우리만치 위험하다. 누구라도 이런 자기기만에 빠질 수 있다. 인간은 본래 죄에 물든 존재들이다. 무엇이든 자신에게 유리한 쪽으로 해석하고 엉뚱한 환상에 빠져 실체를 놓치기 일쑤다. 성경은 "세상의 신(사탄)이 믿지 않는 자들의 마음을 혼미하게 하여" 그리스도를 알지 못하게 한다고 말한다(고후 4:4). 사실상 크리스천이 아님에도 불구하고 그런 줄 착각하게 만드는 방식 또한 마귀들이 즐겨 쓰는 전략일지 모른다.

회개했다고 착각하지 말라

그렇다면 어떻게 해야 진정으로 예수님을 따르는 것일까? 하나님의 영광과 은혜라는 트레일러와 한 인간의 삶이 정면으로 충돌하면 어떤 일이 벌어질까? 지금부터 마지막 페이지까지 그 질문에 대한 답을 제시해 보려 한다. 하지만 그보다 먼저 예수님의 여러 설교를 압축하는 한 마디를 깊이 묵상할 필요가 있다.

신약성경을 보면, 사역을 시작하면서 예수님이 처음으로 입에 올린 말은 "회개하라!"(마 4:17)였다. 세례요한도 예수님의 길을 예비하면서 똑같은 메시지를 전했다(마 3:2). 이는 사도행전에 기록된 첫 번째 설교의 토대이기도 했다. 그리스도가 인류의 죄를 지고 돌아가셨다는 복음을 들은 군중들은 베드로에게 물었다. "우리가 어찌할꼬?" 사도는 결단코 눈을 감으라든지, 먼저 기도할 테니 따라 하라든지, 손을 들라고 가르치지 않았다. 그저 무리를 똑바로 바라보면서 단호하게 외쳤을 따름이다. "회개하라"(행 2:37-38).

'회개'는 마음과 생각, 삶을 근본적으로 바꾸는 걸 의미하는 단어로 성경에 수없이 자주 등장한다. 회개는 그동안 걸어왔던 길에서 돌이켜 정반대 방향으로 달려가는 걸 가리킨다. 회개하는 순간부터 백팔십도 다른 방식으로 생각하고, 믿고, 느끼고, 사랑하고, 살아가게 된다.

예수님은 죄에 빠져 하나님을 거역하고 자신의 힘으로 구원에 이르려는 이들을 향해 "회개하라!"고 말씀하셨다. 그리스도의 청중들은 십중팔구 유대인이었다. 그들은 선택받은 가문에서 태어나, 적절한 사회적 지위를 유지하면서, 세세한 율법 조문들을 익히고, 정해진 규범들을 철저하게 지키기만 하면 의로운 인간으로 하나님 앞에 당당히 설 수 있다고 믿었다.

예수님은 회개하라고 외치시면서 죄와 제힘으로 구원을 얻으려는 의지를 포기하기를 촉구하셨다. 죄와 자신을 등지고 그리스도를 바라보아야 구속받을 수 있음을 가르치신 것이다.

베드로의 경우도 다르지 않았다. 사도는 예수님을 십자가에 못 박은 지 얼마 안 되는 청중들에게 회개하라고 부르짖었다. 죄에 빠져 하나님의 아들을 죽이고 하나님의 심판을 목전에 둔 이들이었다. 베드로의 메시지는 청중들에게 사악한 마음을 고백하고 가던 길에서 돌아서서 예수님을 주 그리스도로 믿고 의지하라는 초대였다.

본질적으로 '회개'라는 말에는 낡은 생활 방식을 버리고 새로운 삶의 길을 선택한다는 개념이 들어 있다. 구약성경에서 하나님은 그분의 백성들에게 "너희는 마음을 돌이켜 우상을 떠나고 얼굴을 돌려 모든 가증한 것을 떠나라"(겔 14:6)고 이르셨다. 신약성경도 매한가지다. 회개에는 이 세상의 우상을 버리고 새로이 예배할 대상을 향해 돌아서는 게 필수적이다(살전 1:9-10).

아시아 국가의 어느 가정교회에 갔었던 기억이 난다. 궁벽한 시골 마을 외곽의 은밀하고 한적한 장소에서 모임을 갖는 중이었다. 마을의 허름한 집들은 사실 우상들의 본거지나 다름없었다. 오랫동안 악마적인 미신에 사로잡혀 살아온 탓에, 몸 성히 먹고 살려면 온갖 귀신들의 비위를 맞춰 주어야 한다는 의식이 주민들 사이에 깊이 뿌리를 내리고 있었다.

그날따라 한 여인이 특별히 눈길을 끌었다. 하나님 말씀을 나누는 내내 한눈 한 번 팔지 않고 열심히 귀를 기울였다. 주님

45

이 부르고 계신 게 틀림없었다. 집회가 끝나 갈 무렵, 여인이 예수님을 따르고 싶다는 뜻을 밝혔다. 감격스러운 순간이었다.

다음날, 그리스도 안에서 거듭난 자매는 따로 할 말이 있다면서 담임 목회자와 나를 한쪽 구석으로 데려갔다. 평생 섬겼던 잡신이 집 안에 가득한데 죄다 내버리고 싶다는 얘기였다. 우리는 함께 여인의 집으로 갔다. 막상 현실을 눈앞에 대하니 기가 막힐 지경이었다.

비좁고 어두운 방 두 개가 전부인 조그만 집이었다. 벽마다 귀신을 그린 붉고 검은 포스터가 덕지덕지 붙어 있었다. 마룻바닥에도, 테이블 위에도 마귀의 형상을 한 진흙 인형이나 목상이 자리를 잡았다. 고개를 돌리는 곳마다 신상이었다. 안방 한복판에는 커다란 신상이 벽을 등지고 앉아 있었다. 불길한 얼굴이 문을 향하고 있어서 마치 정면으로 노려보는 느낌이 들었다.

벽에 붙은 그림을 뜯어내고 우상들을 끌어내면서 여인을 지켜 주시고 그 가정에 은혜를 베푸셔서 주님의 영광을 드러내 주시기를 큰 소리로 기도했다. 그리고 신상이란 신상을 죄다 모임을 가졌던 집 마당으로 가져다가 불태워 버렸다. 그날은 우상이 타는 매캐한 냄새를 맡으며 성경 공부를 시작했다.

죄를 회개하고, 자신을 포기하며, 믿음으로 주께 나가면 어떤 일이 일어나는지 여인은 단적으로 보여 준다. 우상에게서 돌아서서 온 천지를 통틀어 유일하게 찬양받으시기에 합당하신 예수님을 믿고 의지하게 된다. 섬기던 세상의 잡신들을 천박하게 여기고 서슴없이 불태워 버릴 마음이 생긴다.

크리스천이 된 여인은 더 이상 집 안에 모셔 둔 거짓 신의 발 앞에 머리를 조아릴 수가 없었다. 당장 끌어내 태워 버리는 게 당연한 수순이었다. 이런 사례는 한둘이 아니다. 날이면 날마다 무수히 많은 힌두 신들을 예배하고 예물을 바치며 살아왔던 인도의 바수(Vasu) 형제는 예수님을 따르기로 결단하는 동시에 우상들에게서 완전히 등을 돌렸다. 열성적인 무슬림이었다가 최근에 회개하고 그리스도를 구세주요 만왕의 왕으로 믿고 의지하게 된 구나디(Gunadi)는 마호메트의 가르침을 내던지고 예수님의 뒤를 따르기 시작했다.

이런 이들에게는 회개 여부와 그 결과가 또렷하고 분명하다. 무속 신앙이나 힌두교, 이슬람교를 믿다가 돌아선 크리스천들은 그리스도를 좇기 위해 잡신을 버릴 수밖에 없다. 회개의 증거가 확실하고, 변화된 삶의 흔적이 여실히 드러난다. 하지만 우상에게 절하거나 잡신들을 섬기지 않는 명명백백한 '크리스천'들의 경우는 어떠한가? 회개의 자취가 생활 속에 어떤 모습으로 나타나는가?

이 질문은 대단히 중요하다. 자신을 보는 시각에 결정적인 결함을 노출하기 때문이다. 크리스천들 가운데는, 우상이나 잡신을 숭배한다고 하면 우선 나무나 돌, 금 따위로 빚은 신상을 사들이는 아시아인들이나 불타는 제물 주위에서 춤을 추며 의식을 치르는 아프리카 부족을 떠올리는 이들이 허다하다.

온라인으로 포르노를 본다든지 경건하지 못한 텔레비전 프로그램이나 영화를 즐기는 건 전혀 다른 영역이라고 생각한다. 더 많은 걸 소유하고 싶은 욕심에 쉴 새 없이 쇼핑에 나서고 눈에 보이는 대로 사들이는 행동에는 토를 달지 않는다. 돈이라면 사족을 못 쓰고 맹목적으로 물질주의를 추종하는 사고방식은 심각하게 받아들이지 않는다. 승진하고 출세하는 데 목을 매는 자세나, 만사 제쳐 놓고 스포츠 경기에 매달리는 취향이나, 일이 뜻대로 돌아가지 않을 때마다 불같이 화를 내는 기질이나, 사소한 장애물에도 노심초사하는 성향이나, 음식을 포함해 무엇이든 지나치게 탐하는 버릇이나, 온갖 거룩하지 못한 기호와 오락 따위는 염두에 두지 않는다. 그중에서도 가장 위험한 게 있다면 영적으로 일정한 수준에 이르렀다는 자부심과 독선에 빠져 그리스도가 필요하다는 사실을 의식하지 못하고 지나쳐 버리는 사태가 아닐까 싶다.

나무로 만든 신상이 구원을 베풀어 준다고 믿는 다른 민족들의 사고방식을 손가락질하면서도 정작 종교, 돈, 재물, 음식, 명예, 섹스, 스포츠, 사회적 지위, 성공 등이 궁극적인 만족을 가져다줄 수 있다는 자신들의 착각에 대해서는 전혀 문제의식을 갖지 못한다. 정녕 서방의 크리스천들은 자신들에게는 회개하고 내버려야 할 우상이 없다고 믿는 것일까?

어느 문화권의 어떠한 크리스천이든 회개는 필수적이다. 예수를 믿으면 갑자기 완벽해져서 다시는 죄와 씨름할 일이 없어진다는 얘기는 아니다.[5] 그리스도의 제자가 되는 순간부터 지난날의 라이프 스타일을 단호하게 정리하고 과감히 새로운 생활방식을 받아들여야 한다는 뜻이다. 크리스천은 말 그대로 죄와 자신(자기중심, 자기소모, 독선과 방종, 자기노력, 자만)에 대해 죽은 존재다. 바울의 표현을 빌자면, "그리스도와 함께 십자가에 못 박혔나니 그런즉 이제는 내가 사는 것이 아니요 오직 내 안에 그리스도께서 사시는 것"(갈 2:20)이다.

그리스도가 내면에 살기 시작하는 순간부터 모든 게 변하기 시작한다. 사고방식부터가 달라진다. 우선 하나님이 어떤 분이시며, 예수님이 무슨 일을 하셨고, 얼마나 그분이 필요한지 실감한다. 한때 사랑하던 세상일들을 싫어하게 되고 지난날 기피했던 주님을 사랑하게 된다. 의지도 달라진다. 예수님이 말씀하시면 어디든 가고, 주님의 명령이라면 무엇이든 드리며, 그분의 말씀에 순종하기 위해서라면 목숨만큼이나 소중히 여기는 것들도 서슴없이 희생한다. 관계 역시 마찬가지다. 우주적인 교회의 가족이 되어 서로 사랑하며 힘을 모아 온 세상에 복음을 확산시키는 일에 나서게 된다.

마침내는 삶의 이유마저 변한다. 재물과 지위는 우선순위에서 밀려난다. 안락하고 안정적인 생활환경 역시 관심사가 아니다. 자신을 우상으로 삼지 않으므로 안전에도 신경 쓰지 않는다. 하나님의 영광을 생명보다 더 갈구하기에 이른다. 주님을 영화롭게 하고 그분의 마음을 기쁘게 할수록 크리스천이 된다는 게 성경적으로 어떤 의미인지 더 확고하게 깨닫는다.

혁명적인 여정의 시작

이제부터는 한 인간이 육신을 입고 세상에 오셔서 "나를 따르라"고 말씀하신 하나님과 일대일로 만날 때 일어나는 이 혁명적인 변화의 실체를 하나하나 짚어 보려고 한다.

뒤를 따르라고 부르시는 주님이 얼마나 크고 높은 분이시며 자녀들을 향한 그분의 자비가 얼마나 놀라운지 새겨볼 계획이다. 하나님이 예수님의 제자들을 어떻게 안팎으로 변화시켰는지 살펴보면서 크리스천은 의무감이 아니라 기쁨으로 산다는 걸 확인하려 한다. 아울러 기독교 세계에서 흔히 사용되는 슬로건들에 담긴 오류를 밝히는 한편, 그리스도를 제대로 알고 열정적으로 선포하지 못하게 가로막는 마음가짐들을 바로잡아 나갈 작정이다. 마침내는 세상이 시작되기도 전에 창조주께서 마련해 두신 광대하고 포괄적인 목표를 세계 곳곳에서 이뤄 가는 뭇 형제자매들의 대열에 동참하게 될 것이다.

크리스천이 된다는 게 무얼 의미하는지 그 참뜻을 깨닫는 게 이 여정의 출발점이다. 행동은 변하지 않으면서 입으로만 예수를 믿노라고 주장한다면, 그리스도를 따르는 삶의 본질을 완전히 놓치고 있다고 봐야 한다. 속지 말라. 개인적으로 어떤 결단을 내렸고, 어떤 기도를 드렸으며, 무슨 카드에 서명을 했고, 몇 년 전 어느 집회에서 손을 들었었는지 등은 예수님과의 관계라든지 하나님 앞에서 갖는 영적인 지위의 토대가 될 수 없다. 궁극적으로 크리스천의 삶은 마음에 들어와 주시도록 예수님을 초청하는 데서 시작되는 게 아니다. 제2장에서 낱낱이 뜯어보겠지만, 초대의 주체는 우리가 아니라 주님이시다.

왕으로 모시라

chapter 02

인생의 백지 수표를
기꺼이 드리라

하나님의 위대하심을 맛보지 않고 하는 모든 일은 가짜다 성경을 보면, 하나님은 입양이라는 그림으로 거룩한 백성들과의 관계를 설명하신다. 첫째 아들을 양자로 맞은 경험이 있는 우리 부부에게는 가슴을 저미는 듯 생생한 도식이다.

입양 절차를 밟으려면 우선 어디서 아이를 데려올지 결정해야 한다. 아내와 함께 세계지도를 펼쳐 놓고 기도했다. "하나님, 저희와 만나야 할 아이가 있는 곳으로 인도해 주세요." 주님은 국경을 넘어 카자흐스탄 어린이를 아들로 삼도록 이끄셨다. 어디에 있는 나라인지조차 몰랐지만 몇 달 동안 기도하고 나서 마침내 카자흐스탄 아기의 입양을 신청하는 서류에 서명했다.

국제 입양을 원한다는 얘기를 들은 담당 여직원은 곧바로 되물었다. "진짜 아기를 바라시는 거죠?" 마음 같아선 대놓고 쏘아붙이고 싶었다. '도대체 무슨 말을 하고 있는 겁니까? 그럼 플라

스틱으로 만든 아이를 데려다가 장식장에 넣어 두겠다는 소린 줄 아셨어요? 그래요, 진짜 아기를 입양하고 싶어요. 됐나요?' 난데없는 질문에 속은 불편했지만(물론, 기분과 상관없이 겉으로는 훨씬 부드럽게 반응했다), 돌봐 줄 '진짜' 가족이 없는 '진짜' 아이의 '진짜' 엄마와 '진짜' 아빠가 되려 한다는 현실을 정확하게 인식하는 계기가 되었다.

생생한 입양의 그림을 보라

다른 나라에서 자녀를 입양하는 절차는 길고도 힘든 일이었다. 경험자들 가운데는 서류 작업이 임신과 출산에 못지않게 고되다고 하소연하는 이들이 적지 않다. 자신들이 이상적인 부모가 될 수 있다는 사실을 두 나라 정부에 입증해야 하니 오죽하겠는가? 게다가 허리케인 카트리나가 갑자기 우리 동네인 뉴올리언스를 덮쳐 집을 쓸고 가는 바람에 가정환경 조사를 받을 공간이 사라져 버렸다. 다행스럽게도 공동체 식구들과 여러 교회들이 도와준 덕분에 최대한 빨리 임시 거처를 구할 수 있었다. 이윽고 사회복지사가 찾아와서 생계 능력과 가정 형편, 결혼 생활, 양육 철학 따위를 캐물었다. 조사를 끝내고 나서는 미국 정부기구나 민간단체들의 업무 관행에 따라 서류에 지장을 찍었다.

신체 상태가 아빠 엄마 노릇을 하기에 부족함이 없음을 입증하기 위해 아내와 함께 건강검진도 받았다. 시력을 재기 전까지는 만사가 순조로웠다. 내가 먼저 검사실로 들어갔다. 손으로 오른쪽 눈을 가리고 커다란 글자들부터 읽어 내려갔다. 검사실의 조명이 너무 어두운 탓이었을까? 중간 크기의 문자와 기호에 이르면서부터 문제가 생겼다. 진땀을 흘리며 생각했다. '시력 미달로 입양 절차가 늦어지면 큰일인데….' 헤매는 기색을 눈치 챈 간호사는 반대쪽 눈을 가리라고 했다. 눈에서 손을 떼는 순간, 상황이 더 악화됐다. 그동안 눈을 얼마나 세게 누르고 있었던지 세상이 온통 뿌옇게 보였다. 초조했다. 허둥거리는 꼴을 보다 못한 간호사가 말했다. "조금 안정을 취하시는 게 어떨까요? 사모님부터 검사하고 나서 다시 한 번 하죠." "그게 좋겠습니다." 냉큼 대답하고 한쪽으로 물러서서 마음을 가라앉히며 검사를 마쳤다.

이렇게 가정방문 조사에 지문 날인, 건강검진을 마친 뒤에는 기다리는 게 일이었다. 길고도 괴로운 과정이었다. 만나게 될 아기가 사내일지, 아니면 계집애일지 궁금해하며 꼬맹이를 꼭 껴안게 될 날을 하루하루 손꼽아 기다렸다.

그렇게 한 해를 보내고 났을 무렵, 마침내 이메일 한 통이 날아들었다. 생후 9개월짜리 사내아이의 얼굴이 담긴 파일이 들어 있었다. 태어나자마자 버려져서 집과 엄마아빠가 필요하다고 했다. 사진을 출력해 들고 아내에게 달려갔다. 둘이 끌어안고 웃고, 울고, 날뛰다가 기도하기를 되풀이했다. 그로부터 채 두 주가 지나기 전에, 우리는 카자흐스탄으로 가는 비행기에 올랐다.

2007년, 발렌타인데이 바로 다음날이었다. 공항에 내리자마자 곧장 아들이 있는 고아원으로 달려갔다. 마중 나온 원장의 뒤를 따라 조그만 방으로 들어갔다. 거기서 아이와 관련된 갖가지 의료 정보를 전달받았다. 드디어 기다리고 기다리던 순간이 왔다. 한 여인이 열 달 된 사내아이를 품에 안고 나타났다. 마치 화산처럼 폭발해서 방안을 가득 채웠던 그 감격과 감동을 어찌 말로 다 표현할 수 있겠는가! 처음으로 아기를 건네받았다. 갈렙 플랫(Caleb Platt)은 엄마아빠를 물끄러미 쳐다보았다.

다음 넉 주 동안 날마다 고아원을 찾아가 아기를 만났다. 끌어안고, 우유를 먹이고, 노래를 불러 주고, 함께 웃고, 온 방을 기어 다니며 입양 과정이 완전히 마무리되기를 기다렸다. 법원에 무슨 옷을 입고 가는 게 좋고 무슨 말을 해야 하는지, 카자흐스탄 판사가 어떤 판결을 내리게 될지 수없이 반복해 들었다. 그래도 막상 마지막 절차를 밟으러 법정에 들어서자 심장이 마구 쿵쾅거렸다. 갈렙의 성장 배경과 관련해서 수많은 질문과 증언이 오간 뒤에, 판사가 선고를 내렸다. "입양 신청을 승인합니다. 아기는 이제 데이비드와 헤더 플랫 부부의 자녀가 되었습니다." 법원 정문을 나서는데 눈물이 쏟아졌다. 남은 일은 마지막으로 고아원에 가서 아기를 데려오는 것뿐이었다.

갈렙의 사연과 복음서의 이야기 사이에는 유사점이 헤아릴 수 없을 만큼 많지만 여기서는 그 중에서도 특히 중요한 사실 하나만 지적하고 넘어가려 한다. 입양 절차는 아기가 결단하고 선택하는 데서 비롯되는 게 아니라 처음부터 끝까지 부모가 주권적으로 이끌어 간다는 점이다. 카자흐스탄에서 태어나기도 전에 갈렙에게는 이미 입양을 결심한 부모가 존재했다. 어느 날, 아이는 결국 부모의 품에 안기지만 여태 무슨 일이 어떻게 진행되어 왔는지 알 길이 없다. 아빠 엄마가 주도적으로 절차를 밟은 덕에 지금 그 자리까지 오게 되었기 때문이다.

단순명료하지만 대단히 중요한 사실이다. 생후 10개월짜리 사내아이가 부디 카자흐스탄으로 찾아와서 자신을 가족으로 맞아 달라고 초청한 게 아니다. 예쁘고 착한 이 갓난이는 무얼 해 달라고 요구하는 법조차 모르는 처지였다. 고아 신세였던 꼬맹이가 한 집안의 소중한 아들이 될 수 있었던 건 부모의 전폭적인 사랑과 헌신 덕분이었다. 아이로서는 꿈에도 상상치 못했던, 제 능력과 의지를 초월한 일생일대의 대사건이었던 것이다. 전적으로 무능력하고 무기력한 갓난이가 우리를 찾아온 게 아니었다. 아들아이를 추적해 간 건 순전히 부모 편이었다.

이것이 기독교의 핵심이다. 예수님을 마음에 초대해서 영접함으로써 그분의 제자가 된다고 설명하다 보면 이 진리를 놓쳐 버리기 쉽다. 복음의 실상은 분명하다. 인간이 스스로 계획하고 결단해서 하나님의 자녀가 되는 게 아니며 이편의 초청에 응해서 주님이 구원을 베푸시는 것도 아니다. 우리가 태어나기도 전에 창조주께서는 이미 입양 준비 중이셨다. 깊고 깊은 죄의 구렁텅이에 외로이 누웠을 때, 주님은 구원 계획을 세우고 계셨다. 하나님의 가족이 되는 유일한 방법은 인간으로서는 꿈에도 상상치 못할, 제 능력과 의지를 초월한 사랑에 힘입는 길뿐이다. 기독교는 그리스도를 좇으려는 이편의 노력에서 비롯된 게 아니라, 메시아가 주권적으로 찾아오시면서 시작되었다. 인간이 예수님을 부른 게 아니라 그분이 우리를 초청하신 것이다.

우리에겐 주님을 초청할 능력이 없다

네 명의 어부가 "나를 따르라"는 예수님의 초대를 처음으로 받았던 그 운명적인 날이 이르기까지 성경적으로 어떤 전후 사정이 있었는지 살펴보자. 신약성경 첫 권에 기록된 이 이야기는 여러 면에서 구약성경 첫 번째 책과 연관되어 있다. 창세기에서 최초의 남자와 여자는 하나님을 거역하고 죄를 짓는 바람에 하나님의 거룩한 임재에서 분리되었다. 반역의 결과로 창조주로부터 버림받고 고아 신세로 전락하고 말았던 것이다. 구약성경의 나머지 부분은 죄에 물든 후손들의 삶을 기술한다.

살인, 불의, 성적인 문란, 부패 따위가 금세 성경에 스며들기 시작했다. 고작 여섯 장을 넘기지 못하고 인간의 성향이 태생적으로 사악하다는 게 명확하게 드러난다(창 6:5, 8:21). 속속들이 썩은 인간에 대한 하나님의 심판은 무시무시하고도 광범위했다. 온 세상을 뒤덮는 홍수가 밀어닥쳤고 죄인들이 세운 도시들은 완전히 무너져 내렸다.

구약성경을 찬찬히 읽어 보면 하나님이 죄와 죄인을 동일하게 엄히 벌하셨음을 알 수 있다.

- 불과 유황을 비처럼 쏟아 소돔과 고모라를 멸망시키시면서 하나님은 롯과 그 가족들에게 뒤도 돌아보지 말고 도망치라고 일러 주셨다. 거기에 순종하지 않고 고개를 돌렸던 롯의 아내는 목숨을 잃고 말았다(창 19장).
- 불 가운데 내려오셔서 영광을 보이신 하나님은 율법을 주시면서 안식일을 거룩하게 지키라고 명령하셨다. 그로부터 얼마 지나지 않아서, 한 남자가 안식일에 나무를 하다 발각됐다. 백성들은 죄인을 잡아 두고 심판을 기다렸다. 죄와 불순종에 대해 주님은 돌로 쳐서 죽이는 처분을 내리셨다(민 15장).
- 적에게서 빼앗은 재물을 챙기지 말라는 하나님의 명령에 순종하지 않았던 아간과 그 집안도 똑같은 운명을 맞았다(수 7장).
- 하나님이 가르쳐 주신 것과 다른 불을 들고 장막에 들어가 주님을 대했던 아론의 두 아들, 나답과 아비후는 순식간에 불에 타 죽고 말았다(레 10장).

- 언약궤를 만지지 말라는 엄명에도 불구하고 수레에서 떨어지는 걸 막으려 손을 댔던 웃사는 그 자리에서 죽음을 맞았다(삼하 6장).

구약성경에서 이런 본문과 마주치면 적잖은 이들이 혼란스러워한다. 사랑의 하나님이 어쩌면 이러실 수가 있다는 말인가? 저지른 죄에 비해 벌이 너무 엄하지 않은가? 뒤를 좀 돌아봤기로서니 생명을 거둬 간다는 게 말이 되는가? 나무를 했다고 돌로 친다고? 어떻게 규정에 어긋나는 불을 드렸다는 이유로 태워 죽이고 반사적으로 법궤에 손을 댔다고 숨을 끊어 놓을 수 있는가?

솔직한 심정의 표현이라는 점은 십분 이해하지만, 이런 질문들은 사실 관계를 파악하는 시각에 근본적인 오류가 있음을 여실히 보여 준다. 인간은 본능적으로 자기중심적인 시선으로 죄를 바라본다. 하나님의 처벌이 지나치게 가혹한 게 아니냐고 묻는 이유는 자신이 공격을 받았을 때 그런 식으로 반응한다는 걸 상상조차 해 본 적이 없기 때문이다. 이편의 뜻을 거스르거나 시키는 대로 순순히 따르지 않는다고 해도 죽어 마땅하다는 결론을 내리지는 않는다. 하지만 죄에 대한 처벌은 인간의 기준에 맞춰 결정되는 게 아니다. 악에 따른 징계는 얼마나 크고 중요한 대상을 거슬렀느냐에 따라 달라진다. 통나무에게 나쁜 짓을 저질렀다면 대단한 게 아니다. 사람에게 잘못을 저질렀다면 얘기가 다르다. 그건 분명히 큰 죄다. 하물며 한없이 거룩하시고 영원하신 하나님께 죄를 지었다면 두말할 필요가 없다. 말할 수 없이 큰 잘못을 저질렀으며 영원한 징계를 받는 게 당연하다.

예수님을 좇는 아랍인 제자이자 내 친구이기도 한 아셈(Azeem)은 얼마 전, 고향에 갔다가 택시 기사에게 복음을 전했다. 상대는 잠깐 지옥에서 죗값을 치르고 난 뒤에는 틀림없이 하늘나라로 올라가게 되리라고 철석같이 믿는 인물이었다. 평생 살아오는 동안 그다지 큰 죄를 저지른 적이 없다는 믿음이 확고했다.

아셈이 물었다. "제가 뺨을 때리면 어떻게 하실 거예요?"

기사가 한 치의 망설임도 없이 대꾸했다. "택시 밖으로 던져 버릴 거요."

친구가 다시 말했다. "제가 거리로 나가서 아무나 붙잡고 한 대 후려친다고 합시다. 맞은 상대방이 어떻게 나올까요?"

"패거리를 불러다가 그쪽을 두들겨 패려 할걸요?"

질문은 꼬리를 물고 이어졌다. "제가 경찰관의 따귀를 올려붙였다고 해 보죠. 무슨 일이 벌어질까요?"

기사도 거침없이 대답했다. "흠씬 매타작을 안기고 나서 감옥에 처넣겠죠."

아셈이 마지막으로 물었다. "만약에 제가 우리나라 국왕의 얼굴에 주먹을 날린다면 어떤 상황이 닥칠까요?"

기사는 친구를 돌아보며 어처구니가 없다는 듯 허허 웃으며 말했다. "목이 달아나지 않겠소?"

아셈은 곧바로 되받았다. "그것 보세요. 얼마나 엄한 벌을 받느냐는 어떤 지위를 가진 상대에게 죄를 지었느냐에 따라 달라지는 겁니다." 운전기사는 그제야 하나님께 죄를 짓는 게 얼마나 심각한 일인지 제대로 인식하지 못하고 살아왔음을 깨달았다.

여러분은 어떠한가? 죄의 심각성을 터무니없이 평가절하하고 있지 않은가? 교회에서도 마찬가지다. 서로서로 '잠시 잘못된 결정을 내렸을 뿐, 기본적으로는 의인'이라고 인정해 주는 분위기가 너무나도 오랫동안 유지되어 왔다. 거짓말을 하든, 바람을 피우든, 물건을 훔치든, 주님의 이름을 함부로 들먹이든 모든 게 그저 실수에 지나지 않는다는 분위기다. 예수님께 우리 마음에 들어와 달라고 부탁드리기만 하면 이런 허물들을 죄다 용서해 주신다고 착각한다.

하지만 이런 식으로 그리스도를 초청하는 행위 자체가 자신의 죄가 얼마나 엄중한지 올바르게 파악하지 못하고 있음을 고스란히 드러낸다고 생각해 보라. 죄에 빠진 인간은 하나님을 피하기에 급급한 터라 그리스도를 초청할 능력이 전혀 없다. 본질적으로 주님과 원수가 되었으므로 그분을 향한 염원과 갈망이 발붙일 자리가 없다. 문제를 속성으로 해결해 줄 법한 구급약이 보이면 냉큼 들이는 게 고작이다. 영접기도를 따라하라고 하든, 정해진 문구를 외우라고 하든 이끄는 대로 좇아간다. 하지만 한 꺼풀 깊이 들어가 보면, 여전히 죄에 물든 심령의 지배를 받으며 어떻게든 자신을 위해 사는 삶을 포기하지 않으려 안간힘을 쓰는 현실이 적나라하게 나타난다.

죄에 젖은 인간의 속성을 지나치게 강조한다 싶은가? 그렇다면 성경의 증언을 들어 보자.

- 인간은 죄에 빠져서 하나님을 멀리 떠났으며 주님을 거부하기에 이르렀다(골 1:21).
- 너나없이 죄의 종이며 사탄의 지배를 받는다(요 8:34, 딤후 2:26).
- 어둠을 사랑하고 빛을 미워한다(요 3:20, 엡 4:18).
- 더럽고 사악한 삶을 산다(롬 6:19).
- 심령은 썩었고 세상의 신에 눈이 멀어 진리를 보지 못한다(롬 1:28, 고후 4:4).
- 욕망은 뒤틀리고, 마음에는 죄가 가득하며, 사악한 육신의 욕구가 영혼에 맞서 싸움을 벌인다(롬 1:26, 벧전 2:11).
- 몸은 더럽혀졌다. 도덕적으로는 악에 빠졌으며 영적으로는 병이 들었다(롬 1:24, 창 8:21, 마 9:12).

신약시대를 살았던 사도바울은 구약의 진리를 압축해서 겸손한 증언을 내놓는다.

의인은 없나니 하나도 없으며 깨닫는 자도 없고 하나님을 찾는 자도 없고 다 치우쳐 함께 무익하게 되고 선을 행하는 자는 없나니 하나도 없도다. 그들의 목구멍은 열린 무덤이요 그 혀로는 속임을 일삼으며 그 입술에는 독사의 독이 있고 그 입에는 저주와 악독이 가득하고 그 발은 피 흘리는 데 빠른지라. 파멸과 고생이 그 길에 있어 평강의 길을 알지 못하였고 그들의 눈앞에 하나님을 두려워함이 없느니라(롬 3:10-18).

이런 현실을 실감하고 있는가? 이건 그저 몇 가지 잘못된 결정 수준의 문제가 아니다. 엉망으로 살아온 세월 정도를 핵심으로 여겨선 안 된다. 하나님을 거역했으며 되돌아갈 힘조차 없다는 게 사태의 본질이다.

죄 가운데 죽어 있다는 성경의 지적은 그런 상황을 염두에 둔 표현이다. 바울은 에베소 교회의 크리스천들에게 편지하면서 "여러분은 허물과 죄 가운데서, 이 세상의 풍조를 따라⋯ 살았습니다"(엡 2:1-2, 새번역)라고 했다. 전적으로 죽어 있었다는 뜻이다. 부분적으로 죽은 게 아니다. 거의 죽은 게 아니다. 반쯤 죽은 게 아니다. 일종의 사망 상태였다는 의미가 아니다. 완전히, 철저하게 죽었다는 얘기다.

그렇다면 이미 죽은 인간이 어떻게 다른 이를 초대해 생명을 얻을 수 있겠는가? 태어나기 전에 아빠 엄마를 초청해서 자신을 임신해 달라고 부탁한다는 게 될 법이나 한 소린가? 심장이 진즉에 멋은 시신이 누군가를 불러서 소생시켜 주길 요청할 수 있겠는가? 어림 반푼어치도 없는 얘기다. 죽은 이들에게는 이 모두가 불가능한 일이다. 이와 마찬가지로, 죄 가운데 죽어 있는 상태에서는 예수님을 초대해 마음에 모셔 들일 방도가 없다. 죽은 이에게는 생명으로 불러내서 살아 움직이게 해 줄 존재(자신 이외의 또 다른 인물)가 필요하다.

부르심은 전적인 은혜다

그것이 바로 하나님이 은혜로 행하시는 역사이며 성경에 소상히 기록된 사건들이다. 악이 기승을 부리는 가운데, 하나님은 노아를 부르시고 홍수에서 건져 내셨다. 이교도들의 세상인 우르에서 우상을 숭배하며 살던 아브라함을 부르시고 위대한 민족의 조상이 되게 하셨다. 택하신 백성들이 이집트에서 종살이를 하고 있을 때는 살인을 저지르고 미디안 광야로 피신했던 모세를 불러서 노예의 사슬을 끊게 하셨다. 주님은 친히 불러내신 이스라엘 민족에게 그 구원의 속성을 이렇게 설명하셨다.

여호와께서 너희를 기뻐하시고 너희를 택하심은 너희가 다른 민족보다 수효가 많기 때문이 아니니라. 너희는 오히려 모든 민족 중에 가장 적으니라. 여호와께서 다만 너희를 사랑하심으로 말미암아,

또는 너희의 조상들에게 하신 맹세를 지키려 하심으로 말미암아 자기의 권능의 손으로 너희를 인도하여 내시되 너희를 그 종 되었던 집에서 애굽 왕 바로의 손에서 속량하셨나니(신 7:7-8).

하나님은 이스라엘 백성들을 사랑하시기로 작정하셨다. 특별한 미덕이나 장점이 있어서가 아니라 무조건적으로 자비를 베푸신 것이다.

이런 흐름은 변함없이 지속된다. 누가 봐도 번듯한 이새의 다른 아들들을 다 제쳐 놓고 하나님은 다윗이라는 가당찮은 인물을 지명해서 이스라엘의 왕으로 삼으셨다. 엘리야, 엘리사, 이사야, 에스겔 같은 선지자들을 부르신 주님은 예레미야에게 이렇게 말씀하셨다. "내가 너를 모태에 짓기 전에 너를 알았고 네가 배에서 나오기 전에 너를 성별하였고 너를 여러 나라의 선지자로 세웠노라"(렘 1:5).

구약성경 전반에 걸쳐 하나님은 그분의 거룩한 영광을 드러내기 위해 수없이 많은 죄인들 가운데 은혜를 입기에 합당한 인물들을 직접 선택해서 관계를 시작하고 또한 주도하신다.

그런 점을 염두에 둔다면, 마태복음에 기록된 네 명의 죄인, 다시 말해서 유대인 어부들이 바닷가에 서 있는 장면에 놀랄 이유가 없다. 이들의 내면에는 그리스도께 다가갈 만한 요소가 전혀 없었다. 더러 마태복음 4장 18-22절을 토대로 예수님이 이

뱃사람들을 불러 제자로 삼으신 까닭을 구구절절 풀이하는 설교를 들을 때가 있다. 어부들에게 그리스도의 제자에게 필수적인 이러저러한 기술이나 이만저만한 시각이 있었다는 식의 메시지다.

하지만 그런 추측은 본문의 핵심을 놓치고 있다. 예수님은 네 사람의 됨됨이 '때문에'가 아니라 됨됨이에도 '불구하고' 부르셨다. 이들에게는 매력적이라고 할 만한 구석이 많지 않았다. 신분이 낮은 데다가 제대로 교육을 받은 적도 없는 갈릴리 촌뜨기들이었다. 존경받을 만한 자질이 있는 것도 아니었고 문화적으로 세련된 엘리트와도 거리가 멀었다. 한없이 무지한 데다가 편협한 시각과 유대인 특유의 편견, 경쟁심과 교만에 사로잡혀 있었다. 예수님이 믿고 일을 맡길 수 있는 최소한의 영적 요건조차도 갖추지 못했다.

하지만 바로 그 점이 중요하다. 이 뱃사람들에게는 그리스도의 선택을 받을 만한 결정적인 이유를 찾아보기 어렵다. 하지만 예수님은 이들에게 다가오셨다. 그물질에 정신없는 어부들에게 가셔서 따라오라고 부르셨다. 나중에 주님은 제자들에게 말씀하셨다. "너희가 나를 택한 것이 아니라, 내가 너희를 택하여 세운 것이다"(요 15:16, 새번역). 네 명의 어부는 스스로 그리스도를 초대하고 영접해서가 아니라 주님의 주권적인 선택 덕분에 제자가 될 수 있었다.

마태복음 4장에 기록된 그날 이후로, 예수님을 따르는 이들 모두에게 같은 기준이 적용된다. 그리스도를 열심히 추구한 공로로 죄에서 구원받는 이는 단 한 명도 없다. 죄의 속박에서 풀려난 이들은 예외 없이 주님이 친히 찾아오셨다는 사실을 깨닫게 마련이다. 그리고 그때부터 예전과는 전혀 다른 삶을 살게 된다.

당장 대통령의 초대를 받는다면

예수님이 주도권을 가지고 그 뒤를 따르도록 우리를 초청하신다는 사실을 정확히 인식하면 다양한 차원에서 만사가 달라진다.

우선, 불러 주신 이가 얼마나 위대한지 깨닫고 영혼이 뒤흔들릴 만큼 깊은 감격에 사로잡힌다. "나를 따르라"고 말씀하신 주님의 어마어마한 속성에 압도된다. 그처럼 당당하게 명령하시는 분의 위엄 앞에서 깊은 경외감을 느끼기에 이른다.

마태는 첫 번째 제자들과 그리스도가 최초로 만나는 현장을 상세하게 기록했다. 주님의 모습을 찬찬히 뜯어보라. 곱씹을수록 눈이 휘둥그레지고 입이 떡 벌어진다(마 1-4장). 마태는 예수님을 '인류를 죄에서 구하러 오신 구세주'로 묘사한다. 그리스도시며 하나님의 백성들이 오랜 세월에 걸쳐 열렬히 고대하고 간절히 기다리던 메시아, 성경에 약속된 바로 그분이라고 증언한다.

동정녀 탄생 과정을 전달하면서 예수님이야말로 온전한 인성과 완전한 신성을 두루 갖추신 분으로, 그동안 세상에 존재했던,

그리고 장차 이 땅에 태어나고 살아갈 그 누구와도 비교할 수 없는 특별한 분이심을 선언한다. 동방박사들은 수백 킬로미터에 이르는 먼 거리를 무릅쓰고 찾아와 구유에 누운 아기 앞에 엎드려 경배했다. 이 일을 계기로 예수님이 태어났다는 사실이 널리 알려졌다. 세례요한은 의로운 심판자요 열방의 왕이신 구세주가 오셨음을 외치며 주님의 사역을 예고했다. 마태복음 3장 말미에서는 하늘 문이 열리면서 아버지 하나님이 친히 선포하셨다. "이는 내 사랑하는 아들이요 내 기뻐하는 자라"(마 3:17). 마태복음 4장 도입부에서는 예수님을 죄에 굴복하지 않을 새로운 이스라엘이자 사탄을 당당하게 짓밟고 일어설 새로운 아담으로 그려 낸다.

바로 그 예수님이 어부들에게 오셔서 말씀하셨다. "나를 따라오라 내가 너희를 사람을 낚는 어부가 되게 하리라"(마 4:19). 그렇다면 최소한 한 가지 사실만큼은 명명백백하지 않은가? 그분은 아무나 불러 주기만을 눈이 빠지게 기다리는 시시한 종교 지도자가 아니다. 누구나 순종하고 따라야 할 만군의 주님이시다.

난생처음 백악관의 초청을 받았던 기억이 난다. 받은 편지함을 열었더니 "미합중국 대통령 비서실입니다"라는 제목이 보였다. 한눈에 보기에도 평범한 메일이 아니었다. 편지에는 "대통령 각하께서 귀하를 ○일 ○시, 백악관 ○○룸에서 만나 뵙고 유익한 시간을 보내길 원하십니다"라고 적혀 있었다. 꿈인지 생시인지 의심스러웠다. 장난 편지는 아닌지 한참을 살펴보았지만 어느 모로 보든 진짜였다.

초대장에 적힌 날짜까지는 채 한 주도 남지 않았다. 여느 때처럼 일주일 내내 스케줄이 빼곡하게 잡혀 있었지만, 대통령의 초청에 응하기 위해 약속들을 죄다 뒤로 미루고 그날을 통째로 비워 놓았다. 서둘러 워싱턴 DC로 가는 비행기를 예약했다. 뜻밖의 사태로 약속 장소에 가지 못하는 불상사를 대비해서 여유 시간을 넉넉하게 두었다. 국가원수의 초청을 받았다는 사실을 영광스럽게 여기고 거기에 부응하기 위해 만사를 제쳐 두었다.

짧으면 4년, 운이 좋다 해도 8년 남짓 권좌를 지키며 한 나라를 이끌어 갈 대통령의 초대를 받고 이런 반응을 보였다(나뿐만 아니라 누구나 비슷하리라고 믿는다). 그렇다면 온 우주를 영원히 통치하시는 하나님이 친히 부르신다면 삶의 모든 영역을 바꾸고 변경시켜야 마땅하지 않겠는가? 자신을 따르라고 초대하시는 분의 무게를 피부로 느끼고 있는가? 주님은 주일예배에 꼬박꼬박 참석해서 피상적인 교제를 나누는 대상 정도가 아니라, 목숨이라도 내놓고 붙잡아야 할 만큼 소중하며 최고의 찬양을 받으시기에 합당한 분이시다.

하물며 왕이 직접 찾아오셨다

대통령의 초대라는 예화로도 그리스도의 부르심을 정확히 그려

낼 수 없다. 예수님은 그분께 오라고 초청하는 게 아니라 직접 찾아오시기 때문이다. 이메일이 아니라 문을 두드리는 노크 소리가 들린다면 어떨지 상상해 보라. 문을 열면 대통령이 서 있고 그 대통령이 직접 만나서 교제할 시간이 있느냐고 묻는다면 어떻게 되겠는가?

코디(Cody)는 태국으로 건너가 대학생들에게 복음을 전하고 있는 우리 교회 성도다. 어느 날 밤, 안난(Annan)이란 학생이 함께 영화를 보러 가자고 팔을 잡아끌었다. 둘은 극장에 들어가 자리를 잡고 필름이 돌아가길 기다렸다. 영화를 상영하기 전에, 태국 국왕과 관련된 홍보 영상이 먼저 화면을 채웠다. 그러자 갑자기 안난을 비롯해 영화관을 가득 채운 관객들이 일제히 일어나 박수갈채를 보냈다. 심지어 기쁨에 겨워 눈물을 흘리는 이들도 있었다. 아주 짧은 영상에 지나지 않았지만, 스크린에 비친 국왕의 모습에 다들 깊이 감동한 모습이었다.

영화 구경을 마치고 나란히 극장을 나서면서 코디가 물었다. "국왕에 관한 비디오가 상영됐을 때 왜 다들 그처럼 특별한 반응을 보였던 거죠?"

안난이 대답했다. "사랑하고 존경하니까 경의를 표하는 거죠. 백성들을 보살피는 임금님이시잖아요. 국왕께서는 자주 왕궁을 떠나 태국의 시골이나 공동체들을 찾아다니면서 주민들과 만나세요. 어떤 이들이 어떻게 살아가고 있는지 알아보시려고요. 국민들은 국왕의 사랑을 깊이 느끼고 있어요. 백성들도 그만큼 그 분을 사랑해요."

친구의 말에 귀를 기울이면서 우리 교인 코디는 줄곧 그 이 야기를 비할 데 없이 위대하신 하나님을 소개하는 데 적용하면 좋겠다고 생각했다. 그리고 적절한 기회를 잡아서 안난에게 우 주를 다스리는 왕의 왕께서 인간을 한없이 사랑하셔서 예수라는 인격을 입고 세상에 오셨다는 사실을 전했다. 한 사람 한 사람을 알아보셨을 뿐만 아니라 죄에서 건져 주님을 따를 수 있도록 인 류의 허물을 스스로 짊어지기까지 하셨음을 차근차근 설명했다. 영광스러운 현실을 파악한 안난은 예수님의 제자가 되었다. 스 스로 왕이신 예수님을 찾아간 게 아니라 온 천지의 임금이신 그 리스도가 자신을 만나러 오셨음을 깊이 깨달은 결과였다.

사랑의 문제이기 때문이다

이게 얼마나 놀라운 일인지 알겠는가? 영광스러운 보좌를 버리 고 한 사람 한 사람을 찾아오신 분의 위엄이 그저 경이로울 따름 이다. 기독교의 모든 진리 가운데 이 부분을 가장 이상스럽게 여 기는 이들이 세상에 얼마나 많은지 모른다.

"신이라면 인간이 되면서까지 자신을 낮출 리가 없다고 봅니 다." 어느 중동 국가에서 만난 무슬림들은 말했다. 레스토랑에서 식사를 하려던 참이었다. 때마침 라마단 기간(한 달에 걸쳐 해가 떠 있는 동안 금식하며 기리는 이슬람 절기)이어서 식당은 저녁식사를 하려는 손님들로 북적였다. 무슬림들은 이방인에게 호기심을 보이며 어떤 신을 믿는지 물었다. 질문에 대답하면서 자연스럽게 그리스도를 전하기 시작했다.

하나님이 예수라는 인간의 몸을 입고 세상에 오셨다는 이야기를 하는데 라힐(Raahil)이라는 무슬림이 말허리를 자르며 끼어들었다. "터무니없는 소리 집어치워요. 한없이 위대한 속성을 가진 신이 어떻게 인간이 된단 말이요?"

"옳으신 말씀입니다." 지체 없이 대꾸해 주었다. "하지만 그처럼 대단한 성품을 지니신 분이기에 인간의 모습으로 이 땅에 오신 겁니다."

"통 무슨 소린지 모르겠구려." 라힐은 고개를 갸우뚱거렸다.

"이야기를 한 토막 들려드리고 다시 여쭤 봐도 될까요?" 상대의 허락을 받고 설명을 계속했다. "저와 어느 아가씨의 얘깁니다. 차츰 사랑에 빠진 저는 그 친구와 결혼하고 싶은 마음이 간절해졌습니다. 그래서 제가 얼마나 깊이 사랑하는지 털어놓고 프로포즈를 하기로 했습니다. 그럼, 이제 친구를 보내서 그런 뜻을 전달하게 해야 할까요?"

무슬림 라힐은 펄쩍 뛰었다. "말도 안 돼요! 댁이 몸소 가서 사랑한다고 고백하고 결혼 승낙을 받아 내야죠."

"두말하면 잔소리죠. 당연히 직접 그 아가씨를 찾아가서 제 입으로 이야기하는 게 정상입니다. 이건 사랑의 문제이니만큼 반드시 당사자가 가는 게 맞을 겁니다. 그렇지 않습니까?"

"그렇고말고요." 라힐은 자신 있게 말했다.

"하나님도 바로 그런 방식으로 그분의 위대한 성품을 인간들에게 드러내십니다. 주님은 일꾼이나 선지자를 보내지 않으십니다. 사자를 파견하는 대신 친히 찾아오셨습니다. 사랑의 문제인지라 남에게 맡길 수가 없으셨던 겁니다."

라힐은 뒤로 물러나 앉으며 빙그레 웃음을 지었다. 하나님은 멀찌감치 떨어져 계시지 않고 직접 다가오셔서 이루 말할 수 없이 크고 깊은 그분의 사랑을 보여 주신다는 놀라운 진리 앞에 난생처음 마음을 여는 눈치였다.

진노와 사랑의 절정, 십자가

예수님은 인류에게 길을 터 주시기 위해 똑같은 인간이 되어 세상에 오셨다. 이 땅에 머무시면서 우리가 살 수 없는 삶, 하나님께 완전하고도 완벽하게 순종하는 삶을 사셨다. 단 한 번도 죄를 짓지 않으셨으므로 죄인들의 구세주가 되실 수 있었다. 그리스도가 죄에 대해 백퍼센트 순결하다는 사실을 부정하는 크리스천들이 있다면 예수님을 제대로 알지 못한다고 봐도 좋다. 우리를 죄에서 건져 내실 수 있었던 건 우주를 통틀어 유일하게 죄가 없는 분이셨기에 가능한 일이었다.

예수님은 인간으로서는 도저히 불가능한 삶을 사셨고 사람에게나 어울리는 죽음을 맞으셨다. 한없이 거룩하고 영원하신 하나님 앞에서는 단 한 톨의 죄만 가지고도 무한하고 영원한 형벌을 피할 수 없다. 그리스도가 오신 까닭이 여기에 있다. 우리에게 쏟아져야 할 거룩하신 하나님의 진노를 견뎌 내러 이 땅에 임하신 것이다.

「래디컬」이 널리 주목을 받으면서 다양한 매체들에서도 큰 관심을 보였다. 〈버밍엄 뉴스〉(*Birmingham News*)라는 신문은 다음과 같은 서평을 실었다. "'하나님은 죄를 미워하되 죄인은 사랑하신다'는 설교자들의 상투적인 메시지와 달리, 플랫 목사는 '하나님은 죄인들을 미워하신다'고 주장한다."[6] 틀림없이 책에 나오는 말이기는 하지만 문맥을 무시하고 한 구절만 끊어다 인용하는 바람에 오해가 생겼다. 적잖은 성도들이 근심스러운 표정으로 묻기 시작했다. "목사님, 정말 하나님이 죄인들을 미워하신다고 믿으세요?" 다소 거친 이메일을 보내온 크리스천들도 있었다. "교회와 지역사회 전체에 증오를 전파하고 있다는 것만 알아 두세요."

이 주제야말로 성경 말씀을 인용하는 데 다소 어려움이 있는 영역이다. 하나님은 죄인을 미워하시는가? 시편 5편 5-6절 말씀(새번역)을 귀 기울여 들어 보자. "교만한 자들 또한 감히 주님 앞에 나설 수 없습니다. 주님께서는 악한 일을 저지르는 자들을 누구든지 미워하시고, 거짓말쟁이들을 멸망시키시고, 싸움쟁이들과 사기꾼들을 몹시도 싫어하십니다."

이런! 어쩌면 하나님이 죄인을 미워하신다는 표현으로는 부족한지도 모른다. 죄인들을 몹시도 싫어하시며 멸망시키신다고 했어야 하는 게 아닌가 싶다.

이런 언급이 여기에만 있는 게 아니다. 시편 1-50편에만 해도 거짓말쟁이에 대한 진노를 비롯해서 죄인들에게 미움을 드러내는 하나님의 모습이 무려 열네 번이나 등장한다. 구약성경에서만 볼 수 있는 것도 아니다. 하나님의 사랑을 뚜렷이 보여 주는 구절(요 3:16)로 유명한 요한복음 3장에도 주님의 진노를 설명하는 말씀이 들어 있다. "아들을 믿는 자에게는 영생이 있고 아들에게 순종하지 아니하는 자는 영생을 보지 못하고 도리어 하나님의 진노가 그 위에 머물러 있느니라"(요 3:36).

이런 본문들은 의문을 불러일으킨다. "하나님은 죄를 미워하시되 죄인은 사랑하신다"는 말이 과연 사실일까? 어느 면에서는 사실이지만 그게 전부는 아니다.

생각해 보라. 창세기 말씀에서 이미 살펴보았다시피, 죄는 외부에 따로 떨어져 있지 않으며 존재의 핵심에 깊이 스며들어 있다. 우리가 곧 죄는 아닐지라도 죄인으로 살아가는 건 엄연한 현실이다. 따라서 십자가에 달리신 예수님은 마치 죄를 죄인과 분리해서 그 값만 대신 치르신 게 아니다. 오로지 정욕이나, 거짓말이나, 부정이나, 그밖에 어떤 죄만을 해결하기 위해 돌아가시지 않았다는 뜻이다. 마땅히 죄인들의 몫이었던 죗값을 치르고 계신다. 우리 대신 우리가 서야 할 자리에 서서 목숨을 버리셨다. 이사야서 53장은 이렇게 말한다. "그가 찔림은 우리의 허물 때문이요 그가 상함은 우리의 죄악 때문이라. …여호와께서는 우리 모두의 죄악을 그에게 담당시키셨도다"(사 53:5-6).

십자가에 달린 채 하나님의 엄중한 진노에 눌려 으스러지신 예수님은 당연히 우리가 겪어야 할 일을 대신 당하셨다. 죄인들이 받아야 할 형벌을 처음부터 끝까지 고스란히 견디신 것이다.

그러므로 십자가의 의미를 퇴색시키는 말랑말랑한 상투적 문구들에 기대서는 안 된다. 성경이 보여 주는 현실은 놀랍도록 선명하다. 우리는 죄인들이다. 이사야의 말을 빌자면, "다 양 같아서 그릇 행하여 각기 제 길로"(사 53:6) 가 버렸다. 하나님은 지극히 거룩하시므로 죄와 죄인들 모두에게 의로운 분노를 지니실 수밖에 없다. 하지만 한없이 자비로운 분이시기도 하므로, 죄인들을 향해 거룩한 사랑을 품으신다. 그렇다면 주님은 어떻게 의로운 진노와 거룩한 사랑을 죄인에게 동시에 드러내실 수 있는가?

이는 성경이 전하는 메시지의 정점을 보여 주는 중요한 질문이다. 정답은 그리스도의 십자가다. 죄인들을 대신해 고통을 당하고, 아픔을 겪고, 괴롭힘을 받고, 상처를 입고, 창에 찔리고,

채찍질을 당하셨던 그리스도의 십자가를 통해 하나님은 거룩한 진노와 사랑을 온전히 나타내셨다.

하나님은 죄인들을 미워하시는가? 물론이다. 십자가를 보라. 예수님은 우리의 몫이어야 할 진노를 대신 견디고 계신다.

하나님은 죄인들을 사랑하시는가? 물론이다. 십자가를 보라. 예수님은 인류의 몫이어야 할 형벌에서 우리를 구원하고 계신다.

가끔 아무나 붙잡고 물어본다. "크리스천이세요? 그걸 어떻게 알 수 있죠?" "죄에서 구원받았다고 어떻게 장담하시죠?" 스스로 크리스천이라고 고백하는 이들 가운데 상당수는 "예수님을 믿고 의지하기로 작정했으니까요"라든지 "오래 전 일이긴 하지만, 구원해 주시길 부탁드렸으니까요", 심지어 "예수님께 내 삶을 드렸으니까요" 같은 답을 내놓는다. "…니까요"라는 표현에 주목하라. 틀린 답변은 아니다. 사소한 표현을 두고 시시콜콜 트집을 잡고 싶지도 않다. 지난날 어느 한때, 무언가를 하기로 작정한 덕분에 죄에서 구원을 받은 게 아니라는 점을 마음 깊이 새기도록 도우려는 선한 의도를 이해해 주면 좋겠다. 크리스천이 죄의 구렁텅이에서 빠져나올 수 있는 건 순전히 예수님이 2천 년 전에 특단의 조치를 취하셨기 때문이다. 은혜와 자비와 사랑을 품고 자신을 구원할 능력이 전혀 없는 우리 죄인들에게 오셔서 뒤를 따르라고 초대해 주셨던 것이다. 참다운 구원의 근거는 그리스도의 삶과 죽음 가운데 담긴 하나님의 사랑뿐이다.

자녀들을 찾고 또 찾으시는 하나님

앞에서 이미 이야기했지만, 갈렙이 세상에 나오기 전부터 아내와 함께 그 아이를 양자로 맞아들이기로 결심했던 것처럼, 하나님 역시 거룩한 자녀들이 태어나기도 전에 양자로 맞아들일 계획을 세우고 계신다. 바울은 이렇게 풀이한다.

> 우리 주 예수 그리스도의 아버지이신 하나님을 찬양합시다.… 하나님은 세상 창조 전에 그리스도 안에서 우리를 택하시고 사랑해 주셔서, 하나님 앞에서 거룩하고 흠이 없는 사람이 되게 하셨습니다. 하나님은 하나님의 기뻐하시는 뜻을 따라 예수 그리스도를 통하여 우리를 하나님의 자녀로 삼으시기로 예정하신 것입니다. 그래서 하나님이 하나님의 사랑하시는 아들 안에서 우리에게 거저 주신 하나님의 영광스러운 은혜를 찬미하게 하셨습니다(엡 1:3-6, 새번역).

외경스럽고도 놀라운 말씀이다. 그렇지 않은가? 태양이 빚어지기도 전에, 별이 하늘에 자리를 잡기도 전에, 산들이 땅에서 솟아나기도 전에, 너른 바다와 육지가 나뉘기도 전에 전능하신 하나님이 저 높은 곳에서 크리스천들의 심령을 굽어 살피셨다고 생각해 보라. 숨이 턱 막힐 만큼 경탄스럽지 않은가?

주님은 자녀들을 사랑할 계획을 세우실 뿐만 아니라 그 사랑으로 끝까지 놓치지 않고 추적하신다. 죄에 물들어 그 뜻을 거역하고 이기적인 욕심에 빠져 저항하고 거부할지라도 그리스도 안에 계신 하나님은 한사코 자녀들을 찾아오신다. 잃어버린 양 한마리를 찾기 위해 아흔아홉 마리를 남겨두고 두루 돌아다니는 목자처럼, 하늘 아버지도 거룩한 백성들을 결코 포기하지 않으신다(눅 15:1-7).

북아프리카 사막에서 대부분 예수님의 이름조차 들어 본 적이 없는 베두인족들과 더불어 지내던 어느 날, 목자라는 이미지가 예전과 완전히 다른 새로운 의미로 다가오는 경험을 했다. 마크(Mark)라는 친구는 어느 부족의 우두머리와 가까이 지냈다. 이름이 사예드(Zayed)라고 했다. 하루는 부족장에게서 연락이 왔다. 아무개 도로 근처에 야영지로 친구와 나를 초대한다는 내용이었다. 제법 먼 거리를 달려가야 했다. 누가 살고 있기는 한 걸까 하는 의심이 들 만큼 황량한 광야뿐이었다. 그런데 거짓말처럼 어디선가 유목민들이 불쑥 나타났다.

차에서 내리자마자, 시간을 거슬러 과거로 돌아간 기분이 들었다. 모래밭을 얼마쯤 걸어서 커다란 천막 안에 둘러앉아 머리 위로 쏟아지는 따가운 햇살을 피하고 있는 족장 일가를 만났다. 온갖 가축들이 주위를 에워쌌다. 사예드는 우리를 불러 곁에 앉혔다. 다른 식구들은 짐승들 곁으로 밀려났다. 너그러운 환대가 이어졌다. 주전부리를 내오고 맨바닥에 임시로 만들어 놓은 화덕에 불을 지펴 밀크티를 끓였다.

그리고 다 같이 둘러앉아 최근에 어느 지역을 돌아다녔는지, 척박한 땅에서 어떻게 살아가는지 등을 화제로 대화를 나누었다. 베두인 목자들은 가족을 이끌고 사막 이곳저곳을 돌아다닌다. 계절과 상황에 맞추어 적절한 곳에 보금자리를 꾸리고 물과 음식을 구한다. 가축은 식구나 다름없다. 짐승들을 돌보는 게 생업이다.

말이 나온 김에 누가복음 15장에 나오는 잃어버린 양 이야기를 들려주었다. 예수님을 목자에 빗대어 설명하는 성경 말씀을 있는 그대로 들려주었다. 어느 목자가 양 백 마리를 치는데 한 마리가 없어진 걸 알고는 나머지 아흔아홉 마리를 그냥 내버려 둔 채 온 땅을 두루 헤매고 다녔으며, 마침내 다시 찾게 되자 양을 어깨에 들쳐 메고 돌아와서 다른 이들과 더불어 몹시 기뻐했다는 내용이었다.

말을 마치자 누구랄 것 없이 다들 고개를 끄덕였다. 사예드는 이해가 가고도 남는 모양이었다. "양 한 마리 한 마리가 다 소중합니다. 한 마리라도 사라지면 구석구석 미친 듯이 쑤시고 다니는 게 당연하죠. 되찾기 전에는 잠을 이루지 못할 겁니다. 그러다 어디선가 녀석을 찾아내면 기쁨을 주체하지 못하고 온 식구들과 함께 떠들며 즐거워하겠죠."

빙그레 웃으며 부족장과 식구들, 그리고 친구들에게 말했다. "하나님이 우리를 얼마나 사랑하시는지 보여 주는 이야기입니다. 주님은 인간을 지으시고 한 사람 한 사람을 모두 다 소중히 여기

십니다. 설령 우리가 그 곁을 떠나 방황할지라도 끝까지 찾아오십니다. 제정신이 아니라고 할지 모르겠지만, 하나님은 아들까지 세상에 보내 십자가에 달려 죽게 하셨습니다. 누구든 그분을 통하기만 하면 구원을 받게 하신 겁니다." 잠시 뜸을 들였다가 계속했다. "여러분들이 먼 거리에도 아랑곳하지 않고 잃어버린 양을 쫓아다니듯, 하나님 또한 제아무리 먼 곳일지라도 자녀들을 찾을 때까지 달려가십니다."

하나님의 압도적인 사랑

어떤 이들은 자녀들을 찾으시는 하나님의 사랑을 확실히 믿으면서도 이렇게 말한다. "하나님의 사랑만으로 구원이 가능한 건 아니지 않을까요? 주님이 그리스도를 통해 자비를 베푸신다 하더라도 받아들이든, 거절하든 저마다 선택하기 나름이잖아요."

물론이다. 하나님은 신비롭게도 사랑을 쏟아부어 주시면서도 인간이 감당할 부분을 반드시 남겨 두신다. 「팔로우 미」의 내용은 주로 "예수님을 따르기 위해 크리스천 각자는 어떤 결단을 해야 하는가?"라는 주제를 중심으로 전개된다. 하지만 성경은 스스로 주도권을 쥐는 게 아니라 주님의 초대를 받아들이는 데서 시작된다는 사실을 깊이 의식하지 않으면 영원히 실족할 수밖에 없다는 사실을 또렷하게 일깨워 준다.

죄에 물든 인간이 그리스도를 찾게 되는 이유는 오직 하나, 주님이 친히 구세주가 되어 주시려 찾아오셨기 때문이다. 우주를 다스리시는 하나님이 몸소 찾아오셔서 이기적인 저항과 죄스러운 반역을 일삼는 딱딱한 마음을 녹이시고 사악한 자아에서 자녀들을 건져 내신다는 진리야말로 복음 가운데서도 가장 영광스러운 대목이다. 주님의 그러한 자비는 한 사람 한 사람을 놓치지 않고 끈질기게 추적하시며 교만한 마음을 십자가에 못 박아 버리시는 주님의 역사를 극대화시켜 보여 준다.

갈렙을 새 식구로 맞으러 카자흐스탄에 갔을 당시, 아내와 나는 공항에서 비탈리나(Vitalina)라는 젊은 여성을 처음 만났다. 아기가 있는 도시에 4주간 머무는 동안 어디든 따라다니며 통역 노릇을 해 줄 아가씨라고 했다. 간단한 인사를 나누고는 택시 한 대를 불러 타고 고아원으로 갔다.

"무슨 일을 하세요?" 차 안에서 아가씨가 물었다.

"목사예요."

비탈리나는 대놓고 툴툴거렸다. "목사라고요? 하필이면… 어쩌자고… 하나님 따위는 없다는 걸 모르세요? 신은 약해 빠진 인간들이 만들어 낸 존재라고요."

웃으며 대꾸했다. "맞아요. 난 참 허약해요. 그런데 하나님은 아주 강하시죠. 죽었다 깨나도 제힘으로 할 수 없는 일들을 내 안에서, 그리고 나를 위해 하셨어요."

그날부터 날마다 하나님이 어떤 분이시고 자녀들을 얼마나 사랑하시는지에 관해 이야기를 나누었다. 아내와 더불어 기회가 있을 때마다 주님이 끝없는 자비를 베푸셔서 그리스도를 통해 우리를 자녀로 맞아들여 주셨으며 갈렙을 입양하고 싶어 하는 마음의 이면에는 그런 동기가 깔려 있다는 간증을 들려주었다. 통역 아가씨는 그렇게 넉 주 동안, 하나님이 연약한 인간으로 세상에 오시기까지 거룩한 자녀들을 찾으셨으며 사랑으로 한 사람 한 사람을 사로잡으셨다는 설명을 꾸준히 귀 기울여 들었다.

마침내 놀랍고도 놀라운 순간이 왔다. 아들아이를 안고 카자흐스탄을 떠나기 전날 밤, 탑승 수속을 밟고 있었다. 티켓을 받고 짐을 부치느라 부산한데, 비탈리나가 소매를 잡아끌고 한쪽 구석으로 데려가더니 조그만 목소리로 속삭였다. "말씀드릴 게 있어요."

"그래요? 뭔데요?"

"어젯밤에 하나님이 살아 계시다는 걸 깨달았어요. 저를 찾으시려고 두 분을 이리로 보내셨다는 걸 알게 됐어요. 상상도 못 했던 일들을 주님이 내 안에서, 나를 위해 하셨어요. 한밤중에 일어나 죄를 회개하고 예수님의 제자가 되었습니다." 그리곤 기쁨에 겨워 소리쳤다. "이제 저도 하나님의 자녀예요!"

가슴 깊은 곳에서 환희가 솟구쳤다. 온 얼굴에 웃음이 퍼졌다. 함께 기뻐하고, 격려하고, 기도했다. 시간이 없었다. 비행기는 벌써 이륙할 준비를 마친 상태였다. 갈렙을 품에 안고 트랩을 오르다 뒤를 돌아보았다. 하나님 품에 안긴 또 다른 아기가 잘 가라며 손을 흔들고 있었다.

하나님을 거역하는 삶에 젖어 스스로 돌이킬 능력이 전혀 없는 죄인들을 포기하지 않으시고 끊임없이 초대장을 보내 주시는 하나님께 찬양을 드린다. 예수님은 친히 주도권을 쥐시고 따라오라고 부르시며 또 그럴 힘을 주신다. 그분의 압도적인 은혜 덕분에 우리의 심령은 영원한 만족을 얻을 수 있게 되었다.

크리스천이 된다는 건 곧 끈질기게 따라오셔서 마침내 찾아 주신 하나님의 사랑을 받았다는 뜻이다. 죄에 빠져 하나님의 임재와 분리되었으며 하나님의 진노를 받아 마땅한 존재가 되었음을 깨달았다는 의미다. 그렇게 흑암에 갇혀 죽어 있던 어느 날, 주님의 빛이 비치고 그분을 따르라고 초대하시는 음성이 들려왔다. 하나님의 위엄이 심령을 사로잡고, 거룩한 자비가 죄와 허물을 덮었으며, 그리스도가 대신 죽어 주신 덕분에 생명을 얻었다. 본래 선하거나 착한 일을 해서, 무슨 기도를 드리거나 강대상 앞으로 걸어 나가서, 또는 질문지에 답을 써내서가 아니라 오로지 하나님이 베풀어 주시는 은혜에 기대어 그분의 자녀가 되었다는 사실을 이제 분명히 알겠는가?

통째로 바꾸라

마음의 깊은 것까지
통째로 갈아엎으라

chapter 03

내면이 근본적으로 변화되지 않는다면 가짜다

Follow Me

기독교는 세상의 다른 종교들과 확연히 다르다. 힌두교, 이슬람교, 불교, 시크교를 좇는 이들의 공동체에서 각각 얼마씩 지내면서 그런 생각이 더 굳어졌다.

한번은 인도의 갠지스 강에 갔었다. 힌두교도들은 이 강을 성수로 여긴다. 그래서 매년 수백만을 헤아리는 이들이 장거리 여행을 마다하지 않고 찾아와 몸을 담그거나, 강가에 서서 명상에 잠기거나, 예배의식을 치른다. 베다(힌두교 신앙과 관습의 실질적인 토대)에 기록된 전통에 따라 교도들은 갠지스 강을 영적인 정화의 원천이라 믿고 죄를 닦아 내기 위해 그 물로 몸을 씻는다. 뿐만 아니라 죽음에서 생명으로 옮겨 가는 통로로 보는 까닭에 사랑하는 이가 세상을 떠나면 강변에서 화장해서 그 재를 강물에 뿌려서 즉각적인 구원을 보장받고 싶어 한다.

강을 떠나 전국 각지로 떠나는 이들은 물을 조금 담아다가 예식에 사용한다. 힌두 신앙은 수많은 신들에게 다양한 제사를 드리도록 규정하고 있으며 갠지스 강(구체적으로는 강가 여신의 상징인 강물)을 떠받드는 의식을 통해 죄를 용서받고 윤회와 죽음의 사슬에서 벗어날 수 있다고 설명한다.

같은 지역의 다른 구역에서 지내는 동안에는 하루에 다섯 번씩 기도 시간을 알리는 방송이 대형 스피커에서 흘러나오곤 했다. 무슬림들은 모스크로 몰려가서 무릎에 손을 올리고 땅에 얼굴을 대었다가 다시 일어나는 동작을 비롯한 일련의 기도를 올렸다. 코란에 따르면 마호메트는 정해진 횟수만큼, 정해진 환경에서, 정해진 절차에 따라 드리는 기도는 알라를 숭배하는 데 반드시 필요한 조건이라고 가르쳤다.

언젠가는 티베트 불교도들을 위한 훈련 센터에도 가 봤다. 선원(禪院), 도서관, 승가학교, 커다란 절집 두 채를 아우르는 방대한 시설에서 승려 500여 명이 함께 생활하고 있었다. 어디를 가든 금불이나 석불 앞에 엎드려 절하는 이들의 모습을 볼 수 있었다. 커다란 원을 따라 걸으며 만트라(기도하거나 명상할 때 외는 주문)를 읊조리고 마니차(불교 경전을 담은 원통)를 돌리는 장면도 쉬 눈에 들어왔다.

승려들은 부처의 가르침을 좇아 바르게 보고, 바르게 생각하고, 바르게 말하고, 바르게 행동하고, 바르게 생활하고, 바르게 정진하고, 바르게 깨어 있고, 바르게 명상하는 여덟 가지 길을 따르려 애쓰고 있었다. 이처럼 멀고도 험한 길을 따르기로 작정하는 승려들은 언젠가는 모든 욕망과 고통에서 해방되는 열반의 경지에 이르게 되리라고 믿는다.

승려에게 왜 이런 수행을 하느냐고 물었다.

"평안과 쉼을 얻고 싶어서죠."

다시 물었다. "어떻게 평안과 쉼을 얻습니까?"

승려가 대답했다. "아직 모릅니다. 지금 찾고 있으니까요."

인도를 떠나기 전날 저녁에는 시크교도들이 모여 사는 마을에서 시간을 보냈다. 주민들은 한데 모여서 예배를 드리는 한편, 시크교를 창설하고 틀을 잡은 큰 스승(구루) 열 명의 전통적인 가르침을 공부했다. 교도들은 머리칼을 자르지 않으며 남자는 화려한 색 터번을 두르고 여자들은 보자기로 머리를 가린다. 사원에 들어서면 '구루 그란트 사히브(Guru Granth Sahib)'라고 부르는 경전 앞에 절을 올린다. 성전(聖典) 즉 경전은 진리와 생명으로 통하는 길을 설명하고 있으며 시크교 예배의 중심이다. 경전에 절을 한 다음, 조그만 그릇에 음식을 받는다. 다른 이들과 함께 식사하는 건 시크교의 신앙적 전통이다.

기독교가 독보적인 이유

네 가지 주요 종교를 접했던 일을 돌아보면서 한 가지 공통분모가 있다는 사실을 깨달았다. 신을 경배하고 구원(다른 표현을 쓸 수도 있다)을 받기 위해 따라야 할 길을 제시하는 스승(또는 교사)이 존재한다는 점이다.

힌두교의 옛 스승들은 의식과 의례를 정리한 베다 전례를 남기며 신도들에게 따르기를 주문했다. 이슬람교를 창시한 마호메트는 코란을 통해 다섯 가지 기둥들을 제시하고 무슬림들의 순종을 촉구했다. 불교도 마찬가지다. 팔정도와 사성제는 부처가 반드시 따라야 한다고 가르친 수없이 많은 진리와 규정들 가운데 일부에 지나지 않는다. 시크교 역시 열 명의 구루(스승)들이 있어서 그 가르침을 한데 묶어 진리와 생명의 길로 내놓았다.

기독교는 그 면에서 대단히 독보적이다. 인간사 속에 들어오셔서 제자들을 부르시면서 예수님은 "규칙을 따르고, 규정을 지키며, 의식을 빈틈없이 치르고, 바른 길을 좇으라"고 말씀하지 않으셨다. 주님은 그저 "나를 따르라"고 하셨을 뿐이다.

단 두 마디에 지나지 않는 간단명료한 말씀으로 예수님은 세상에 오신 주된 목적이 제자들에게 특정한 교리를 가르치는 게 아니라 인격적인 관계로 초대하려는 데 있음을 분명히 하셨다. 그리스도는 "이쪽으로 가면 진리와 생명을 찾을 수 있느니라"가 아니라 "내가 곧 길이요 진리요 생명"(요 14:6)이라고 말씀하신다.

"내게 오너라. 내 안에서 쉬어라. 내게서 기쁨을 얻고 나를 통해 삶의 의미를 찾으라"고 초청하신다.

입이 딱 벌어지도록 쇼킹하고 말할 수 없이 혁명적인 이 부르심이야말로 예수님의 제자가 된다는 게 무얼 의미하는지 그 핵심을 짚고 있다. 주님은 이런저런 사실을 믿고 이만저만한 관습을 지키라고 요구하시지 않으며, 오로지 생명 그 자체이신 그리스도의 인격과 하나가 되라고 부르신다.

하지만 허다한 크리스천들이 이러한 사실을 놓치고 있다. 다채로운 형태와 방식으로 기독교를 종교 뷔페에서 골라잡은 반찬 정도로 격하시켜 버린다. 서서히, 그리고 아주 교묘하게 신앙을 맹목적으로 따라야 할 일종의 규칙, 규범, 관습, 원칙 따위로 변질시킨다.

힌두교도들이 갠지스 강물에 몸을 담그듯 크리스천들은 교회에서 세례를 받는다. 무슬림들이 금요일에 모스크에 가듯 주일에 예배를 드리러 간다. 불교도들이 만트라를 읊조리듯 성가를 부른다. 시크교도들이 경전을 읽고 음식을 나눠 주듯 성경을 읽고 가난한 이들을 돕는다. 오해하지 말라. 세례를 받지 말라거나, 찬송을 부르는 게 나쁘다거나, 성경을 읽는 게 잘못이라거나, 가난한 이들을 도울 필요가 없다는 소리가 아니다. 제아무리 대단한 크리스천이라 할지라도 늘 조심하지 않으면 예수님과 상관없이 이런 일들을 하게 된다는 이야기를 하고 있을 뿐이다.

03 마음의 깊은 것까지 통째로 갈아엎으라

행실이 좋으면 장땡?

예수님이 누구한테 "나를 따르라"고 하시는지 돌아보라. 주님의 부름을 받았던 어부들은 온갖 규칙과 규정들을 들이대는 종교기관에 둘러싸이다시피 살아가는 이들이었다. 율법 선생들은 구약성경에 기록된 수많은 명령들을 뒤틀어서 하나님의 사랑을 받는 데 필수적인 원칙이라고 가르쳤다. 거기다가 경건한 유대인이라면 반드시 지켜야 한다면서 시시콜콜한 관습들을 덧붙였다.

예를 들어, 구약성경에 기록된 율법은 거룩한 백성들에게 안식일에 멀리 다니지 말라고 명령한다. 율법 선생들은 어김없이 묻기 시작한다. "그렇다면 '멀리'라는 말은 어느 정도를 일컫는 거지? 집 주위를 한 바퀴 도는 건 가능할까? 다른 이들의 집을 찾아가는 건 어떨까? 그보다 더 나가도 괜찮다면 얼마나 멀리 갈 수 있을까?"

이윽고 답을 내놓는다. 새로운 규정들이 등장하는 것이다. "안식일에는 집으로부터 대략 1킬로미터까지만 움직일 수 있다. 다만, 안식일에 먹을 음식이 집을 기준으로 반경 1킬로미터 안에 있는 경우만큼은 예외로 인정한다. 그때는 음식을 집의 연장으로 보고 그 자리로부터 1킬로미터까지 이동할 수 있다." 결국 끼니거리를 적절한 자리에 배치해 두기만 하면 안식일이라 해도 온 동네를 돌아다닐 수 있는 셈이다.

안식일에 짐을 옮기는 규정도 마찬가지다. 율법 선생들은 문는다. "어느 정도까지를 짐으로 정해야 할까? 옷도 짐으로 봐야 할까?" 이번에도 답이 따라온다. 옷을 입고 있다면 짐이 아니다. 하지만 옷을 들고 있으면 짐으로 본다. 따라서 안식일에 재킷을 입는 건 괜찮지만 손에 들면 문제가 된다. 어느 작가는 이렇게 썼다.

> 재봉사도 안식일에는 바늘을 건드리지 않았다. 무심코 옷을 꿰매는 '일'을 하게 되면 큰일이었다. 아무것도 사고팔 수 없었으며 옷감을 물들이거나 빨지도 못했다.… 땅에 고랑이 파일까 싶어 의자를 끌지 않았고 여인들은 거울조차 보지 않았다. 혹시라도 흰머리가 눈에 들어오면 뽑고 싶은 유혹을 받을지 모르기 때문이었다. [7]

제자들은 안식일 규정을 비롯해서 무수한 규칙들이 지배하는 시대에 살고 있었다.

그런 배경이 있었기에 예수님의 말씀은 더할 나위 없이 새롭고 신선했다. 마태복음 11장에서 주님은 "수고하고 무거운 짐 진 자들아 다 내게로 오라. 내가 너희를 쉬게 하리라. 나는 마음이 온유하고 겸손하니 나의 멍에를 메고 내게 배우라. 그리하면 너희 마음이 쉼을 얻으리니"(마 11:28-29)라고 하셨다. 모든 종교의 지도자들이 "노력하고, 애쓰고, 정진할수록 더 나아질 것"이라고 입을 모으는 세상에서 예수님의 이 가르침은 커다란 반향을 일으킬 수밖에 없다.

인류가 가장 목말라 하는 건 구원을 보장받기 위해 지켜야 할 무수한 규정들이 아니다. 저마다 죄에 빠져 살고 있으며 제힘으로는 구원에 이르지 못한다는 데는 재론의 여지가 없다. 강물에 몇 번이나 몸을 씻든, 기도 시간과 절차를 얼마나 잘 지키든, 안식일에 몇 걸음을 걷고 가난한 이들을 몇 차례나 도왔든, 제아무리 올바른 기도를 드리고 고운 말을 하고 제대로 된 노래를 부르고 깨끗한 헌금을 바치고 모범적인 생활을 하든, 마음에 단단히 뿌리내린 악을 덮을 수 없다. 인간에게 가장 크고 시급한 건 더 열심히 도를 닦고 행실을 가다듬는 게 아니다. 처음부터 끝까지 완벽하게 새로운 심령이 필요하다.

애처로운 신앙생활을 그만두라

예수님은 피상적인 신앙생활을 하게 하려 오신 분이 아니다. 초자연적으로 거듭나서 전혀 새로운 생명을 얻을 수 있는 길을 열어 주러 이 땅에 임하셨다. 둘 사이에 어떤 차이가 있는지 살펴보자.

피상적인 신앙은 특정한 진리를 믿고 정해진 규칙을 따르는 게 전부다. 앞에서 여러 종교들을 다루며 이야기했던 것처럼, 오늘날뿐만 아니라 예수님 당시에도 이러한 형태의 믿음이 세상에 두루 퍼져 있었다. 주님이 1세기 유대인들 사이에서 지도자로 추앙받던 니고데모와 나누었던 대화를 되짚어 보라. 이 랍비는 일정 부분 예수님을 믿고 존경하면서도 성경에 기록된 갖가지 명령을 좇아 살려고 발버둥치는 수많은 현대 크리스천들과 대단히 흡사하다. 니고데모는 열심히 기도하고 성실하게 예배에 참석했다. 성경을 읽는 데 그치지 않고 가르치기까지 했다. 선하고, 올바르고, 윤리적인 생활을 해서 다른 이들의 모범이 되었다. 게다가 동기마저 순수해서 하나님을 높이고자 하는 마음이 한결같았다. 보기에는 무엇 하나 흠잡을 데가 없었지만, 내면에는 문제가 있었다. 충실한 신앙 행위에도 불구하고 영적인 생명을 찾아볼 수 없었다.

비슷한 느낌을 받은 경험이 있는가? 기독교의 뚜껑을 열어 보면 믿어야 할 진리들, 실천해야 할 덕목들, 그리고 하나님의 인정을 받기 위해 점검해야 할 일들의 목록들만 가득하다는 생각이 들었던 적은 없는가? 기도하고, 성경 말씀을 읽고, 헌금하고, 교회에서 봉사하면서 제아무리 발버둥 쳐 봐야 합격점을 받기 어렵겠구나 싶지 않았는가? 크고 작은 접시 여러 개를 동시에 돌리면서 떨어뜨리지 않는 재주로 관객에게 즐거움을 주는 광대처럼 하나님을 기쁘시게 할 온갖 선한 일들을 해내느라 고단한 나날을 보내고 있지는 않은가? 의무감이 대부분이고 기쁨이라곤 한 줌도 안 되는 게 신앙생활이란 기분이 드는가?

내면은 조금도 달라지지 않는 상태에서 껍데기만 어찌해 보려고 끊임없이 발버둥 치는 행태야말로 피상적인 신앙의 저주스러운 열매다. 어느 작가는 기독교판 피상적인 신앙을 이렇게 묘사했다.

끝도 없이 다양한 규칙과 규정들에 따르는 한편, 스스로 선택하고 그 가운데서 '인정받기를' 원하는 특정 크리스천 집단의 요구에 발맞춰 정해진 행동 양식에 순응하는 방식으로 경건해지려 한다. 그렇게 되면 육신의 힘으로 신앙생활을 이끌어 가는 이단적인 습관을 들이기에 이르고 스스로 의로워지기를 추구하는 과정에서 그리스도가 아니라 '기독교'를 예배하는 우상숭배를 저지르게 된다.[8]

하나님 말씀, 하나님의 마음, 하나님의 뜻, 하나님의 심판에 저항하는 인간은 언제 어디서든 하나님이 정죄하는 신, 곧 인간의 힘에 매달리게 마련이다. 거룩하게 되려고 안간힘을 쓰는 육신만큼 구역질나고 애처로운 게 또 있을까 싶다.[9]

새로운 마음을 '주신다'

예수님은 니고데모의 피상적인 신앙에 어떻게 반응하셨는가? 주님은 "사람이 거듭나지 아니하면 하나님의 나라를 볼 수 없느니라"(요 3:3)고 말씀하신 뒤에 한 절을 건너뛰어 조금 더 자세한 설명을 붙이셨다. "사람이 물과 성령으로 나지 아니하면 하나님의 나라에 들어갈 수 없느니라"(요 3:5). 이건 무슨 말씀일까?

예수님은 니고데모와 대화를 나누면서 수백 년 전, 여호와께서 에스겔 선지자의 입을 빌어 그분의 백성들에게 주신 예언을 인용하셨다. 에스겔서 36장에서 하나님은 이렇게 약속하셨다.

맑은 물을 너희에게 뿌려서 너희로 정결하게 하되 곧 너희 모든 더러운 것에서와 모든 우상숭배에서 너희를 정결하게 할 것이며 또 새 영을 너희 속에 두고 새 마음을 너희에게 주되 너희 육신에서 굳은 마음을 제거하고 부드러운 마음을 줄 것이며 또 내 영을 너희 속에 두어 너희로 내 율례를 행하게 하리니 너희가 내 규례를 지켜 행할지라. 내가 너희 조상들에게 준 땅에서 너희가 거주하면서 내 백성이 되고 나는 너희 하나님이 되리라(겔 36:25-28).

본문이 물과 성령으로 거듭나는 사건과 어떻게 연관되는지 알겠는가?

예수님은 거룩한 백성들에게 새로운 마음을 주시겠다는 하나님의 약속을 지적하셨다. 새로운 마음은 우선 죄에서 깨끗해진, "곧 (너희) 모든 더러운 것에서와 모든 우상숭배에서 (너희를) 정결하게" 된 마음이다. 주님은 예레미야 선지자에게도 비슷한 언약을 들려주셨다. "내가 나의 법을 그들의 속에 두며 그들의 마음

03 마음의 깊은 것까지 통째로 갈아엎으라

에 기록하여 … 내가 그들의 악행을 사하고 다시는 그 죄를 기억하지 아니하리라"(렘 31:33-34).

예수님은 바로 그 일을 하러 세상에 오셨다. 신약성경은 "그가 자기 백성을 그들의 죄에서 구원하실 자"(마 1:21)라는 말로 구세주가 세상에 오셨음을 알리고 있다. 예수님을 처음 본 세례요한은 "보라 세상 죄를 지고 가는 하나님의 어린 양이로다"(요 1:29)라고 외쳤다.

자녀들의 죄를 씻으시는 하나님의 모습은 성경 곳곳에서 찾아볼 수 있다. 주님은 "너희의 죄가 주홍 같을지라도 눈과 같이 희어질 것이요"(사 1:18)라고 말씀하셨다. 다윗은 기도했다. "나의 죄악을 말갛게 씻으시며 나의 죄를 깨끗이 제하소서"(시 51:2). 구약에 수록된 그림들은 하나같이 그리스도가 신약에 보여 줄 용서를 예고하고 있다.

사도바울은 "여러분은 주 예수 그리스도의 이름과 우리 하나님의 성령으로 씻겨지고, 거룩하게 되고, 의롭게 되었습니다"(고전 6:11, 새번역)라고 했다. 요한은 "만일 우리가 우리 죄를 자백하면 그는 미쁘시고 의로우사 우리 죄를 사하시며 우리를 모든 불의에서 깨끗하게 하실 것"(요일 1:9)이라고 적었다.

정결하게 하시는 역사는 인간의 공로에 근거한 게 아니라 오로지 하나님의 자비에서 비롯된 주님의 선물일 따름이다. 바울은 이렇게 설명했다. "우리의 구주이신 하나님께서 그 인자하심과 사랑하심을 나타내셔서 우리를 구원하셨습니다. 그분이 그렇게 하신 것은, 우리가 행한 의로운 일 때문이 아니라, 그분의 자비하심을 따라 거듭나게 씻어 주심과 성령으로 새롭게 해 주심으로 말미암은 것입니다"(딛 3:4-5, 새번역). 성경이 전하는 메시지는 명확하다. 거룩하신 하나님 앞에서 제힘으로 마음을 깨끗이 할 길은 어디에도 없다. 제아무리 열심히 일하고, 뜨겁게 기도하고, 아낌없이 베풀고, 희생적으로 사랑한다 할지라도 죄로 얼룩진 마음은 조금도 달라지지 않는다.

오직 그리스도를 믿는 것만이 죄에서 구원받는 유일한 길이라고 성경이 가르치는 이유가 여기에 있다. 믿음은 행위와 대비되는 개념이다. 믿음이란 예수님의 삶과 죽음, 부활을 통해 이루신 역사를 믿고 의지하는 것 말고는 달리 할 일이 없다는 인식을 말한다. 하나님이 영혼을 기뻐 받으시는 까닭은 주님을 위해 무얼 해서가 아니라는 깨달음이다. 하나님이 즐거워하시는 건 오로지 그리스도가 인류를 위해 하신 일 때문이다.

갠지스 강에 몸을 적시는 힌두교도들부터 이 글을 읽는 독자들에 이르기까지, 하나님은 한 사람 한 사람을 향해 그리스도께 나와서 마음을 씻으라고 부르신다. 복음에 담긴 혁명적 진리에 귀를 기울이라. 죄를 씻기 위해 스스로 할 수 있는 일은 없다. 그저 죄에서 돌이켜 그리스도를 믿고 의지하기만 하면 은혜로우신 하나님은 깨끗해진 새 마음을 주시고 더 이상 그 죄를 기억하지 않으신다.

허물이 '사라지는' 기적

롤스로이스를 구입한 영국인 이야기를 들은 적이 있다. 자동차 회사에서는 여태 단 한 번도 고장 나지 않았고 앞으로도 그럴 일이 없을 거라는 광고를 내보냈다. 영국인은 거금을 내고 덜컥 차를 사들였다.

그런데 어느 날, 기절초풍할 사태가 일어났다. 잘 달리던 차가 갑자기 멈춰 선 것이다. 시내에서 멀리 떨어진 한적한 동네에서 벌어진 일이라 난감해진 운전자는 롤스로이스 회사로 전화를 걸었다. "절대로 탈이 나지 않는다더니, 이게 뭡니까? 길 한복판에 널브러져서 꼼짝도 않는단 말이요!"

수화기를 내려놓은 지 얼마 안 돼서 롤스로이스 정비공이 헬리콥터를 타고 현장에 나타났다. 그리곤 문제가 된 부분을 찾아서 뚝딱 고쳐 놓더니 총총히 되돌아갔다. 이제 남은 건 청구서가 날아오는 일뿐이었다. 헬리콥터까지 동원됐으니 엄청난 수리비가 나올 게 뻔했다. 생각하면 생각할수록 분통이 터지는 노릇이었다.

하지만 몇 주가 지나도록 청구서는 감감무소식이었다. 영국인은 롤스로이스로 다시 전화를 걸었다. "수리비를 빨리 지급하고 불쾌한 기억을 말짱하게 잊어버리고 싶습니다만….” 그러자 담당 직원이 대꾸했다. “대단히 죄송합니다만, 고객님의 차량에 탈이 났었다는 기록이 전혀 없군요.”

얼마나 놀랐을지 상상이 가는가? 그리스도 앞에 나와서 새로운 심령을 갖게 된 이들을 바라보며 하나님은 말씀하신다. “너희 삶에 무슨 허물이 있었다는 기록이 전혀 남아 있지 않구나.”

진통제에 만족할 것인가

이것이 인생의 가장 큰 필요를 채워 주는 하나님 나라의 복음이다. 예수님을 통해 하늘 아버지는 한 사람 한 사람의 죄를 용서하시고 주님과 화해할 길을 열어 주셨다. 그러나 신경을 곤두세우고 조심하지 않으면 복음을 왜곡하고 마침내는 가장 큰 필요를 무시해 버리기 십상이다.

오늘날 세계적으로 예수 그리스도의 복음을 질병 치료나 물질적인 번영 따위와 동일시하는 경향이 두드러지게 나타나고 있다. 그런 시각을 가진 이들은 말한다. “그리스도께 나오세요. 건강을 상급으로 받을 겁니다.” 하지만 그건 복음의 핵심이 아니다. 물론 예수님은 병든 몸을 고치실 수 있으며 고통스러운 질병을 다스릴 권세를 가지셨다. 하지만 주님이 전하신 메시지의 골자는 그게 아니다. 미국을 두루 돌아다니면서 “그리스도를 믿으면

암이 낫습니다!"라고 외치지 않는 이유가 거기에 있다. 아프리카 대륙을 누비며 "그리스도를 의지하세요. 에이즈가 사라집니다!"라고 선포하지 않는다. 발 닿는 곳마다 "그리스도를 신뢰하세요. 건강하고 부유하게 살 수 있습니다"라고 부르짖지 않는다.

그건 그리스도의 복음이 아니다. 예수님이 전하신 복음은 그와는 비교할 수 없을 만큼 크고 위대하다. 주님의 복음은 병이란 병은 죄다 고쳐 주시겠다는 게 아니라 모든 죄를 영원히 용서해 주시겠다는 약속이다. 열심히 믿어서 일정한 수준에 오르기만 하면 세상에서 건강하고 넉넉하게 사는 축복을 받을 수 있다는 건 예수 그리스도의 복음이 아니다. 어린아이처럼 순수한 마음으로 예수님을 믿으면 하나님과 영원토록 화목하게 교제할 수 있다는 게 주님의 복음이다.

육신의 필요를 단번에 채워 줄 영험한 치료사쯤으로 여기고 예수님을 찾아왔던 마태복음 9장의 병자와 그 친구들 같은 마음가짐을 가져선 안 된다. 그리스도의 첫 반응은 "안심하라 네 죄 사함을 받았느니라"(마 9:2)는 말씀이었다. 두말 않고 병부터 고쳐 주시길 바랐던 일행에게는 대단히 놀라운 선언이었다.

세상에 오신 으뜸가는 목적은 단순히 고통을 덜어 주는 게 아니라 고통의 근원인 죄를 잘라 버리는 데 있음을 짤막한 구절을 빌어 분명히 하신 셈이다. 죄의 뿌리를 도려내는 건 누구에게나 가장 필요하고 시급한 일이다.

장모님은 당뇨와 유방암, 신경장애, 퇴행성 안질, 손발의 통증 등과 오랜 세월 씨름했다. 힘들고 고통스러운 나날을 보내면서도 늘 크리스천임을 자랑스럽게 고백했다. 예수님을 믿고, 품위를 잃지 않았으며, 친절하고 선하고 너그러운 삶을 살았다. 하지만 니고데모 이상은 아니었다. 진리를 잘 알고 있었지만 거듭나는 체험이 필요했다.

그러던 어느 날 저녁, 마침내 변화의 순간이 찾아왔다. 장모님은 난생처음 그리스도가 온몸으로 보여 주신 하나님의 은혜를 입는 게 얼마나 중요하고 시급한지 절절하게 깨닫고 죄에 물든 자아를 버리고 예수님을 삶의 주인으로 믿고 의지하게 되었다. 주님은 자비를 베푸셔서 새로운 마음을 허락하셨으며, 죄를 씻으시고, 확신을 심어 주셨다.

그러나 영적으로는 확실한 변화를 체험한 반면, 신체적으로는 더 큰 어려움이 찾아왔다. 신장까지 나빠지기 시작해서 수시로 병원을 들락거릴 수밖에 없었다. 그리고 어느 날 밤, 갑자기 뇌출혈이 일어나면서 결국 세상을 떠나고 말았다.

그래서 어떻게 됐는지 궁금한가? 예수님은 가장 긴박하고 절실한 순간에 어른을 외면하셨을까? 천만의 말씀이다. 실제로 예수님은 지극히 연약한 부분을 치유하셔서 그분이 전폭적으로 신뢰할 만한 대상이라는 걸 알게 하셨다. 노인이 삶으로, 또는 죽음으로 전하는 메시지는 또렷하고 정확하다.

당뇨병을 앓고 있을 때도 그리스도를 신뢰할 수 있다. 유방암 진단을 받아도 그리스도를 신뢰할 수 있다. 신경장애가 생겨도 그리스도를 신뢰할 수 있다. 퇴행성 안질이 시작돼도 그리스도를 신뢰할 수 있다. 신장 기능이 떨어져도 그리스도를 신뢰할 수 있다. 뇌혈관이 터져서 피가 쏟아져 나와도 그리스도를 신뢰할 수 있다.

어떤 상황 속에서도 예수님이 가장 깊은 마음의 필요를 채우신다는 걸 알고 있기에 가능한 일이다. 모든 죄를 깨끗이 씻어 주셨으므로 하나님 앞에서 조금도 두려워할 필요가 없음을 안다. 더 이상 버텨 내지 못할 만큼 몸이 나빠져서 결국 마지막 숨을 내쉬고 심장박동이 멈춘다 할지라도 두려워할 까닭이 없음을 안다. 죽음을 이기시고 고통을 불러오는 죄의 뿌리를 잘라 버리신 분과 하나가 되어 살아왔으므로 성경에 기록된 말씀처럼 도리어 당당하게 외칠 수 있다. "죽음아, 너의 승리가 어디에 있느냐? 죽음아, 너의 독침이 어디에 있느냐? 죽음의 독침은 죄요, 죄의 권세는 율법입니다. 그러나 우리 주 예수 그리스도를 통하여 우리에게 승리를 주시는 하나님께 우리는 감사를 드립니다"(고전 15:55-57, 새번역).

용서는 하나님이 주시는 최고의 선물이다. 인류의 가장 큰 필요를 채워 준다는 점에서 그렇다. 암 치료보다 죄를 씻는 게 인간에게는 더 절실하다. 종양을 제거해 주시는 것보다 죄를 완

전히 잊어 주시는 게 훨씬 더 급하고 중요하다. 죄를 씻고 지금
부터 영원토록 하나님 앞에 두려움이 없이 설 수 있게 되는 역사
는 예수님이 새로운 마음을 주실 때만 가능하다.

마음이 통째로 바뀌는 기적

하지만 그게 기독교 신앙의 전부는 아니다. 이쯤에서 마침표를
찍고 죄를 용서받는 게 거룩한 삶의 본질이라고 단정 짓는 크리
스천들이 얼마나 많은지 모른다. 스스로 크리스천이라고 고백하
는 이들 가운데 상당수가 바로 이 지점에 멈춰 서 있다. 예수님
이 죄를 씻어 주셨다는 사실을 믿지만 삶에서 참되고, 정확하며,
진실하고, 급진적인 변화를 찾아볼 수 없다.

하나님은 자녀들이 그렇게 살기를 바라지 않으신다. 주님은
에스겔서에 더 큰 약속을 남겨 주셨다. "또 새 영을 너희 속에 두
고 새 마음을 너희에게 주되 너희 육신에서 굳은 마음을 제거하
고 부드러운 마음을 줄 것이며 또 내 영을 너희 속에 두어 너희
로 내 율례를 행하게 하리니 너희가 내 규례를 지켜 행할지라"(겔
36:26-27).

그런 관점에서 예수님은 니고데모에게 거듭나야 한다고 말
씀하셨다. 물과 성령으로 다시 태어나야 한다는 뜻이다. 이 말의
이면에는 가슴 벅찬 의미가 숨어 있다. 예수님 앞에 나오면 주님

은 죄를 용서해 주실 뿐만 아니라 성령으로 충만하게 하신다. 크리스천이라면 이 구절의 중요성을 제대로 알아야 한다. 누구든 부르심에 응하기만 하면 그리스도는 그 삶의 중심에 거룩한 생명의 근원을 심어 주신다.

이것이 "나를 따르라"는 예수님 명령의 핵심이다. 바울의 설명에 따르자면, 크리스천은 그리스도와 더불어 죽었으므로 더 이상 살아 있는 존재가 아니다. 지금 살아 계신 분은 주님이므로 오직 그분을 믿는 믿음에 기대서만 살아 숨 쉴 수 있다(갈 2:20). 훗날 바울은 로마 교회에 보낸 편지에 이렇게 적었다. "또 그리스도께서 너희 안에 계시면 몸은 죄로 말미암아 죽은 것이나 영은 의로 말미암아 살아 있는 것이니라. 예수를 죽은 자 가운데서 살리신 이의 영이 너희 안에 거하시면 그리스도 예수를 죽은 자 가운데서 살리신 이가 너희 안에 거하시는 그의 영으로 말미암아 너희 죽을 몸도 살리시리라"(롬 8:10-11). 말로 다 설명할 수 없을 만큼 놀랍고 멋진 메시지다. 예수님은 한 사람 한 사람을 위해 죽으셨고 그분을 믿는 이들 가운데 살아 계신다. 주님은 그저 옛 본성을 개선시켜 주시는 수준에 머무시지 않고 완전히 새로운 됨됨이, 곧 그리스도와 하나가 된 성품을 선사하신다.

결혼하기 한 해 전, 그러니까 약혼했을 당시만 하더라도 아내와는 완전히 딴판으로 살고 있었다. 대학을 마친 직후라 수입이 거의 없었다(전문적인 용어를 쓰자면, 현금 유동성이 제로에 가까웠다).

날이면 날마다 라면으로 끼니를 때워 가며 어떻게든 살아내려 안간힘을 썼다. 반면에 아내는 학교를 졸업하자마자 초등학교에서 아이들을 가르치기 시작했다. 고정 수입이 있었으므로 굳이 라면을 먹어 가며 궁상을 떨 이유가 없었다.

그렇게 열두 달을 보내고, 마침내 서로에게 헌신하는 삶을 살 준비를 마치고 가족과 친구들 앞에 섰다. 결혼과 함께 멋진 선물을 수없이 받았지만, 그 가운데 단연 으뜸은 두말할 것도 없이 어여쁘고 신실한 아내였다. 그날 얻은 게 또 있었다.

수입원이었다.

감격스러웠다. 여태까지는 은행에 계좌가 없었다. 하지만 주례의 질문에 "예!"라고 대답하는 순간, 아내의 통장에 들어 있는 현금이 죄다 내 것이 되었다. 따로 노력할 필요가 없었다. 학교에 따라가서 코흘리개들을 가르치지 않아도 괜찮았다. 직장을 구해야 하는 것도 아니었다. 단지 둘의 삶이 합쳐져서 하나가 되었다는 이유만으로 아내의 소유가 고스란히 굴러든 것이다.

예수님 앞에 나오면 그분께 속한 것들이 남김없이 따라오는 굉장한 일이 벌어진다. 앞에서 설명한 대로, 주님의 의로움이 나의 불의를 대신하게 된다. 그것 뿐만이 아니다. 그리스도의 영이 심령을 가득 채운다. 예수님의 사랑이 자신의 사랑이 된다. 예수님의 기쁨이 자신의 기쁨이 된다. 예수님의 마음이 자신의 마음이 된다. 예수님의 소망이 자신의 소망이 된다. 예수님의 뜻이 자신의 뜻이 된다. 예수님의 목적이 자신의 목적이 된다. 예수님의 권능이 자신의 능력이 된다. 이렇게 내면에 거하시는 그리스도의 생명을 눈에 보이는 일상으로 드러내는 게 올바른 크리스천의 삶이다.

피상적인 신앙과 신적인 변화는 이 지점에서 명확하게 갈린다. 피상적인 신앙에는 반드시 믿어야 할 진리와 꼭 행해야 할 일들만 수두룩할 뿐, 예수님을 따르는 일의 핵심을 꿰뚫는 인식이 빠져 있다. 크리스천의 삶을 흉내 내는 일종의 유사품인 셈이다. 반면에, 신적인 변화는 성령님의 역사에 힘입어 예수님께 속한 진리와 사랑, 열정과 권능, 목적에 눈을 뜬 참다운 크리스천의 삶을 말한다.

제자인가 팬인가

엄밀히 말하자면, "나를 따르라"는 예수님 말씀의 참뜻이 여기에 있다. 알다시피 주님은 첫 제자들에게 "나를 따라오라. 내가 너희를 사람을 낚는 어부가 되게 하리라"(마 4:19)고 하셨다. '하게' 가 아니라 '되게' 하시겠다고 초대하시는 점에 주목하라. 이들에게 주시려는 명령은 그리스도가 그 안에서 역사해야만 성취될 수 있었다. 제자들이 말씀에 순종해서 뒤를 따르자 예수님은 그들의 생각과 소망, 의지와 관계, 궁극적으로 삶의 목적에 이르기까지 인생 전체를 바꿔 놓으셨다.

　그때부터 흥미진진한 일들이 펼쳐진다. 예수님은 "나를 따라오라"는 명령에 "내가 너희를 사람을 낚는 어부가 되게 하리라"는 약속을 덧붙이셨다. 머릿속으로 그려 보라. 주님은 그물질로 잔뼈가 굵은 뱃사람들에게 대단히 친숙한 그림을 보여 주시며 제자들을 부르신 뒤에 첫마디부터 온 마음을 사로잡을 만한 사명을 맡기셨다. 세상을 두루 다니며 복음을 전하는 사역은 바다를 누비며 물고기를 건져 올리는 것과는 비교할 수 없을 만큼 소중한 일이다.

　그리스도의 제자가 된 어부들은 자연스럽게 제자를 낳게 되었다. 그분의 제자라면 누구나 마찬가지다. 주님을 따르는 순간부터 사람 낚는 어부가 될 수밖에 없다. 마태복음의 마지막 부분에서, 예수님이 똑같은 제자들에게 "너희는 가서 모든 민족을 제자로 삼아 아버지와 아들과 성령의 이름으로 세례를 베풀고 내가 너희에게 분부한 모든 것을 가르쳐 지키게 하라. 볼지어다. 내가 세상 끝 날까지 너희와 항상 함께 있으리라"(마 28:19-20)고 당부하시는 건 놀랄 일이 아니다.

　마태복음 4장과 28장 사이의 어느 지점에선가, 그리스도는 이 제자들을 제자 삼는 일꾼으로 변모시키셨다. 주님의 손에서 사람 낚는 어부로 거듭난 제자들은 마태복음 28장을 기점으로 세상 모든 이들에게 예수님의 삶과 죽음, 그리고 부활에 관한 소식을 열성적으로 알리기 시작했다. 죄를 용서받은 데 이어 하나님의 영으로 충만해져서 예수님의 제자가 되는 데서 한 걸음 더 나가 그분의 제자를 삼는 일에 헌신적으로 뛰어들었다. 사람 낚는 어부의 사명이 삶의 중심으로 자리 잡았으며 그 때문에 저마다 값비싼 대가를 치러야 했다.

베드로는 오순절 아침에 모여든 수천 명의 군중을 비롯해서 수많은 이들에게 복음을 전했으며 온갖 압력을 무릅쓰고 입을 닫지 않은 탓에 십자가에 거꾸로 달려 처형되었다고 한다. 안드레는 그리스에서 복음을 전하다가 역시 십자가에 못 박혔고, 유다(가롯 유다와 다른 인물이다)는 터키 인근에서 매 맞아 순교했으며, 도마는 인도에서 제자 삼는 사역을 계속하다 창에 옆구리를 찔려 목숨을 잃었다고 전해진다. 야고보는 참수형을 당했고, 빌립은 돌에 맞아 숨겼으며, 마태는 장작더미에 올라 화형을 당했다. 하나같이 복음을 선포하다 일어난 일들이었다. 예수님의 제자가 되면서 딱히 누구랄 것도 없이 모두가 제자 삼는 사역에 말 그대로 생명을 바쳤던 것이다.

제자들의 심령에서 일어난 변화는 제자 삼는 사역을 통해 끝없이 복제되었다. 예수를 믿고 마음이 달라지면서 다른 이들에게도 복음이 필요하다는 데 생각이 미쳤다. 예수를 믿고 소망이 달라지면서 세상에 복음을 전하려는 열망이 뜨거워졌다. 예수를 믿고 의지에 변화가 오면서 복음을 선포하는 일에 삶을 드리고 싶어 조바심이 날 지경이었다. 예수를 믿고 관계가 변하면서 서슴없이 복음을 나누고 가진 걸 다 내줄 만큼 사람들을 사랑하기에 이르렀다. 예수님은 우리의 삶의 목적도 송두리째 바꿔 놓으셨다. 제자들은 목숨을 걸고 제자 삼는 일에 매달렸다. 그리스도와의 만남을 전후로 이들의 삶은 백팔십도 판이한 궤적을 그렸다.

이런 역사를 곱씹을 때마다 요즘 크리스천들이 무언가 대단히 중요한 요소를 놓치고 있는 게 아닌가 하는 의구심이 든다. 오늘날 뭇 사람들에게 "가서, 세례를 주고, 주님의 분부를 가르쳐 지키게 하라"는 희생이 뒤따르는 명령이다. 그런데 이것을 "와서, 세례를 받고, 가만히 앉아 있으라"는 안전한 부탁쯤으로 변질시키는 교회들이 얼마나 많은지 모른다. 성도들을 붙잡고 제자를 삼는다는 게 무슨 뜻인지 물어보면, 뒤죽박죽 뒤엉킨 생각이나 애매모호한 답변은 그나마 나은 것이고 통 못 알아듣겠다는 듯 공허한 시선이 돌아오기 십상이다. 사람 낚는 어부의 사명을 서로 면제해 주는 것 같은 분위기가 교회 안에 가득하다. 예수를 주님으로 믿고 의지한다는 크리스천들 가운데도 모든 민족에게 가서 제자를 삼는 게 삶의 목적이라고 감히 고백하지 못하는 이들이 대다수다. 십중팔구는 이 주제만 나오면 움츠러든다. 이쯤에서 책을 덮어 버리고 싶은 독자들도 있을 것이다. '나한테는 해당 사항이 없는 이야기'라고 생각할지 모른다.

부디 조금만 더 읽어 주길 바란다. 함께 생각해 보자. 성경을

03 마음의 깊은 것까지 통째로 갈아엎으라

통틀어, 제자들 치고 사람들을 변화시켜 예수님의 제자로 세우는 일에 무관심했던 이가 있는가? 기독교가 시작될 당시부터, 그리스도를 따르는 행위에는 제자 삼는 사역이 포함되지 않았던가? 초기의 제자들은 의무감이 아니라 기쁨으로 예수님의 제자를 생산해 내지 않았던가? 마태복음 28장에서 산 위에 서 있던 제자들은 겉만 번드르르한 꼬드김에 넘어가서가 아니라 신적인 권능에 사로잡혔던 까닭에 제자를 세우는 일에 나서지 않고는 배겨낼 도리가 없었다. 죽음마저도 주님의 명령에 순종하고자 하는 뜻을 꺾지 못했다.

그렇다면 지금은 도대체 무엇이 그 명령에 따르지 못하게 발목을 잡는 것일까? 어떤 장애물이 우리 모두를 가로막고 있는가? 수많은 크리스천들이 한 걸음 뒤로 물러서 있거나 기계적으로 예배당 문턱을 넘나들면서 모든 민족으로 제자를 삼는 사역에 전심으로, 열정적으로, 희생적으로, 그리고 즐거이 삶을 드리지 못하는 이유는 무엇인가? 신적인 변화 대신 피상적인 신앙에 매어 있는 크리스천이 그만큼 많다는 반증이 아닐까?

왜? 하고 싶어서!

다른 여러 종교들과 마찬가지로 기독교 역시 믿어야 할 원리와 따라야 할 관례들을 토대로 추출해서 만든, 해야 할 일과 하지 말아야 할 금기의 목록으로만 구성되어 있다면 세상과 나눌 게 없다. 이슬람교나 힌두교와 똑같다면 굳이 기독교를 믿어야 할 까닭이 무어란 말인가? 어떤 종교에 몸을 담든지 신앙적인 관습에 맞는 규칙들을 지키기만 하면 결국은 누구나 어떤 형태로든 보상을 받을 수 있지 않겠는가?

더 나아가, 크리스천이 된다는 게 피상적인 신앙을 좇는다는 뜻이라면 안전지대에서 벗어나고, 우선순위를 바꾸며, 소유를 포기하며, 불명예를 감수하고, 심지어 목숨을 잃어 가면서까지 다른 이들에게 그리스도를 전하라고 설득할 명분이 없어진다. 불편하지도 않고 온 세상은커녕 이웃에게조차 부담을 주지 않는 개인주의적 신앙에 안주할 핑계를 꼽자면 열 손가락이 모자란다. 기독교를 피상적으로 받아들이면 백이면 백, 구경꾼의 마음가짐으로 교회를 보게 된다.

하지만 기독교를 우주의 하나님이 자비로운 손길로 인간의 가장 깊은 곳을 어루만지시며, 죄를 남김없이 씻어 주시고, 성령으로 채우시는 신적인 변화를 포함하는 개념으로 파악한다면 구경꾼 심리는 발붙일 곳이 없어진다. 예수님의 인격과 부딪혀 마음과 생각, 의지와 관계가 뒤집어지다시피 변화된 이들에게는 그리스도의 뜻과 목적이 절대적인 의미를 갖는 법이다.

예수님의 참 제자라면 누가 시키지 않아도 또 다른 제자를 세우는 일에 발 벗고 나서게 마련이다. 진실로 주님을 좇는 이들에게는 억지로 확신을 심어 주거나, 달콤한 말로 유혹하거나, 설득하거나, 조작해서 제자 삼는 사역에 내몰 필요가 없다. 성경이 가르치는 대로 예수님을 좇는 이들은 군말 없이 온 세상에 나가 사람 낚는 어부의 역할을 기쁘게 감당하기 때문이다.

제1장에서 소개했던 톰과 조던의 경우, 그리스도가 마음을 사로잡아 변화시켜 주실 때까지 피상적인 신앙에 빠져 지냈다. 하지만 거듭나는 체험과 동시에 상황이 완전히 달라졌다. 톰은 이웃들을 그리스도께 인도하는 일에 삶을 바쳤다. 직장에서는 성경 공부를 시작했고 아내와 더불어 다른 부부들이 예수님 안에서 성장하도록 돕는 일에 시간을 투자했다. 구원받은 지 고작 몇 년이 흘렀을 뿐이지만 우리가 사는 버밍엄은 물론, 남아메리카와 동유럽, 중동에 이르기까지 복음을 전파하고 있다.

조던도 마찬가지다. 구원을 체험하고 나서 곧장 캠퍼스를 무대로 제자 삼는 일에 헌신했다. 한 해에 두 달씩은 9만 명에 이르는 주민 가운데 99.8퍼센트가 무슬림인 서부 아프리카 지역에 들어가 복음을 전한다. 대학을 졸업하고 결혼하자마자 남편과 함께 우범지대로 악명이 높은 빈민가에 집을 장만하고 복음의 메시지를 삶으로 살아 내고 있다.

기독교 인구가 지구상에서 가장 적은 섬에서 의사로 일하는 아비드(Abid)도 생각난다. 본래는 독실한 무슬림 가정에서 성장했다. 고향에서 메카까지 성지순례를 일곱 번이나 다녀올 정도였다. 하지만 의학을 공부하다가 하나님의 은혜로 선교사를 만나 복음을 들었다. 그리스도를 알게 되면서부터 깊은 평안을 맛보았다. 그것은 평생 이슬람교를 신봉하면서도 경험하지 못한 세계였다.

가혹한 대가가 뒤따르리라는 걸 누구보다 잘 알면서도 아비드는 예수님의 제자가 되었다. 이런 사실을 금세 눈치 챈 가족들은 젊은이를 묶어 놓고 죽도록 두들겨 팼다. 아내는 등을 돌렸고 아이들도 아빠를 버렸다. 의사 수련도 받을 수 없게 됐으며 지금까지도 친척들의 살해 위협에 끊임없이 시달리며 살고 있다.

하지만 그 무엇으로도 제자를 삼고자 하는 열정을 잠재울 수 없었다. 구원을 체험한 날, 아비드는 크리스천이 된 첫해에만 천 명에게 복음을 전하게 해 달라고 기도했다. 그해가 지나기도 전에 하나님은 이 젊은이에게 주님이 거룩한 은혜를 베푸셨다는 기쁜 소식을 4천 명에 이르는 동족들과 나눌 기회를 주셨다.

인도에서 어린 딸 둘을 키우며 가난하게 사는 산자(Sanja)도 빼놓을 수 없다. 둘째 딸을 가졌음을 알리자, 남편은 훗날 아이들이 장성해서 시집갈 때 들려 보낼 결혼 지참금이 부담스럽다며 집을 나가 버렸다. 몹시 수치스러웠지만 친정으로 돌아가 부모에게 기대는 것 말고는 먹고살 방도가 없었다. 그러던 차에 지역교회에서 임신한 여성들을 보살펴 준다는 소식을 들었다. 평생 힌두교를 신봉하며 살아왔던 터라, 동네에 교회가 있다는 사실부터가 놀랄 일이었다. 크리스천들과 교제하면서 산자는 그리스도를 통해 부어 주시는 하나님의 변함없는 사랑을 깨달았다. 동네 주민들에게 손가락질을 받을 게 뻔했지만, 여인은 죄를 회개하고 예수님을 믿었다. 지금은 교회의 전도 팀을 이끌고 비슷한 처지에 몰린 빈민 여성들을 지원하는 한편, 알고 지내는 힌두교도들에게 복음을 전하는 데 앞장서고 있다.

톰, 조던, 아비드, 산자 가운데 누구에게든 왜 제자 삼는 일을 하느냐고 묻는다면, 아무도 "그래야 하니까"라고 답하지 않을 것이다. 모르긴 하지만, "하고 싶어서"라고 말할 공산이 훨씬 크다. 하나님은 이 형제자매들에게 정결하고 성령으로 충만한 새 마음을 주셔서 기독교라는 종교에 매이지 않고 그리스도와 깊은 교제를 나누게 하셨으며 복음이 자연스럽게(또는 초자연적으로) 흘러나가게 하셨다.

거듭났는가?

자, 이제 자신을 돌아볼 시간이다.

피상적인 신앙에 머물고 있는가, 아니면 초자연적인 신적 변화를 경험했는가? 기독교 교리와 관습에 초점을 맞춘 삶을 사는가, 아니면 생명이신 그리스도와 한 몸을 이루고 있는가? 죄를 용서받고 성령으로 충만해졌다고 자신 있게 고백할 수 있는가?

한마디로, 거듭났는가?

예수님을 따르는 이들에게는 예외 없이 새로운 생각, 새로운 소망, 새로운 의지, 주위 사람들과 관계를 맺는 새로운 방식, 새로운 목적 따위를 한데 아우르는 '새로운 마음'이란 열매가 맺히게 마련이다. 주님은 "나를 따라오라. 내가 너희를 사람을 낚는 어부가 되게 하리라"고 말씀하셨다. 이건 피상적인 신앙의 길을 걸으라는 권유가 아니라, 그리스도와 맺은 초자연적인 관계 속에서만 찾아볼 수 있는 기쁨을 만끽하라는 초청이다. 하나님의 위대하심에 온 마음을 적시고 그분의 은혜로 변화된 삶을 살라는 부르심이다. 죄에 물든 자아에서 돌이켜 예수님을 모든 권세와 만족을 주시는 영혼의 구세주로 믿고 의지하라.

하지만 오해하지 말라. 그분을 개인의 주님이자 구세주로만 삼으란 뜻은 아니다.

chapter 04

주님의 절박한 요청을
외면하지 말라

하나님을 가볍게 여긴다면 가짜다

어떻게 예수님을 따르게 되었는지 간증하면서 크리스천들은 "예수님을 나의 주님, 나의 구세주로 삼기로 결심했습니다"라는 식의 표현을 자주 쓴다. 기본적으로, 그리고 궁극적으로 어떤 의도에서 나온 말인지는 알겠다. 이해가 가지 않을 만큼 전폭적인 사랑, 한 인간을 송두리째 사로잡아 개인적으로 친밀한 관계를 맺으시는 하나님의 크나큰 사랑에 마음이 열렸던 형제자매들의 경험을 듣는 건 두말할 것도 없이 멋진 일이다. 하지만 동시에 "예수님을 나의 주님, 나의 구세주로 영접하기로 결심했습니다"라는 말을 곱씹을 때마다, 이런 발상이야말로 오늘날 기독교 신앙을 위협하는 교묘하면서도 심각한 풍조를 대변하는 게 아닌가 하는 의구심을 떨쳐 버릴 수가 없다.

　일단, 그런 식의 표현들은 예수님의 고유한 권위와 권세를 제한한다. 세상 누구도 그분을 주님으로 '삼을' 수 없다. 이편에서 무슨 결심을 하고 어떤 결정을 내리느냐와 상관없이, 예수님은 그냥 주님이시다. 성경도 그 점을 명확히 지적한다. "하늘과 땅 위와 땅 아래 있는 모든 것들이 예수의 이름 앞에 무릎을 꿇고, 모두가 예수 그리스도는 주님이시라고 고백하여, 하나님 아버지께 영광을 돌리게 하셨습니다"(빌 2:10-11, 새번역). 이편에서 예수님을 주로 삼느냐 마느냐는 중요하지 않다. 문제의 초점은 그리스도의 주권에 굴복하느냐 거부하느냐 하는 데 있으며 이것이 회심의 핵심이다.

하지만 조금 더 깊이 생각해 보면, 이런 문구를 지나치게 자주 쓰는 바람에 저마다 제 입맛에 맞게 만들어 낸 그리스도를 중심으로 돌아가는 개인 맞춤형 기독교 신앙을 키워 내고 있다는 두려움이 엄습한다. 현대인들은 저도 모르는 사이에 각자의 취향과 기호, 교회의 전통과 문화적 잣대에 맞춰 예수님이 가르치신 진리를 다시 규정하는 경향이 있다.

서서히, 그리고 은근히, 성경이 소개하는 예수님을 가져다 살짝 뒤틀어서 한결 말랑말랑한 인물을 만들어 낸다. 그리스도를 따르기 위해 치러야 할 대가에 관한 말씀을 희석하고, 주님을 좇지 않는 쪽을 선택한 이들에 대한 언급을 무시하며, 물질주의에 대한 경고를 묵살하고, 사명을 일깨우는 부분을 철저하게 외면한다. 예수님의 가르침 가운데 마음에 드는 부분과 거슬리는 영역을 선별해서 받아들인다. 결국, 현대인들과 비슷하게 생각하고 행동하는 단정하고, 쾌적하며, 정치적으로 안정된 시각을 갖춘 중산층 그리스도를 새로 창출하기에 이른다.

그러나 예수님은 주문 생산품이 될 수 없다. 제멋대로 해석하고, 각색하고, 뜯어고치고, 바꿔 놓는 걸 용납하지 않으신다. 스스로 어떤 분이신지 성경에 뚜렷이 밝히셨으므로 인간에게는 편의에 맞춰 재구성할 권리가 없다. 오히려 주님은 우리를 혁신적으로 뒤바꿔 놓으신다. 거룩한 진리로 마음과 생각을 변화시키신다. 그리스도를 따르려면, 설령 그분의 말씀이 삶, 가족, 친구, 문화, 때로는 교회에 대해 가지고 있던 굳건한 고정관념이나 신념, 또는 확신과 어긋난다 할지라도 주님을 믿어야 한다. 성경 말씀에 기록된 그대로 예수님을 받아들인다면 세상에 나가 외칠 수밖에 없다. 그리스도는 개인적으로 인정하고 지나갈 개인의 주님이요 구세주가 아니며, 원천적으로 모두가 영원히 찬양해야 할 우주의 주님이요 구주시기 때문이다.

따르려면 믿어야 한다

연구 조사에 따르면, 하나님을 지극히 높으신 창조주요 우주를 다스리는 분으로 믿지 않는 '크리스천'들이 수없이 많다고 한다. 누구나 신이 될 수 있다든지 신은 그저 인간 본질에 대한 깨달음

121

을 가리킨다고 보는 것이다. '크리스천'들 가운데 절반 이상은 성령님이나 사탄이 실제로 존재한다고 생각지 않으며 예수님을 거룩하신 하나님의 아들로 여기지 않는 이들의 숫자도 수천만을 헤아렸다. 결론적으로 50퍼센트에 육박하는 '크리스천'들은 성경을 완전한 진리로 보지 않는 셈이다.[10]

'크리스천'이라는 단어에 따옴표를 붙인 데는 그럴 만한 이유가 있다. 분명히 말하지만 그런 '크리스천'은 크리스천으로 볼 수 없다. 하나님 말씀을 무시하고, 외면하며, 불신하면서 그리스도를 따르는 건 불가능한 일이다.

지적으로 예수를 믿는 행위와 그리스도 안에서 영혼을 구원하는 믿음 사이에 어떤 차이가 있는지는 앞에서 이미 상세하게 설명했다. 마귀까지도 예수님이 십자가에 달려 죽었다가 무덤에서 다시 살아나셨다는 사실을 알고 있었다(약 2:19). 주님의 제자가 되고 제자로 산다는 건 지성적으로 믿는 차원을 훌쩍 뛰어넘는 일이다. 눈곱만큼도 더하거나 뺄 수 없는 의미가 거기에 담겨 있다.

애당초, 예수님을 따르자면 믿는 게 기본이었다. 복음서를 읽으면서 예수님이 제자들과 나누신 대화들을 살펴보면, 끊임없이 진리를 가르치시고 통상적인 사고방식에 도전하시는 주님의 모습을 볼 수 있다. 어떤 이야기를 들려주시고 무슨 대화를 나누시든, 그리스도는 말씀으로 제자들의 생각을 완전히 뒤집어 놓곤 하셨다. 무슨 과정을 밟게 하거나 교실에 앉혀 두신 적이 전혀 없었지만, 그때그때 벌어지는 상황과 이런저런 대화들, 순간순간 스쳐 가는 장면들을 교재 삼아 제자들의 마음과 생각을 빚어서 주님을 닮아 가게 하셨다.

죽음과 작별을 준비시키면서 예수님은 따르는 이들에게 그분의 영(예수님은 성령님이 실제로 존재한다고 명확히 가르치셨다)을 약속하셨다. "그는 진리의 영이라 … 보혜사 곧 아버지께서 내 이름으로 보내실 성령 그가 너희에게 모든 것을 가르치고 내가 너희에게 말한 모든 것을 생각나게 하리라"(요 14:17, 26).

그리스도의 제자가 된다는 말은 곧 그분의 말씀에 충실하게 된다는 뜻이다. "너희가 내 말에 거하면 참으로 내 제자가 되고 진리를 알지니 진리가 너희를 자유롭게 하리라"(요 8:31-32). 또한 "너희가 내 안에 거하고 내 말이 너희 안에 거하면 무엇이든지 원하는 대로 구하라. 그리하면 이루리라"(요 15:7)고도 하셨다. 예수님을 따르는 약속과 특권은 처음부터 주님을 온 마음으로 믿는 믿음과 떼려야 뗄 수 없는 관계였다.

예수님이 지상에서의 사역을 마치고 하늘로 들려 올라가신 뒤에도 신약의 역사는 중단되지 않았다. 바울은 그리스도의 영을 통해 그분의 마음을 갖게 된다는 점을 강조했다(고전 2:16). 로마의 크리스천들에게는 마음을 새롭게 함으로 변화를 받으라고 촉구했다(롬 12:2). 골로새 교회의 크리스천들에게는 "여러분은 옛 사람을 그 행실과 함께 벗어 버리고, 새 사람을 입으십시오.
이 새 사람은 자기를 창조하신 분의 형상을 따라 끊임없이 새로
워져서, 참 지식에 이르게"(골 3:9-10, 새번역) 된다고 가르쳤다.
영적인 전쟁을 말하면서 "하나님을 아는 지식을 가로막는 모든
교만을 쳐부수고, 모든 생각을 사로잡아서, 그리스도께 복종시
킵니다. 그리고 여러분이 온전히 순종하게 될 때에는, 우리는 모
든 복종하지 않는 자를 처벌할 준비가 되어 있을 것"(고후 10:5-6,
새번역)이라고 독려했다. 성경은 크리스천의 마음과 생각과 삶은
온전히 그리스도의 말씀을 중심으로 돌아간다는 점을 분명히 밝
히고 있다.

부활의 권위를 믿는가

하지만 1세기 인물의 가르침을 토대로 21세기의 삶을 꾸려 간다
는 게 조금 넋 나간 일 같지 않은가? 성경 말씀 가운데는 시대에
뒤떨어진 낡은 이야기들도 적잖이 포함되어 있지 않은가? 예수
님이 들려주신 이야기들을 하나도 남김없이 곧이곧대로 받아들
여야 하는가? 주님이 지상에 계셨던 시대와는 비교할 수 없을 만
큼 문화가 발전했고 과학적으로도 눈부신 진보를 이룬 게 사실이
지 않은가? 그리스도가 2천 년 전에 들려주신 이야기들이 오늘
날에도 변함없이 진리라고 어떻게 장담할 수 있단 말인가?

여기서 알아 두어야 할 게 있다. 말씀의 권위는 부활의 사실성과 긴밀하게 연결되어 있다는 점이다. 생각해 보라. 예수님이 죽음을 이기고 살아나시지 않았다면 그분이 생전에 하셨던 말씀에 크게 신경 쓸 필요가 없다. 다른 종교 지도자들처럼 나름대로 깨달은 진리를 가르치고 더 나은 삶을 살 길을 제시했던 인물로 치부하면 그만이다. 죽음을 딛고 일어나겠다고 약속하고 지키지 못했으니 어쩌면 상대적으로 수준이 한참 떨어지는 스승일 가능성이 높다. 그리스도가 부활하지 않았다면 기독교는 처음부터 끝까지 거짓말에 지나지 않으며, 크리스천들은 세상에 다시 없을 멍청이들이다(신약성경은 고린도전서 15장에서 자체적으로 그러한 사실을 언급하고 있다). 그렇다면 주님의 가르침 가운데 무엇이든 도움이 될 만한 내용을 취사선택한다 해도 문제될 게 없다.

하지만 예수님이 정말 죽음에서 다시 살아나셨다면, 죽음을 정복하는 역사상 전무후무한 사건이 정말 벌어졌다면 그분의 말씀을 인정하고 받아들이는 것만으로는 부족하다. 그분의 가르침을 기준으로 삶의 모든 영역을 조절하고 조정해야 한다.

그렇다면, 그리스도는 정말 죽음을 이기고 부활하셨을까? 인간의 결정과 관계없이 참다운 주님이신가?

개중에는 예수님이 무덤에서 사흘 만에 다시 살아나는 건 고사하고 십자가에서 돌아가시지도 않았다고 주장하는 이들이 있다. 가령, 무슬림들은 그날 십자가에 못 박힌 주인공은 예수님이 아니라 생김새가 아주 흡사한 다른 사람이었다고 강변한다. 하지만 이러한 논리를 만들어 낸 마호메트가 십자가 사건으로부터 6백여 년이나 지난 뒤에 나타난 인물이라는 점은 애써 무시한다.

더러는 예수님이 십자가에 달리기는 했지만 숨이 끊어지지는 않았다는 가설을 내세운다. 심각한 상처를 입고 중태에 빠졌을 뿐인데 군중들이 의식을 잃고 기절한 걸 죽었다고 착각했다는 얘기다. 주님이 여섯 차례에 걸친 심문을 받고 눈을 붙일 새도 없이 무자비한 채찍질을 당한 뒤에 머리에 가시관을 쓰고 못 박힌 손발과 창에 찔린 옆구리를 드러낸 채 몇 시간씩 십자가에 달려 있었다는 가정이다. 혼절한 예수님의 몸을 수의로 싸서 돌무덤에 집어넣은 다음 돌로 입구를 막고 로마 군인들을 불러 지키게 했다. 차츰 의식을 되찾은 주님은 집채만 한 돌을 굴려 내고 캄캄한 무덤에서 탈출한 뒤에 경계를 서고 있는 병사들을 따돌리고 감쪽같이 사라졌다. 이건 아무리 생각해도 그럴듯한 설명은 아니다.

무덤이 비어 있지 않았다고 우기는 이들도 있다. 한편에선 이른바 '남의 무덤' 설을 주장한다. 첫 부활절 아침에 집을 나선 여인들은 말할 수 없는 슬픔과 충격에 빠진 나머지 번지수를 잘못 찾아갔으며, 시신이 없는 걸 보고 예수님이 살아나신 걸로 단정했다는 얘기다. 그렇다면 그 순간부터 죄다 엉뚱한 무덤을 찾아가고 있다는 뜻인가? 적어도 한 명쯤은 이상하게 여기고 옆 무덤을 살펴보지 않았을까?

하지만 이 가설의 결정적인 문제점은 따로 있다. 유대인들도 마찬가지지만 특히 로마 당국자들에게는 한 무리의 백성들이 떼로 몰려다니며 저희들의 지도자가 죽었다가 되살아났다고 떠들어 대는 사태였다. 처음부터 보초를 세워 무덤을 지키게 했던 까닭도 거기에 있다. 병사들은 어느 묘실을 지켜야 할지 정확하게 알고 있었음에 틀림없다. 설령 그렇지 않았다 할지라도, 제자리에 있는 예수님의 시신을 가리켜 보여 주기만 했더라면 기독교의 싹을 아예 잘라 버릴 수 있었다.

일부에서는 아직도 제자들이 부활 사건을 날조했다고 비난한다. 심지어 예수님의 시신을 훔쳐 냈다고 목소리를 높인다. 겁에 질려 예수가 누구인지 알지도 못한다고 도리질을 치기까지 했던 소심한 갈릴리인들 몇 명이 고도로 훈련된 로마 병사들로 구성된 경비병들을 제압하고 주검을 **빼돌렸다**는 소리다. 제자들이 과대망상(좋게 봐주더라도 환각상태)에 빠져서 세상을 떠난 스승의 허깨비를 봤을 거란 의혹을 제기하는 부류도 있다. 당시의 그리스-로마인과 유대인들로서는 누군가 무덤에서 부활한다는 건 상상조차 해본 일이 없었다. 그럼에도 불구하고 예수님을 보았다는 이들이 수백 명에 이르렀다. 함께 먹고, 마시고, 이야기를 나눴다는 이들까지 나타났다. 일반적으로 환영은 그림자와 같아서 더불어 먹고 마실 수가 없다. 게다가 1세기 제자들에게는 그리스도의 부활을 선포하는 일이 최대 관심사가 아니었다. 그랬다가는 목숨을 잃을 수도 있었기 때문이다. 파스칼은 말했다. "나는 목숨을 내놓은 증인들만 믿는다."[11]

부활이란 주제를 이토록 장황하게 다루는 까닭은 무엇인가? 예수님이 죽음을 이기고 살아나신 게 사실이라면, 그분의 말씀을 하나도 놓치지 말고 귀 기울여 들어야 하기 때문이다. 부활이 역사적 진실이란 사실은 주님의 가르침이 참되고 영원하다는 근거가 된다. 그리스도는 여러 위대한 스승들 가운데 하나가 아니다. 개인적인 취향에 따라 취사선택할 수 있는 사상과 견해를 제시하는 다른 종교 지도자들과는 격이 다르다. 인간들이 무슨 소릴 하고 어떤 결심을 하든 상관없이, 예수님은 주님이시다. 따라서 그리스도가 무슨 말씀을 하든(또는 무슨 명령을 내리든), 우리로서는 믿고 따르는 것 말고는 달리 선택의 여지가 없다.

지옥에 대한 가르침을 믿는가

그런 점을 염두에 두고, 성경에 더할 나위 없이 명명백백하게 기록되어 있음에도 불구하고 문화적으로 논란이 끊이지 않는 이슈, 즉 지옥의 개념을 짚어 보자. 제자들을 가르치시면서 예수님은 시간과 장소를 가리지 않고 과거로부터 영원에 이르기까지 모든 인간을 심판할 권세를 하나님에게서 받았다고 말씀하셨다. 요한복음 5장의 말씀을 들어 보자.

아버지께서 아무도 심판하지 아니하시고 심판을 다 아들에게 맡기셨으니 이는 모든 사람으로 아버지를 공경하는 것 같이 아들을 공경하게 하려 하심이라. 아들을 공경하지 아니하는 자는 그를 보내신 아버지도 공경하지 아니하느니라. 내가 진실로, 진실로 너희에게 이르노니 내 말을 듣고 또 나 보내신 이를 믿는 자는 영생을 얻었고 심판에 이르지 아니하나니 사망에서 생명으로 옮겼느니라. … 아버지께서 자기 속에 생명이 있음 같이 아들에게도 생명을 주어 그 속에 있게 하셨고 또 인자됨으로 말미암아 심판하는 권한을 주셨느니라. 이를 놀랍게 여기지 말라. 무덤 속에 있는 자가 다 그의 음성을 들을 때가 오나니 선한 일을 행한 자는 생명의 부활로, 악한 일을 행한 자는 심판의 부활로 나오리라(요 5:22-24, 26-29).

요한계시록 20장에는 예수님이 언급하신 심판 장면이 자세하게 묘사되어 있다.

또 내가 크고 흰 보좌와 그 위에 앉으신 이를 보니 땅과 하늘이 그 앞에서 피하여 간 데 없더라. 또 내가 보니 죽은 자들이 큰 자나 작은 자나 그 보좌 앞에 서 있는데 책들이 펴 있고 또 다른 책이 펴졌으니 곧 생명책이라. 죽은 자들이 자기 행위를 따라 책들에 기록된 대로 심판을 받으니 바다가 그 가운데에서 죽은 자들을 내주고 또 사망과 음부도 그 가운데에서 죽은 자들을 내주매 각 사람이 자기

04 주님의 절박한 요청을 외면하지 말라

의 행위대로 심판을 받고 사망과 음부도 불 못에 던져지니 이것은 둘째 사망 곧 불 못이라. 누구든지 생명책에 기록되지 못한 자는 불 못에 던져지더라(계 20:11-15).

하나님 말씀의 단순하지만 확고한 실체적 진실은 누구도 부인할 수 없다. 예수님을 주님으로 고백하는 이들은 영원히 구원을 받는다. 반면에 그리스도를 주님으로 시인하지 않으면 영원한 저주를 받는다. 스코틀랜드 학자 제임스 데니(James Denney)는 이렇게 적었다. "성경이 진리라면 복음 앞에 굴복하고 예수 그리스도를 사랑하며 그 뜻에 순종하기를 완강히 거부하는 이들은 마지막 날 무엇으로도 메울 수 없는 치명적 손실을 입게 되어 있다. 다시는 동이 트지 않을 깊은 밤에 접어들 것이다."[12]

교회는 역사 전반에 걸쳐 쉬지 않고 이 진리를 가르쳐 왔다. 하지만 얼마 전부터 기독교의 간판을 내건 다양한 목소리들이 지옥은 실제로 존재하지 않는다든지, 있다손 치더라도 영원히 존재하는 게 아니라는 논리들을 쏟아 내기 시작했다. 일반적으로 그러한 주장들은 도발적인 질문들로 몸통을 가린 채 다가온다. "하나님은 정말 죄인들을 지옥에 보내시겠다고 단언하셨는가? 참으로 하나님은 예수님을 믿어야 하늘나라에 들어갈 수 있다고 하셨는가? 하나님이 정말 …라고 말씀하셨는가?"

조심하라. 이런 질문들은 하나님의 말씀을 왜곡하려는 의도를 바닥에 깔고 있다. 상대가 누구든 "하나님이 정말 …라고 말씀하셨는가?"라는 말로 이야기를 시작할 때는 정신을 바짝 차려야 한다. 창세기 3장에서 인류를 타락으로 이끌었던 물음도 바로 이 한마디였다. 간교한 뱀은 아담과 하와를 유혹해서 하나님의 사랑을 의심하고 주님의 말씀에 회의를 품게 만들었다. "하나님이 정말로 너희에게, 동산 안에 있는 모든 나무의 열매를 먹지 말라고 말씀하셨느냐?"(창 3:1, 새번역)

이런 질문을 실마리 삼아 사탄은 인류의 두 조상에게 인간의 생각과 판단이 하나님의 사랑과 주님의 말씀보다 우선한다는 확신을 심어 주었다. 사람의 생각을 주님의 진리 위에 올려놓았으며 결국 죄가 세상에 들어오는 통로가 되었다.

여기서 교훈을 얻어야 한다. 예수님과 그분의 말씀을 가장 구미가 당기는 방향으로 왜곡하는 건 위험천만한 행위다. 적어도 주님의 제자라면 그분의 말씀을 전폭적으로 신뢰해야 한다.

지옥에 관한 그리스도의 가르침을 온전히 믿고 주의 깊게 듣는다면 과연 어떤 일들이 일어날까? 마가복음 9장을 읽으며 지옥을 꺼지지 않는 불구덩이로 묘사하신 주님의 음성을 들어 보라.

만일 네 손이 너를 범죄하게 하거든 찍어 버리라. 장애인으로 영생에 들어가는 것이 두 손을 가지고 지옥 곧 꺼지지 않는 불에 들어가는 것보다 나으니라. 만일 네 발이 너를 범죄하게 하거든 찍어 버리

라. 다리 저는 자로 영생에 들어가는 것이 두 발을 가지고 지옥에 던져지는 것보다 나으니라. 만일 네 눈이 너를 범죄하게 하거든 빼 버리라. 한 눈으로 하나님의 나라에 들어가는 것이 두 눈을 가지고 지옥에 던져지는 것보다 나으니라. 거기에서는 구더기도 죽지 않고 불도 꺼지지 아니하느니라(막 9:43-48).

요한계시록 20장 15절에서 이미 살펴본 바와 마찬가지로, "누구든지 생명책에 기록되지 못한 자는 불 못에" 던져진다는 게 하나님 말씀이 전하는 메시지다. 요한계시록 21장 8절 역시, 지옥을 "불과 유황으로 타는 못"으로 그려 낸다.

의아스러운 생각이 들 수도 있다. 불이란 건 그저 본문에 쓰인 이미지 아닐까? 이런 본문들 자체가 상징적인 구절들이지 않을까?

그럴 수도 있다.

그러나 설령 상징적 표현들이라 할지라도 무얼 설명하는 기호들일까? 겨울 캠핑이나 여름 휴가일까? 그렇지 않다. 그보다는 훨씬 심각한 상황이 전제되어 있다. 타오르는 불길과 연기를 내뿜는 유황은 멋진 장소를 떠올리게 하는 부호가 아니다. 도리어 소름 끼치는 곳을 가리키는 이미지에 가깝다.

예수님 말씀에 따르면, 지옥은 칠흑같이 어둡고 고통을 생생하게 의식할 수 있는 세계다(눅 16:22-23, 마 22:13). 신약성경은 지옥을 '주님의 임재와 권능의 영광에서 떠나 영원히 멸망하는' 곳으로 소개한다(살후 1:9).

그럼에도 불구하고 거기서 끝없이 머물러야 한다는 점은 무엇과도 견줄 수 없을 만큼 끔찍한 대목이다. 예수님은 영원한 형벌과 영원한 생명을 나란히 비교하셨다(마 25:46). 요한계시록 14장 11절은 말한다. "그 고난의 연기가 세세토록 올라가리로다."

토머스 왓슨(Thomas Watson)은 이렇게 풀이했다. "지옥에 들어간 사악한 이들은 늘 죽어 가지만 결코 죽지 않는다. 풀무의 연기가 쉴 새 없이, 그리고 끝없이 하늘로 솟구친다. 그 형틀 위에서 한없이 견딜 수 있는 이가 어디에 있겠는가? '영원'이라는 단어가 가슴을 찢는다."

조나단 에드워즈는 귀 기울여 메시지를 듣고 있는 18세기 청중들에게 외쳤다. "시커먼 석탄처럼 불에 탄다면 얼마나 고통스러울지 생각해 보십시오. 잠깐, 또는 하루 정도가 아니라 '수천 수억 년이 지나도록', 마침내 끝나는 순간이 다가올 듯 말 듯 이어지길 영원무궁토록 계속한다면, 거기서 절대로, 절대로 구원받을 수 없다면 어떨지 그려 보십시오."[13]

하지만 오늘날의 크리스천들은 더 이상 그처럼 무시무시한 지옥을 믿지 않으며, "지옥 같은 시대", "생지옥 같은 삶", "지옥처럼 뜨거운 맛" 등의 이야기를 대수롭지 않게 입에 올린다. 이렇게 지옥을 들먹이는 이야기를 듣고 있노라면 지옥의 실상을 전혀 모르고 있다는 느낌이 든다.

지옥에 관해 무지해서도, 무관심해서도 안 된다. 예수님은 거룩하신 하나님 앞에 서는 날, 죄인들을 기다리는 건 한없는 괴로움과 끝없는 진노뿐이라고 가르치셨다. 주님이 그렇게 말씀하셨다면, 그것은 토를 달 필요가 없을 만큼 명확한 진실이다.

천국에 대한 가르침을 믿는가

감사하게도, 예수님은 천국에 대해서도 지옥만큼 분명하게 일러 주셨다. 주님은 당당하게 선언하셨다. "나는 부활이요 생명이니 나를 믿는 자는 죽어도 살겠고 무릇 살아서 나를 믿는 자는 영원히 죽지 아니하리니 이것을 네가 믿느냐"(요 11:25-26). 뿐만 아니라, "하나님이 세상을 이처럼 사랑하사 독생자를 주셨으니 이는 그를 믿는 자마다 멸망하지 않고 영생을 얻게 하려 하심이라"(요 3:16)고도 하셨다.

주님이 제자들에게 장차 있을 곳, 언젠가 그리스도를 믿는 이들이 하나님과 더불어 머물 '새 하늘과 새 땅'을 마련하러 가신다고 약속하셨던 말씀(요 14:1-6)을 읽으면 마음이 편해진다. 거기서는 하늘 아버지가 "눈에서 모든 눈물을 닦아 주실 것이니, 다시는 죽음이 없고, 슬픔도 울부짖음도 고통도 없을 것이다. 이전 것들이 다 사라져 버렸기 때문이다"(계 21:4, 새번역). 예수님은 자신과 죄에서 돌이켜 주님을 믿고 따르는 자녀들에게 무한한 기쁨과 영원한 생명을 주시겠다고 거듭 약속하신다.

하나님을 신뢰하고 의지하는 이들은 '영원'을 보장하는 그리스도의 말씀에서 용기와 힘을 얻는다. 브룩힐즈 교회에 출석하는 케이시(Casey)는 30대 초반으로 한때는 건강하고 활력이 넘치며 근육질 몸매를 자랑하는 완벽한 남성의 본보기로 꼽혔다. 하지만 어느 날 심한 복통에 시달리다 병원을 찾았고 여러 가지 검사를 받은 결과, 암이라는 진단을 받았다. 케이시는 몇 주 뒤, 수술을 받았다. 그러나 마취에서 깨어난 케이시와 아내, 귀여운 딸에게 주치의가 청천벽력 같은 소식을 전했다. "배를 열었더니, 암세포가 온몸에 퍼져 있더군요. 안타깝지만 더 이상 손을 쓸 수 없는 상황입니다." 주치의는 잠시 뜸을 들였다가 마지막 말을 덧붙였다. "시간이 몇 주 정도밖에 남지 않은 듯합니다."

마지막 순간이 다가올 무렵, 병원으로 찾아갔다. 도착하기 전까지 속으로 고민하고 또 고민했다. '무슨 말을 해야 할까? 이런 일이 생겨서 유감이라고 해야 하나? 꿈이었으면 좋겠다고 말하는 편이 나을까?'

하지만 막상 만나고 보니 쓸데없는 걱정이었다. 나뿐만이 아니었다. 그날 문병을 갔던 이들은 다들 깜짝 놀랐다. 케이시는 더할 나위 없이 진실한 미소를 가득 머금은 채, 손가락으로 하늘을 가리키며 말했다. "오늘 안에 예수님과 함께 있게 될 거예요."

이런 일이 생겨서 유감이라든지 꿈이었으면 좋겠다는 등의 위로가 어울릴 만한 분위기가 아니었다. 병실을 나설 때는 도리어 부러운 마음까지 들었다. 예수님 말씀에 힘입어 병실은 그리스도를 경배하는 예배당이 되었다. 예수님의 제자로서 케이시 형제는 "사는 것이 그리스도이시니, 죽는 것도 유익"하다는 말씀이(빌 1:21) 어김없는 사실임을 마음으로 알고 전심으로 믿고 있었다.

천국과 지옥 모두를 진실로 믿는 믿음은 세상을 살아가는 방식을 극적으로 바꿔 놓는다. 하늘나라를 소망하면서 힘을 얻고 무시무시한 지옥을 의식하며 조심하게 된다. 눈에 보이는 세계만 존재하는 게 아니다. 누구든 지상에는 잠시 머물 따름이며 영원한 세계가 기다리고 있다. 한쪽에는 갈수록 커지는 기쁨이, 다른 한편에는 결코 끝나지 않는 지옥살이가 기다리고 있다.

천국과 지옥이라는 관점에서 보면 "나를 따라오라. 내가 너희를 사람을 낚는 어부가 되게 하리라"고 하신 예수님의 말씀을 이해하기가 훨씬 쉽다. 인류를 지옥에서 건져 내 천국에 들어가게 하시려고 세상에 오신 예수님을 알고 또 믿는다면, 세상을 떠나는 날까지 구원의 기쁜 소식을 널리 알리는 일에 삶을 바칠 수밖에 없다.

지금 커피숍이나 도서관, 사무실 옆자리에 앉았거나 아래윗집에 사는 이웃들이 영원한 고통으로 통하는 길을 걷고 있는지도 모른다. 그렇다면 한없는 만족으로 이끄시는 그리스도를 소개해야 마땅하지 않겠는가! 가족과 친구, 이웃과 직장 동료, 그밖에 이런저런 일로 알고 지내는 이들이 끝 모를 어둠으로 추락하기 직전인데 어떻게 크리스천들이 입을 꼭 다문 채 팔짱끼고 지켜보기만 한단 말인가! 우리가 믿고 있는 바에 비추어 볼 때 이보다 더 이상한 일이 어디에 있겠는가?

예수님 말씀을 믿고 있는가? 천국에 관한 가르침만큼이나 지옥에 대한 말씀도 사실로 받아들이는가? 거룩한 진리의 힘으로 마음과 삶이 완전히 변화되었는가?

믿음은 선포로 이어진다

예수님을 따르려면 먼저 믿어야 한다. 그리고 그리스도를 신뢰하면 자연스럽게 선포하게 된다. 결국 부활하신 주님을 혼자만 믿고 마는 신앙은 실질적으로 존재하기 어렵다. 개인화된 기독교는 오늘날 문화와 교회 전반에 걸쳐 악영향을 끼치는 저주에 가깝다.

"예수님은 나를 구원해 주셨다. 주님의 가르침이 내 안에 살아 움직이고 있다. 하지만 무슨 자격으로 남들한테 이러저러한 걸 믿어야 한다고 말할 수 있겠는가? 어떻게 감히 상대방의 신앙을 잘못이라고 단정하고 내 믿음이 올바르다고 주장하겠는가?

한 술 더 떠서, 내가 믿는 진리를 따르지 않으면 영원히 지옥에 떨어지게 된다고 말하는 게 될 법이나 한 일인가?" 스스로 크리스천이라고 고백하는 이들 가운데도 이렇게 생각하거나 공공연히 입에 올리는 이들이 허다하다.

어떤 정서인지 얼마든지 이해할 수 있다. 언젠가 북인도에 갔다가 엄청난 인파 속에 서 있었던 기억이 난다. 인도에 가 본 적이 없다면 인산인해(人山人海)라는 말을 떠올리면 된다. 어마어마하게 많은 사람들이 끝도 없이 밀려다닌다. 대략 12억 인구 가운데 6억 명이 북인도에 산다. 복잡한 거리와 도심의 슬럼가를 에워싼 마을들이 동심원을 그리며 제법 먼 시골까지 이어진다. 빈부격차 또한 극심해서 미국 인구 전체를 합친 것보다 더 많은 이들이 빈곤선 이하에서 살아가고 있다.

하지만 인도의 빈곤은 신체적인 영역에 그치지 않으며, 영적인 분야에서도 극심한 가난을 겪고 있다. 현지에서 활동하는 교회의 파트너들은 북인도 인구의 약 0.5퍼센트 정도가 크리스천일 것으로 추산한다. 다시 말해서, 인도 북부에 사는 주민들 가운데 99.5퍼센트는 그리스도를 구원자로 믿지 않는다는 뜻이다.

어느 날, 이러한 사실을 염두에 두고 수많은 사람들로 북적이는 거리에 서서 주위를 둘러보며 생각했다. '도대체 내가 누구기에 사방을 돌아다니며 이들에게 무얼 믿어야 한다, 말아야 한다 말할 수 있겠는가? 힌두교도든, 무슬림이든, 불교도든, 시크교도든 그밖에 무슨 신앙을 가졌든 저들이 믿는 신은 다 가짜고 오직 예수님만 참 하나님이라고 어떻게 외친단 말인가? 어찌 감히 그리스도를 모르는 5억 9천 7백만 인구의 한복판에 서서 죄에서 돌이켜 주님을 믿지 않으면 한 명도 남김없이 영원히 지옥에 들어간다고 부르짖을 수 있다는 말인가?'

5억 9천 7백만 힌두교도, 무슬림, 불교도, 시크교도들이 당장 돌이켜 예수님을 믿고 의지하지 않으면 지옥에 갈 수밖에 없다고 장담하는 건 대단히 오만하고, 냉담하며, 거북스러우리만치 자신만만한 태도라는 느낌이 들었다. 그렇다. 그런 주장이 사실이 아니라면 분명히 오만하고, 냉담하며, 지나치게 자신만만한 소리다.

예수님이 인간사의 지평에 나타났다 사라진 여느 종교 지도자와 매한가지라면, 주님이 인류 앞에 살 길로 제시하신 사상과 견해는 독선적이고 냉혹하다는 평가를 받아 마땅하다. 그리스도를 따르지 않으면 지옥에 간다는 이야기를 하러 세계 방방곡곡을 돌아다니는 이들은 정신감정을 해봐야 한다. 하지만 주님은 다른 종교 지도자들과 판이하게 다르다. 예수님은 부활하신 하나님이요, 구세주시며, 홀로 인류의 죗값을 치르고 영원한 구원의 길을 닦으셨다. 따라서 사방팔방 찾아다니며 그리스도를 알리는 일이야말로 얼마든지 납득할 수 있는 행동이다. 도리어 5억 9천 7백만 힌두교도, 무슬림, 불교도, 시크교도들이 하루하루

지옥을 향해 가고 있는데도 말없이 앉아서 지켜보는 것이야말로 오만의 정점인지도 모른다. 알고 지내는 이들에게, 아니 지구상의 뭇 민족에게 삶을 희생해 가면서 두루 복음을 전하지 않는 행위는 미움의 전형이라고 해도 지나치지 않다.

온 세상으로 나가 외치라

예수님의 말씀을 진실로 믿으며 그분의 가치를 절감한 크리스천들은 그리스도의 목표가 한 인간의 주인이요 구세주가 되는 데 있지 않으며, 십자가 사건이 개개인만을 겨냥하는 게 아니라는 사실에 눈뜨게 된다.

가끔 크리스천들이 이렇게 고백하는 걸 듣는다. "예수님은 바로 저를 위해 십자가를 지고 돌아가셨습니다." 주님이 한 사람 한 사람을 위해 생명을 내주셨다는 사실에는 의심의 여지가 없다(갈 2:20). 하지만 거기서 멈춰서는 안 된다. 그리스도가 친히 하신 말씀을 들어 보면, "그의 이름으로 죄 사함을 받게 하는 회개가 모든 민족에게 전파될 것이다"(눅 24:47, 새번역). 예수님은 개개인의 차원을 넘어 "모든 종족과 언어와 백성과 민족 가운데서 사람들을 사서 하나님께"(계 5:9) 드리기 위해 목숨을 버리셨다. 주님을 따르는 제자들은 그리스도라는 존재를 개인적으로 인정하고 찬양할 가치가 있는 분 정도로 여기지 않는다. 온 인류가 한 목소리로 영원토록 높이고 경배할 우주의 주인이요 구세주라는 점을 정확하게 인식한다.

따라서 예수님의 제자들은 열방으로 나가서 제자를 삼는 일을 계속하게 마련이다. 그리스도의 말씀을 믿고 그분의 소중함을 실감한다면 이 사명을 나눠 질 수밖에 없다. 미국과 유럽의 수억 인구에게 죄에서 돌이켜 찬송을 받으시기에 합당한 예수님을 신뢰하라고 촉구하는 일에 삶을 바친다. 3천여 부족들이 애니미즘 신앙에 빠져 영광을 돌릴 가치가 없는 온갖 수상쩍은 영들과 잘못된 신들을 섬기는 아프리카 대륙에서 제자를 삼는다.

3억 5천만에 이르는 불교도들이 숭배의 대상이 될 수 없는 부처의 가르침을 좇아 수행하고 있는 일본, 라오스, 베트남에서 제자를 얻는다. 수백만이 넘는 무가치한 신들에게 허구한 날 제사를 드리는 인도, 네팔, 방글라데시의 9억 5천만 힌두교도들 속에 들어가 제자를 구한다. 중국, 북한, 쿠바를 비롯해서 하나님의 존재와 온 우주를 다스리시는 그분의 주권을 부정하는 환경에서 자란 십억 인구를 제자로 키워 낸다.

15억에 이르는 무슬림들이 그릇된 신을 섬기고 있는 중앙아시아와 중동에서 제자를 낳는다. 예수님이 십자가에 달리시고 무덤에 들어가셨다가 다시 살아나셨으며 찬양을 받으실 주님이라는 사실을 마음과, 생각과, 삶으로 깨달아 알기에 이처럼 낯선 사람들과 거친 지역을 누비며 제자를 삼는 것이다.

원하는 대로 구하라 그리하면

그리스도의 말씀을 있는 그대로 믿으면 마음이 담대해져서 주님을 예배하는 삶을 살게 된다. 예수님은 "너희가 내 안에 거하고 내 말이 너희 안에 거하면 무엇이든지 원하는 대로 구하라. 그리하면 이루리라"(요 15:7)고 하셨다. 성경 말씀 전체를 통틀어 이만큼 가슴 벅찬 약속도 쉬 찾아보기 어렵다. "너희가 무엇을 구하든지 다 그대로 이루어질 것"이라고 다짐하고 있지 않은가!

그런데 이 약속을 제대로 이해하자면 앞뒤 상황을 살펴볼 필요가 있다. 방금 전까지 예수님은 제자들에게 십자가에 달려 돌아가셨다가 무덤에서 다시 살아나시고 마침내는 하늘로 들려 올라가신다는 이야기를 들려주고 있었다. 그리고 하늘나라에서 성령님을 보내셔서 힘을 주시고 온 세상에 나가 제자를 삼게 하신다. 거룩한 말씀을 의지해서 일어서면 그 과업을 이루는 데 필요한 모든 자원을 공급해 주신다는 것이다.

그러므로 이 말씀은 새 집이나 괜찮은 직장, 더 나은 생활 조건을 구할 때 내세울 만한 언약이 아니다. 오히려 "주님, 지금 사는 곳부터 시작해서 땅 끝까지 하나님의 진리를 전파하는 데 필요한 도구들을 무엇이든 공급해 주시길 간구합니다"라는 간구의 근거로 삼아야 할 본문이다. 이것이 바로 하늘 아버지께서 반드시 응답하시겠다고 약속하신 기도의 모형이다.

몇 년 전, 집사람과 함께 복음을 들어 본 이들이 거의 없다시

피 한 동아시아 지역을 여행했다. 현지에 머무는 내내, 아내는 메일린(Meilin)이란 처녀에게 계속 복음을 전했다. 얼마든지 복음을 받아들일 수 있을 만큼 마음의 문이 열린 상태였지만, 그 아가씨의 심령에 아직도 무언가가 남아서 그리스도를 주님으로 인정하지 못하게 막고 있었다. 수없이 많은 질문과 대답을 주고받으면서 우리 부부는 하나님께 끈질기게 기도했다. 메일린에게 구원의 기쁜 소식을 또렷이 전할 수 있는 언변과 지혜와 은혜를 요청했다.

그렇게 두 주 정도를 함께 보내고 마침내 헤어져야 할 시간이 됐다. 짐을 꾸리고 우리가 떠난 뒤에도 현지에 남아 계속 복음을 전하게 될 이들과 작별 인사를 나누었다. 믿음의 식구들은 그동안 숙소로 썼던 집 안채에서 기도를 드리고 말씀을 공부하는 중이었다. 안에서 두런두런 이야기가 오가는 기척이 바깥에서 차를 기다리는 아내와 내 귀에까지 또렷이 들렸다.

바로 그때, 어디선가 메일린이 달려 나와 아내의 품에 안겼다. 그리곤 한쪽으로 손을 잡아끌더니 죄에서 돌이켜 그리스도를 믿게 됐다는 소식을 전했다. 메일린의 얘길 듣고 함께 하나님을 찬양하는데 안에서 시편 46편 10절 말씀이 우렁차게 들려왔다. 바깥 사정을 전혀 모르는 형제자매들이 성경을 읽고 있었다. 메일린을 끌어안고 기도하는 아내의 얼굴 위로 눈물이 쉴 새 없이 흘러내렸다. "너희는 가만히 있어 내가 하나님 됨을 알지어다.

내가 뭇 나라 중에서 높임을 받으리라. 내가 세계 중에서 높임을 받으리라." 하나님 우편에서 우주를 다스리시는 구세주가 그분의 이름을 드높이는 데 필요한 것들을 아낌없이 주신다는 사실을 다시 한 번 마음 깊이 깨달았다.

제자로서 그분의 드라마에 뛰어들라

예수님의 제자인가? 그렇다면 얼마나 대단한 드라마에 출연하고 있는지 알고 있는가? 오늘날의 크리스천들은 죄와 고통, 죽음으로 가득한 세상을 살아간다. 오랜 세월에 걸쳐, 인류는 그 모든 문제를 해결해 줄 임금님이 오시기를 고대했다.

왕의 왕은 예수 그리스도의 모습으로 이 땅에 임하셨다. 지상에 계시는 동안, 주님은 다치고 상한 이들을 고치시고, 귀신에 사로잡힌 이들을 풀어 주셨으며, 눈 먼 이들을 보게 하시고, 다리를 쓰지 못하는 이들을 걷게 하시고, 죽은 이들을 다시 살리셨다. 역사상 아무도 할 수 없었고 앞으로도 하지 못할 일들을 수없이 행하셨다. 사흘 동안 죽었다가 되살아나셨다. 무덤에서 일어나 죄와 마귀와 죽음을 동시에 이기셨다. "그에게 권세와 영광과 나라를 주고 모든 백성과 나라들과 다른 언어를 말하는 모든 자들이 그를 섬기게 하였으니 그의 권세는 소멸되지 아니하는 영원한 권세요 그의 나라는 멸망하지 아니할 것"(단 7:14)이라고 한 성경말씀 그대로였다.

예수님은 돌아가시지 않았으며 지금도 살아 계신다. 그뿐만 아니라 활발하게 움직이신다. 제자들에게 나타나셔서 함께 먹고 마신 뒤에 세상으로 보내시며 당부하셨다. "하늘과 땅의 모든 권세를 내게 주셨으니 그러므로 너희는 가서 모든 민족을 제자로 삼아 아버지와 아들과 성령의 이름으로 세례를 베풀고 내가 너희에게 분부한 모든 것을 가르쳐 지키게 하라"(마 28:18-20).

다시 말해서, "부활의 진실성을 토대로 그동안 너희에게 가르쳐 준 진리에 기대어 온 세상으로 나가 외치라"는 뜻이다. 말씀을 마치신 뒤에 예수님은 제자들이 지켜보는 앞에서 하늘로 올라가셨다. 그리고 지금은 "자기의 오른쪽에 앉히셔서 모든 정권과 권세와 능력과 주권 위에, 그리고 이 세상뿐만 아니라 오는 세상에서 일컬을 모든 이름 위에 뛰어나게"(엡 1:20-21, 새번역) 하시는 아버지 하나님의 오른편에 앉아 계신다.

그렇다고 보좌에 편안히 등을 기대고 세상에서 벌어지는 일들을 구경만 하시는 건 아니다. 친히 보내 주신 성령님을 통하여 거룩한 백성들이 구석구석 돌아다니며 진리를 선포하도록 인도하신다. 우리가 등장하는 지점이 바로 그곳이다. 그리스도의 제자들은 너 나 할 것 없이 주변과 온 세상의 뭇 사람들이 개입된 영적 전쟁을 최전방에서 치러 내고 있다. 지극히 높으신 하나님의 아들이자 구세주께서 하늘과 땅의 모든 권세를 가진 사령관의 자리에 앉아 자녀들을 내려다보신다. 밤낮으로 우리를 위해 중보하시며 필요한 자원들을 넘치도록 풍성하게 채워 주셔서 죄와 사탄과 죽음에 사로잡혀 있는 세상 모든 이들에게 나가 선포하게 하신다. "기쁜 소식이 있습니다. 죄와 죽음에서 돌아서십시오. 생명을 주시고, 죽음을 이기신 임금님을 믿으면 그분과 더불어 영원히 살게 될 것입니다."

그러므로 그리스도의 말씀을 사랑하며 그 진리를 믿어 의심치 않는 예수님의 제자라면, 당연히 세상으로 나가야 한다. 특별한 계기에 예수님을 개인의 주님이요 구세주로 삼기로 결단한 기독교인으로서가 아니라 우주의 주인이요 구주이신 그리스도를 기회가 닿는 대로 선포하는 제자의 자격으로 전투에 뛰어들어야 한다. 우리는 예수를 믿는 제자들이다. 따라서 그분께 순종하며 제자를 삼을 줄 알아야 한다.

심령 깊숙한 곳에 자리 잡은 가장 큰 갈망

예수님을 믿는가? 그리스도가 가르치신 진리로 변화된 삶을 사는가? 주님은 "나는 길이요, 진리요, 생명이다. 나를 거치지 않고서는, 아무도 아버지께로 갈 사람이 없다"(요 14:6, 새번역)고 단언하셨다. 아울러 "하나님이 세상을 이처럼 사랑하사 독생자를 주셨으니 이는 그를 믿는 자마다 멸망하지 않고 영생을 얻게 하려 하심이라"(요 3:16)고 말씀하시고, 이어서 "믿지 않는 사람은 이미 심판을 받았다"(요 3:18, 새번역)고 선언하셨다. 쉽게 말해서, 예수님이 주신 가르침을 믿지 않는 이들은 주님의 제자가 아니다. 하지만 주님의 말씀을 곧이곧대로 믿는 자녀들은 제자 삼는 일을 멈출 수가 없다.

피상적인 의무감에 몰려 제자를 찾아 키우는 일에 매달리는 게 아니다. 제자 삼는 사역은 크리스천의 심령 깊숙한 곳에 자리 잡은 가장 큰 갈망이기 때문이다.

part 2

영혼을 살리는 극처방,
"죽어야 산다"

자녀 됨을 확신하라

chapter 01

인생의 갈증을
해결 받은 자녀로 살라

카자흐스탄에서 갈렙을 데리고 돌아온 직후부터 희한하기 짝이 없는 질문 공세에 시달렸다. 인종과 민족이 다른 어린아이와 함께 지내는 게 남들 눈에는 몹시 특이해 보였던 모양이었다.

"아이고, 귀엽기도 해라." 대개는 그렇게 말을 꺼냈다. 그리곤 이내 다음 질문을 덧붙였다. "친아들, 친딸도 있으시죠?"

그래 놓고는 아이를 입양한 부모에게 절대로 해서는 안 될 말을 했다는 듯 눈치를 살폈다. 그런 질문을 받을 때마다 귀에 대고 속삭이고 싶은 마음이 간절했다. "이건 비밀인데요, 얘가 바로 우리 아들이예요."

새로 맞아들인 식구라는 것을 재빠르게 눈치챈 이들은 "친엄마는 만나 보셨어요?"라고 묻기도 한다.

일 초도 망설이지 않고 또박또박 대답한다. "물론이죠. 저랑 결혼까지 했는걸요. 이름이 헤더(Heather)라죠, 아마?"

상대는 어색하게 대꾸한다. "에이, 왜 그러세요. 무슨 이야기 인지 다 아시면서…."

이편에서도 지지 않고 말한다. "그래요, 선생님도 제 말뜻을 다 알아들으셨죠? 제 아내는 가짜 엄마가 아니예요. 진짜 엄마라 고요."

갈렙이 가족이나 문화적 배경을 제대로 알지 못하게 될까 염려하는 이들은 일부러라도 가정과 문화적 유산을 알려 주어야 하지 않겠느냐고 충고한다. 우리 부부는 서슴없이 대답한다.

"물론이죠. 실은 진즉에 시작했는걸요. 저희 아이가 가정 환경을 얼마나 정확하게 파악하고 있는지 알면 놀라실 겁니다. 단한 번도 본 적이 없는 할아버지에 관해서도 모르는 게 없어요. 아버님은 녀석을 입양하기 훨씬 전에 세상을 떠나셨지만 사진도 많이 보고 이야기도 수없이 들었으니까요. 틈만 나면 '할아버지' 비디오를 찾을 정도예요. 어디 그뿐인가요? 외할아버지, 양가의 할머니, 삼촌들, 이모랑 고모들, 사촌들, 심지어 증조부들까지다 꿰고 있다니까요. 조금이라도 관계가 있는 분들이면 다 알고기억하죠."

갈렙은 문화적인 유산들도 배우고 받아들였다. 그림책들을 보고 만화영화 주제가를 따라 부른다. 녀석은 제 민족의 전통음식을 먹는다. 바비큐, 치즈버거, 수박 같은 것들이다. 생일이면

케이크도 자른다. 물론 전통음악도 듣는다. 카자흐스탄 국가를 부를 줄은 모를 테지만 꼬맹이는 컨트리뮤직을 좋아한다.

알다시피 갈렙은 우리 부부의 아들이다. 어느 날 불쑥 찾아온 외국인도 아니고 갑자기 문을 열고 들어온 나그네도 아니다. '얼마쯤'이나 '다소간' 가족처럼 지내는 사이도 아니고 '식구나 다름없는' 관계도 아니다. 처음부터 끝까지 식구이며 좋고 나쁜 특성을 빠짐없이 공유한 가족이다.

자녀를 입양한 부모들에겐 이처럼 별 뜻 없이 던지는 질문이나 의견들이 적잖이 짜증스럽다. 새 식구를 가족으로 맞아들인다는 게 무얼 의미하는지 제대로 파악하지 못하고 있음을 고스란히 드러낸다는 게 더 심각한 문제다. 입양의 개념을 속속들이 이해하지 못하면서 어떻게 하나님의 가정에 들어가 새로운 자녀가 되는 엄청난 사건의 실체와 파장을 꿰뚫어 본다는 말인가!

갈렙이 우리 부부의 아들이 되었다는 게 이야기의 끝은 분명히 아니다. 오히려 아들로 살아가는 모험의 시작이라고 보는 편이 정확하다. 녀석은 나를 아버지로 믿어 의심치 않으며 나 역시 자식으로 여기는 마음에 한 점 흔들림이 없다. 몇 년 전에 카자흐스탄에서 입양하면서 보여 준 사랑 때문이 아니라, 바로 지금, 아들에게 애정을 쏟아 붓고 있는 까닭이다. 갈렙이 현재 우리 가정에서 누리는 지위가 몇 년 전 어느 판사가 내린 결정에서 비롯되었다는 건 어김없는 사실이다. 그렇지만 현재의 삶은 자동차

놀이를 하고, 공을 차고, 마당을 뛰어다니고, 목청껏 노래를 부르며 한데 어울려 지내는 일상적인 관계에 토대를 두고 있다.

세상의 입양이 주는 사소한 기쁨을 보면 하늘나라에 입양되었을 때 누릴 어마어마한 환희를 조금이나마 짐작할 수 있다. 죄와 자아에서 돌이켜 예수님을 주님이요 구세주로 믿고 의지하면서 새로운 하나님 앞에서 새로운 신분을 갖게 된다는 데는 의문의 여지가 없다.

하지만 삶은 다르다. 하나님 아버지가 입양한 자녀에게 넘치도록 부어 주시는 애정을 하루하루, 순간순간 만끽하는 사랑의 관계에 뿌리를 박고 있다. "몇 년 전에 영접기도를 드렸으니 끝"이란 식의 공허하고 초라한 기독교 신앙을 거부해야 할 또 다른 이유가 여기에 있다. 크리스천이 된다는 건 그와는 비교할 수 없을 만큼 대단한 사건이다. 하나님의 아들딸이 되어 예수님을 좇을 때, 주님을 갈망하며 그 안에서 희열을 맛본다. 존재와 삶이 총체적으로 달라지는 것이다.

종인가 아들인가?

구약성경에는 하나님이 갖가지 아름다움 이름과 장엄한 호칭으로 불리지만 '아버지'로 표현된 경우는 대단히 드물다. 고작 열다섯 차례에 지나지 않는다. 하지만 신약성경의 첫머리를 장식하는 복음서들에 이르면 하나님을 '아버지'로 묘사한 본문이 165개나된다. 단 한 번을 제외하고는 모두 예수님이 특별히 제자들을 불러 가르치시는 장면에 등장한다.

예를 들어, 산상수훈에서는 제자들에게 기도하는 법을 가르치시면서 "그러므로 너희는 이렇게 기도하라. 하늘에 계신 우리아버지여…"(마 6:9)라고 하셨다. 누군가 하나님을 '아버지'라고부르며 기도하라고 권면하기는 성경 전체를 통틀어 그때가 처음이었다. 이루 말할 수 없이 중요한 의미를 갖는 대목이다. 예수님을 따르는 이들은 '아버지' 하나님을 알고, 예배하며, 대화하고,교제하는 엄청난 특권을 갖는다.

패커(J. I. Packer)는 「하나님을 아는 지식」(*Knowing God*)이란 고전적인 작품에서 '하나님의 아버지 되심'이야말로 크리스천의 삶을이해하는 마스터키라고 설명한다.

크리스천이란 누굴 말하는가? 이런저런 대답이 가능하겠지만, 개인적으로는 '하나님을 아버지로 모신 사람'만큼 그럴듯한 답변은없다고 본다.… 상대가 기독교를 얼마나 정확히 알고 있는지 알아보려면, 자신을 얼마나 깊이 하나님의 자녀로 여기는지 알아보면된다. 그러한 관념이 예배와 기도와 삶에 대한 총체적인 이해를 이끌고 통제하지 않는다면, 기독교에 대한 이해가 썩 훌륭한 건 아니다.[14]

어쩌면 과연 크리스천인지도 의심해 봐야 할지 모른다. 웨슬리는 18세기를 주름잡았던 영향력 있는 설교가요 지도자였다. 기독교 가정에서 성장하면서 모든 면에서 크리스천의 모범이 될 만한 삶을 살았다. 우등생으로 옥스퍼드 대학을 졸업하고 영국 국교회의 목회자로 임명을 받았다. 정기적으로 런던 감옥에 갇힌 죄수들을 찾아다니며 빈민가의 아이들과 고아들에게 음식을 비롯해 생활에 필요한 물건들을 아낌없이 나눠 주었다. 아울러, 열심히 성경을 공부하는 학생이기도 했다. 날마다 시간을 정해 놓고 기도하고, 40일간 금식했으며, 주일은 물론이고 평일까지 여러 차례 예배를 드렸다. 조지아 주의 영국 식민지에 들어가 아메리카 원주민들에게 복음을 전하는 선교사로 일하기도 했다.

그럼에도 불구하고 선교지에서 돌아온 웨슬리는 일기장에 자신은 크리스천이 아니라고 적었다. "다른 이들을 변화시키려 미국까지 갔지만 나 자신조차 하나님께 회심한 적이 없었다." 크리스천도 아니면서 그처럼 열심히 살고 대단한 일을 했다는 게 놀라울지 모른다. 계속되는 일기 내용을 자세히 들여다보자. "아들의 믿음을 가져야 함에도 불구하고 종의 믿음을 가지고 있었다."[15]

최선을 다해 살았지만 하나님을 아버지로 모시는 관계에 들어가지 못했던 것이다. 우리 자신은 어떠한지 돌아보라. 하나님을 아버지로 여기는가? 종의 믿음을 가졌는가, 아니면 아들의 믿음을 가졌는가? 하나님의 자녀가 되었다는 의식이 예배와 기도,

삶 전체를 지배하고 있는가?

"내가 널 원했단다"

아버지로서 자식들을 지켜보며 환희를 느낀다. 아이들도 날 볼
때마다 기쁨이 넘치면 좋겠다. 녀석들과 함께 있고, 더불어 놀며,
녀석들을 보살피고, 필요한 걸 채워 주는 게 정말 즐겁다. 무슨
낙으로 세상을 사느냐고 묻는다면, 주저 없이 아이들을 가리킬
것이다.

가끔 한 번씩 아이들을 데리고 '사나이들끼리만' 시간을 보
내러 나간다. 손에 잡히는 대로 먹을거리를 챙겨 들고 그냥 같이
지내다가 집에 돌아오는 게 전부다. 녀석들이 조금 더 어렸을 때
는 그렇게 축제를 벌인 날 밤에는 뒤풀이 삼아 목욕을 시키고 재
우기까지 했다. 한번은 갈렙을 씻기고 방으로 데려가 옷을 갈아
입히는데 초인종이 울렸다. 꼬맹이는 발가벗은 채로 용수철처럼
튀어 일어나며 말했다. "아빠, 제가 나갈게요."

물론 허락하지 않았다. "뗵! 궁둥이를 내놓고 현관문을 열어
주다니, 절대 안 돼! 누가 왔는지 가볼 테니 넌 여기 꼼짝 말고
있어야 한다. 알았지? 금방 돌아올게." 배시시 웃는 아이를 남겨
두고 문간으로 나갔다.

문을 열었더니 한눈에 보기에도 모르몬교도처럼 보이는 아가

씨 둘이 서 있었다.

"안녕하세요, 선생님?" 아나나 다를까, 예상했던 대사가 이 어졌다. "저희는 말일성도예수그리스도교회에서 나왔습니다.

"얼씨구!" 속으로 쾌재를 불렀다. 그러나 타이밍이 좋지 않다 는 생각이 떠올랐다. 오밤중에 젊은 여성들을 집 안으로 불러들 일 수는 없는 노릇이었다. 이렇게 놓치기엔 아쉬운 기회였다. 아 가씨들이 장황하게 서두를 꺼내는 걸 들으며 속으로 궁리했다. '댁 들이 오직 그리스도와 성경 말씀만을 마음 깊이 믿어서 그릇된 가르침에서 나온 잘못된 복음을 이웃과 온 세상에 퍼트리는 것을 그만두길 간절히 바란다는 메시지를 어떻게 하면 간단명료하게 전달할 수 있을까?'

어찌하면 좋을지 골똘히 머리를 쓰고 있는데, 갑자기 말허리 가 끊어지면서 두 아가씨의 입이 딱 벌어졌다. 얼굴만 봐도 무슨 일이 벌어졌는지 짐작하고도 남았다. 얼른 고개를 돌려 갈렙을 찾았다. 녀석은 홀딱 벗은 몸으로 계단 꼭대기에서 빙글빙글 맴 을 돌며 춤을 추고 있었다.

집 안에서 대화를 나누기엔 적합한 상황이 아니라는 걸 재빨 리 눈치 챈 아가씨들은 미소 띤 얼굴로 인사를 하고 돌아섰다. 다소 당황스럽기는 했지만 위안이 되는 부분도 있었다. 아들이 맨 궁둥이를 내놓고 흔들어 대는 만행을 저지른 덕분에 내편에서 공격적인 말을 꺼내지 않을 수 있었으니 그나마 다행스러운 일이 아니겠는가!

그런 순간들을 만나면 아빠라는 게 뿌듯하다. 갈렙이 모르몬 교도 아가씨들에게 보여 준 행동 때문이 아니라 아이들과 어울리며 웃고, 기뻐하고, 사랑하고, 도전을 받는 까닭이다. 아빠 엄마들에게 아이들이 주는 즐거움은 크나큰 선물이다.

그런 부모의 심정을 알기에 "아버지께서 우리에게 얼마나 큰 사랑을 베푸셨는지를 생각해 보십시오!"라고 외치는 요한일서 3장 1절 말씀을 볼 때마다 경외감이 든다. "하나님께서 우리를 자기의 자녀라 일컬어 주셨으니 우리는 하나님의 자녀입니다!"

신약성경은 예수님의 제자들에게 아버지 하나님이 자녀들을 용서하고, 필요를 채우시고, 인도하시고, 보호하시고, 하루하루 살아가게 하시고, 위로하시고, 지도하시고, 깨끗하게 하시고, 훈육하시고, 아낌없이 베푸시고, 손짓해 부르시고, 유업을 약속하신다는 사실을 깨달아 알라고 끊임없이 주문한다. 지극히 높으신 하나님은 그분의 아들딸들에게 이런 일들을 하시면서 한없는 기쁨을 누리신다.[16]

더러 방 건너편에 있는 아들을 향해 "갈렙, 사랑해!"라고 소리치면, 녀석은 고개를 돌리며 "나도 아빠 사랑해!"라고 화답할 때가 있다. 어쩌면 하나님의 심정도 그와 비슷할지 모른다.

그런데 한번은 꼬맹이가 깔깔거리다 갑자기 웃음을 뚝 멈추더니 불쑥 물었다. "아빠, 날 사랑해?"

냉큼 대답했다. "그럼. 그렇고말고. 알잖아, 친구!"

곧장 녀석이 입에 달고 사는 질문이 되돌아왔다. "왜?"

"아빠의 아들이니까!" 이번에도 막힘없이 대꾸했다.

말이 끝나기도 전에 갈렙은 녹음기처럼 똑같은 말을 되풀이했다. "왜?"

이번엔 뜸을 들일 수밖에 없었다. '멋진 질문이군. 세상에 허다한 아이들 가운데 어쩌다 이 보석 같은 아이가 내 아들이 된 거지?' 아내와 나를 카자흐스탄으로 이끌었던 온갖 요인들과 입양 과정에서 무수히 오르막과 내리막을 오갔던 경험을 되짚어 보았다. 과연 아들을 얻을 수 있을까 싶었던 때도 있었다. 쓸데없는 소리라고 무지르는 대신 갈렙을 돌아보며 말했다. "우리가 널 원했거든. 너한테 가서 네 아빠엄마가 되기로 한 거지."

사랑한다고 말씀하시는 하나님의 음성을 들으면 숨이 턱 막힐 것 같지 않은가? 죄에 빠진 인간은 거꾸로 물을 수밖에 없다. "왜요?" 주님이 대답하신다. "너는 내 자식이니까." 도저히 납득할 수 없는 말씀에 같은 질문을 되풀이한다. "왜요? 어쩌다 저처럼 형편없는 죄인이 하나님으로부터 '금쪽같은 내 아이'라는 소리를 듣게 된 거죠?" 그분의 대답은 명확하다. "내가 너를 원했거든. 몸소 가서 널 데려다가 내가 네 아버지라는 걸 알려 주고 싶었어."

믿음이 있으면 기쁘다

이러한 기쁨은 일방통행 식으로 작용하도록 설계된 게 아니다. 부모가 자녀들을 보며 즐거워하면, 아이들 역시 아빠 엄마 안에서 즐거워하리라고 믿는다. 꼬맹이들을 하늘 높이 들어 올릴 때 맑은 얼굴 가득 퍼지는 웃음에서든, 품에 안기려고 맹렬하게 달려오는 녀석들의 잰 발걸음에서든 아이들이 내 안에서 기쁨을 누린다는 게 여실히 느껴진다. 날 좋아하고 함께 있는 걸 행복해하는 것만큼은 분명해 보인다.

하나님과 주님을 따르는 제자들의 관계도 그렇지 않을까? 예수님의 제자라면, 하나님이 쏟아부어 주시는 관심에 기꺼워할 뿐만 아니라 그분을 깊이 사랑하는 데서 비롯된 환희가 있어야 하지 않을까? 주님 안에서 뚜렷한 기쁨을 누리고 있는가? 즐거운 감정이 확연히 드러나는가?

앞에서도 이야기했지만, 예수님은 제자를 삼으시면서 마음을 변화시켜서 주님을 닮아 가게 하신다. 그리스도의 제자라면 누구나 주님이 가르치신 진리를 믿으며 그분의 사상을 남김없이 받아들인다. 하지만 제자가 된다는 말은 그리스도께 심정적으로 공감하는 차원에 머물지 않는다. 주님을 따르는 데는 애정 어린 정서 또한 빠질 수 없다.

그리스도에 대한 믿음과 그분을 향한 감정을 분리하는 건 불가능하다. 조나단 에드워즈는 「신앙감정론」(*Religious Affections*)이란

01 인생의 갈증을 해결 받은 자녀로 살라

저서에서 그러한 사실을 명확하게 지적했다. 저자는 진리보다 감정을 앞세우는 쪽과 감정보다 진리를 높이 떠받드는 그룹으로 교회가 나뉘어 있던 시기에 활동했던 인물이었다. 한편에서는 수많은 크리스천과 교회들이 하나님의 말씀을 제쳐두고 감정에 치우친 예배에 빠져 있었다. 다른 한쪽에서는 거기에 반발하는 허다한 신앙인들과 교회들이 오직 거룩한 말씀만을 단단히 붙잡아야 한다고 주장하면서 정서적으로 완전히 메마른 예배를 드렸다.

그러나 에드워즈는 어느 한 쪽만 선택하고 나머지를 빼는 건 있을 수 없는 일이라고 단언했다.

외적인 기쁨, 야망과 명성, 그리고 인간관계. 이 모든 것들을 향한 갈망은 간절하고, 욕구는 강하고, 사랑은 열렬하고 살뜰하며, 열의는 뜨겁게 타오른다. 이런 일들과 관련해서라면 마음은 부드럽고 예민하며, 쉽게 감동하고, 깊은 인상을 받으며, 대단히 적극적이다. 상실에는 우울해하고 세속적인 성공과 번영에는 환호하며 기뻐한다. 하지만 영적인 사안들에 대해서는 얼마나 둔감한지! 마음이 얼마나 아둔하며 단단한지! 그리스도 예수를 통해 보여 주신 하나님의 한없이 높고, 깊고, 영원하며, 광대한 사랑, 지극히 사랑하는 독생자를 내주기까지 하신 그 사랑을 가만히 앉아 들으면서도 여전히 냉담하며 무감각할 따름이다. … 감정이 요동칠 일이 있다면, 그건 바로 영적인 문제가 되어야 하지 않을까? 하늘에서든 땅에서든 예수 그리스도의 복음보다 더 가슴이 설레고, 더 흥분되고, 더 사랑스러우며, 더 간절히 소망할 만한 것이 어디 있겠는가!… 복음의 이야기는 정서적인 영향을 미치도록 설계되어 있으며, 인간의 감정들은 아름답고 영광스러운 복음에 감동받게 되어 있다. 마음의 가장 부드러운 부분을 어루만지고 깊고 깊은 고갱이를 흔들어 놓는다. 정서적으로 본래 가진 것보다 더 큰 감동을 받지 못한다면 우리는 끝없이 초라해질 수밖에 없다.[17]

에드워즈에 따르면 믿음은 감정을 부채질한다. 하나님에 대한 참 지식은 자연스럽게, 그리고 필연적으로 주님을 향한 깊은 정서적 갈망으로 이어지는 법이다.

그분께로 향한 가장 깊은 갈망

조나단 에드워즈가 그러한 사실을 지적한 첫 번째 주인공은 아니다. 믿음과 느낌, 지성과 감정, 관심과 애정의 관계에 얽힌 이야기는 성경 곳곳에 확연하게 등장하지만, 특히 복음서에 기록된 예수님의 가르침에서 가장 또렷이 드러난다. 빵 다섯 덩이와 물고기 두 마리로 오천 명이 넘는 군중을 먹이신 뒤에 백성들에게 들려주신 말씀을 곱씹어 보라. 점점 더 많은 이들이 떼를 지어 예수님 주위에 몰려들어(자연스러운 일이다. 공짜로 밥을 준다는데 누가 마다하겠는가?) 갖가지 질문을 쏟아 냈다. 예수님은 뱃속으로 들어가는 음식에서 심령을 채우는 양식으로 이들의 관심을 돌려놓으셨다. 청중들과 대화를 나누던 끝에 예수님은 당당하게 선언하셨다. "나는 생명의 떡이니 내게 오는 자는 결코 주리지 아니할 터이요 나를 믿는 자는 영원히 목마르지 아니하리라"(요 6:35).

본문에서 주님은 백성들의 욕구를 활용해서 그리스도를 따르는 게 무얼 의미하는지 가르치셨다.

인간은 욕구를 가진 존재로 지음 받았다. 공기, 음식, 물, 우정을 비롯해 수없이 많은 요소들을 갈망하게 살게 마련이다. 하나님은 에덴동산을 보여 주시며 아담에게 말씀하셨다. "네가 먹고 싶은 대로 먹어라"(창 2:16, 새번역). 인류의 첫 조상들이 살았던 낙원은 필요나 욕구가 전혀 없는 세상이 아니었다. 다만, 천지를 지으신 창조주께서 부족하거나 소원하는 일들을 남김없이 채우고 이뤄 주시는 세계였을 따름이다.

오늘날의 삶도 마찬가지다. 누구에게나 창조주를 통해서만 충족되는 욕구가 존재한다. 하나님은 인간의 내면에 물과 음식, 친구, 의미, 목적 따위에 대한 갈망을 심어 두셨다. 하나하나가 모두 좋은 선물을 베푸는 분이시며 궁극적인 만족을 얻을 수 있는 유일한 원천이신 하나님을 바라보게 만드는 장치들이었다.

그러나 창세기 3장에 들어서기가 무섭게 인간은 욕구 때문에 하나님을 등지기 시작한다. 세상에 처음 들어온 죄의 실체를 해

부해 보면, 최초로 악을 저지르는 과정이 욕망을 중심으로 전개되는 걸 알 수 있다. 본문을 찬찬히 뜯어보라. "여자가 그 나무를 본즉 먹음직도 하고 보암직도 하고 지혜롭게 할 만큼 탐스럽기도 한 나무인지라. 여자가 그 열매를 따먹고 자기와 함께 있는 남편에게도 주매 그도 먹은지라"(창 3:6). 아담과 하와가 욕구를 채우기 위해 눈길을 창조주에서 이 세상의 물질로 돌리면서 죄가 들어올 빌미를 주었다는 점에 주목하라. 인류 역사상 최초로 인간은 하나님을 제쳐 둔 채 스스로 욕망을 충족시키러 나섰다. 안타깝고 서글프게도 아담과 하와는 육신의 소원을 이루려다가 영혼의 갈망을 실현시켜 주시는 유일한 분으로부터 멀어졌다.

그로부터 오랜 세월이 흐른 뒤, 하나님은 백성들에게 모든 갈망을 채워 줄 유일한 근원으로 그분을 바라보는 법을 배울 기회를 주셨다. 광야 생활을 시작한 이스라엘 민족은 끼니거리를 걱정했다. 자비로우신 주님은 기적을 베푸시고 하늘에서 만나를 내려 허기를 채워 주셨다. 하나님은 날마다 배불리 먹을 만큼 넉넉한 양식을 내려 주셨고 백성들은 그걸 거두면서 전능자가 삶의 기초적인 욕구를 성실하게 채우신다는 사실을 마음에 새겼다(출 16장, 신 8:3).

이런 역사를 염두에 두고, 예수님은 요한복음 6장에서 더 많은 음식을 구하는 무리들을 가르치셨다. 백성들은 지난날 모세가 하늘에서 먹을거리를 얻게 했었던 사실을 거론하면서 주님은 어떤 양식을 주실 수 있는지 물었다. 그리스도는 날 선 답변으로 뭇 심령을 파고들었다. "하늘에서 너희에게 빵을 내려다 주신 이는 모세가 아니다. 하늘에서 참 빵을 너희에게 주시는 분은 내 아버지시다"(요 6:32, 새번역). 하나님이 주시는 양식은 모세를 통해 베푸셨던 만나와는 비교할 수 없을 만큼 근사하다는 점을 예리하게 지적하신 것이다. 백성들은 반색을 하며 청했다. "주님, 그 빵을 언제나 우리에게 주십시오"(요 6:34, 새번역). 이제 예수님이 놀라운 소식을 공표할 무대가 완벽하게 준비되었다.

"내가 생명의 빵이다." 그리스도는 당당하게 선포하셨다. "내게로 오는 사람은 결코 주리지 않을 것이요, 나를 믿는 사람은 다시는 목마르지 않을 것이다"(요 6:35, 새번역). 예수님은 청중들에게 자신이 바로 백성들의 심령을 채우기 위해 하나님이 보내신 생명의 양식이라는 사실을 짧은 문장으로 정확하게 전달하셨다. "필요를 채우고 만족을 얻고 싶다면, 나를 믿으려무나."

예수님의 제자가 되어 그 삶을 산다는 게 무얼 의미하는지 이해할 수 있는 수많은 실마리들을 담고 있다. 그리스도께 나온다, 또는 믿는다는 말은 영혼을 영원히 채우기 위해 주님을 바라본다는 뜻이다. 예수님 앞에 나온다는 이야기는 그분의 선하심을 맛보고 확인하며 그 안에서 모든 욕구와 갈망을 해결하는 걸 가리킨다. 그리스도를 믿는다는 건 곧 세상이 주는 일시적인 쾌락보다 말할 수 없이 더 크고 영구적인 영원한 행복을 경험하는 사건을 지칭한다.

하나님은 그리스도를 통해 한 사람 한 사람에게 오셔서 세상은 감히 꿈도 주지 못한 방식으로 갈망을 채우신다. 분명히 못 박아두지만, 지상에서 행복을 누리는 게 잘못이란 소리가 아니다. 내게도 식구들과 더불어 맛보았던 신나는 기억들이 있다. 하나님은 이루 헤아릴 수 없을 만큼 다양한 선물들을 주셔서 이 땅에 사는 동안 마음껏 즐기게 하신다. 그동안 글에서 소개했던 이야기들은 빙산의 일각에 지나지 않는다. 창조주께서 혀에 미뢰를 심어 두신 이유는 맛있는 음식을 먹으며 기쁨을 얻게 하려는 것이었다. 장엄한 광경을 보며 희열을 느끼도록 눈을 만들어 주셨다. 아름다운 음악을 들으며 기꺼워할 수 있게 귀를 빚으셨다. 배우자와 신체적인 친밀감을 만끽하도록 몸을 지으셨다.

그러나 온몸으로 즐거움을 추구하면서 절대로 잊지 말아야 할 게 있다. 인간의 가장 깊은 갈망은 '물질'이 아니라 '어느 한 분'을 향하고 있다는 점이다. 하루하루 새로이 도착하는 선물이 아니라 그것을 보내 주시는 분에게서 궁극적인 만족을 찾아야 한다. "하나님의 떡은 하늘에서 내려 세상에 생명을 주는"(요 6:33) 까닭이다.

애정의 방향을 변화시키라

그리스도를 따르는 제자들 중에 이러한 사실을 송두리째 잊고 사는 이들이 얼마나 많은지 모른다. 예수님을 단 한 분, 죄에서 구원하실 능력을 가진 분으로 인정하지만 영혼의 허기를 채워 주실 수 있는 존재 또한 그분뿐이라는 진리를 새카맣게 잊어버리고 지내는 것이다. 결과적으로 예수님을 믿고 주님이 죄를 용서하시는 걸 믿으면서도 그분으로 말미암아 심령이 충만해지는 역사를 체험하지 못하는 셈이다.

크리스천들 가운데도 그리스도께 나가기 위해서는 세상을 완전히 등져야 한다고 믿는 이들이 허다하다. 솔직히 말해서, 그다지 내키지 않는 무언가를 받아들이기 위해 좋아하는 것들을 죄다 버려야 한다고 생각한다. 영원한 화를 모면할 욕심에 '예수를 믿기로' 결심했지만, 속으로는 세상의 방식을 좋아하고 세상에 속한 것들을 간절히 원할지도 모른다. 그러니 오도 가도 못 하고 엉거주춤 어정거릴 수밖에 없다. 남들 눈에는 그리스도를 따르려고 열심히 노력하는 듯 비칠지 모른다. 그러나 속내를 열어 보면 세상이 주는 쾌락과 오락, 갈채와 재물에 온통 정신이 팔려 있기 십상이다. 결국 앞에서 설명한 것처럼, 입으로는 크리스천이라고 말하면서 실제로는 예수를 믿지 않는 이들과 별반 다를 게 없는 삶을 살기 십상이다. 그리스도를 좇는다고 주장하지만 주변 세계와 매한가지로 관능적이고, 인간중심적이며, 물질주의적인 마음가짐을 버리지 못한다.

하지만 크리스천은 그렇게 살도록 지음 받는 존재가 아니다. 진심으로 그리스도 앞에 나서는 순간, 생명의 샘물로 갈증을 청산하며 하늘의 양식으로 굶주림을 떨쳐 버려야 마땅하다. 예수님이야말로 만족의 궁극적인 근원이기에 그분 외에는 바라는 게 없어진다. 세상과 얽힌 쾌락과 오락, 갈채와 재물을 죄다 합친 것보다 주님이 더 크고 낫다는 사실을 깨닫는다. 그리스도는 믿고 따르는 이들의 기호를 백팔십도 바꾸셔서 한때는 끔찍이 싫어하던 하나님의 것들을 사모하며 지난날 몹시 아끼던 세상 것들을 증오하게 만드신다.

제자들이 죄와 씨름하는 과정에 이 진리가 어떻게 작용하는지 살펴보자. 하나님의 선하심을 맛본 크리스천이라 할지라도 세상에 사는 한, 죄의 강력한 유혹을 피할 수 없다. 그렇다면 예수님의 제자들은 쾌락을 약속하며 꼬드기는 죄를 어떻게 이겨 내야 하는가? 포르노그래피와 씨름하는 새내기 크리스천은 컴퓨터 스크린에 떠오르는 야한 이미지의 손짓을 어떻게 물리쳐야 하는가? 대궐 같은 집과 번쩍거리는 자동차, 고급스러운 옷가지들을 마음껏 사들이고 날마다 산해진미를 맛볼 수 있을 만큼 부유한 크리스천은 영적으로든 신체적으로든 절박한 상황에 몰려 있는 수많은 이들의 필요를 외면하고 제멋대로 살고 싶은 마음을 어떻게 눌러야 하는가?

두 가지 답변이 가능하다. 우선, 열심히 노력해서 행실을 바꾸고 죄를 이겨 내는 길인데, 택하는 이들은 많지만 성공률은 그다지 높지 않은 방식이다. 해야 할 일과 하지 말아야 할 일들의 목록을 가지고 욕구를 다스리려 하는 피상적인 신앙과 대단히 흡사하다. 정해진 동작을 되풀이한다든지 특정한 훈련에 집중하는 식의 외면적인 노력으로 내면의 죄를 이겨 내려 한다는 점에서 세상의 다른 종교들의 사고방식과 별 차이가 없다.

하지만 또 다른 답이 있다. 행동을 바꿔서 죄를 정복하려 안간힘을 쓰는 대신, 그리스도께 기대어 애정의 방향을 변화시키는 방법으로 죄를 떨쳐 버리는 길이다. 예수님이 들려주신 요한복음 6장 말씀을 명심하라. "내게 오는 자는 결코 주리지 아니할 터이요 나를 믿는 자는 영원히 목마르지 아니하리라." 죄가 주는 쾌락에 대처하는 열쇠가 여기에 있다. 영원한 만족을 주시는 그리스도의 능력에 자신을 내어 맡기라. 정욕과 거짓, 탐욕과 재물, 또는 포르노그래피가 환희를 장담한다 할지라도, 그리스도를 통해 깊은 만족을 얻는다면 얼마든지 싸워 이길 수 있다. 예수님은 그 어떤 기쁨보다 더 크고 나은 분이심을 알고, 믿고, 의지하면 구세주 안에서 더 큰 희열을 얻는다. 따라서 죄가 주는 시시한 쾌락에 연연하지 않게 된다. 죄를 극복하기 위해서는 행동을 바꾸려고 뼈를 깎는 노력을 기울일 게 아니라 예수를 믿고 욕구의 대상과 내용을 변화시켜야 한다.

예수님은 그분을 따르는 이들 모두에게 깊은 만족을 누리게 하시겠다고 약속하셨다. C. S. 루이스는 이렇게 적었다.

대다수 현대인들의 심중에는 행복을 염원하고 즐거움을 만끽하기를 간절히 소망하는 게 그릇된 일이라는 의식이 깔려 있는데, 분명히 말하거니와 그건 칸트와 스토아학파에서 스며든 사고방식일 뿐, 기독교 신앙의 일부가 아니다. 대담하고 당당한 보상의 약속과 복음서에 기록된 보상의 엄청난 본질을 감안하면, 주님이 우리들의 갈망을 지나치게 강하게 보시는 게 아니라 도리어 너무 약하게 여기실 것 같다는 생각이 든다. 그처럼 한없는 기쁨을 주시겠다는데도 인간은 술과 섹스, 야망 따위에 매달려 시간을 낭비하는 얼치기들이다. 마치 바닷가에 나가 신나게 놀자는 게 무슨 뜻인지 감조차 잡지 못하는 탓에 계속해서 뒷골목에 주저앉아 진흙파이나 만들고 싶어 하는 무지한 어린애와 같다. 너무하다 싶으리만치 쉽게 안주하는 것이다.[18]

예수님이 갈망을 변화시켜 주시면 세상에서 죄로 골머리를 썩이는 건 기쁨을 지나치게 많이 원해서가 아니라 너무 적게 바라기 때문이라는 사실을 금방 깨닫는다. 이른바 크리스천들이 그리스도를 믿지 않는 이들과 한 점 다름없이 꼬리에 꼬리를 무는 유혹에 시달리며 더 큰 집, 더 멋진 살림살이, 더 새로운 소일

거리, 더 큰 인기, 더 높은 성공, 더 편안한 라이프 스타일을 끝없이 따라다니는 현실은 서글프기 짝이 없는 비극이다. 그처럼 세상의 쾌락을 열렬히 추구한다는 건 그리스도에게서 그만한 만족을 얻지 못한다는 반증이다. 중심을 가만히 들여다보면 다들 세상에 속한 것들을 내려놓으면 이 땅에선 더 이상 만족을 얻을 수 없다고 치부하는 듯하다. 하지만 예수님 안에서 값진 보물을 찾았던 주님의 제자들은 세상이 주는 싸구려 장신구들 따위는 조금도 망설이지 않고 팽개쳐 버렸다. 참되고, 깊고, 영원한 만족을 거슬러 올라가면 언제나 예수님께 닿게 되어 있다.

심령의 갈망을 그리스도로 채울수록 주님은 내면의 만족을 바탕으로 바깥의 삶을 꾸려 가는 능력을 더 키워 주신다. 예수님과 동행할수록 더욱 그분을 소망하게 된다. 주님을 맛볼수록 그분을 더 즐거워하게 된다. 이런 의식은 크리스천의 삶을 구석구석 바꿔 놓는다.

보물을 찾으러 가는 기쁨이 있는가

제자들의 삶에서 갈망은 주로 어떤 기능을 하는지 짚어 보자. 예수님의 제자들은 왜 성경 말씀을 읽었을까? 하나님의 음성을 듣고 싶었기 때문이다.

아내가 대학에 진학했을 무렵, 난 아직 고등학교에 다니고 있었다. 엄밀히 말하자면 그때까지는 그저 친구 사이일 뿐이었지만 먼저 졸업한 다른 동창생과는 비교할 수 없을 만큼 그리웠다. 헤더가 떠난 지 고작 며칠이 지나자 편지를 쓰고 싶은 마음이 굴뚝같아졌다. 돌아보면 부끄럽기 짝이 없지만(이유는 저절로 알게 될 것이다), 대충 이런 내용이었다. 당시 내 모습을 돌아보며 괄호 안에 짧은 감상을 적어 넣었다.

헤더에게

여보게, 친구! 오늘 밤에 전화해 줘서 정말 기뻤어(여보게? 첫마디 치고는 참! 마음에 둔 여자 친구한테 편지를 쓸 때는 단어 하나하나에 신경을 쓰는 법이거늘, 도대체 무슨 생각으로 다짜고짜 '여보게'란 말을 가져다 붙였는지 아무리 곱씹어도 알 길이 없다. 보아하니 비슷한 분위기의 대화가 오간 끝에 나온 표현이 아닌가 싶다).

목요일, 금요일, 토요일, 주일, 그리고 오늘도 전화하고 싶었지만 어쩐지 네가 무척 바쁠 것 같아서 망설이고 있었어(해서는 안 될 소릴 했다. '그동안 참 바빴어'라고 적는 게 나을 뻔했다. 물론 진짜 바쁘진 않았다).

수화기 너머에서 네 목소리가 들리는데 기분이 얼마나 끝내주던지 뭐라 설명할 수조차 없을 정도였어. 정말 끝내주더라(이보다 더 한심한 글을 읽어 본 적이 있는가? 끝내주다니, 그것도 두 번씩이나. 이렇게 형편없는 글이 세 쪽에 걸쳐 이어지지만 여기서는 다 생략하고 마지막 부분으로 넘어가기로 하자).

여보게, 친구! 시간이 남아돌아서 이런 편지를 쓰고 있는 게 아니야(또 여보게? 게다가 시간이 남아돌아서가 아니라고? 여자 친구를 사귀어 본 적이 한 번도 없었다는 느낌이 드는가? 너무 뻔하지 않은가?).

네가 없으니까 세상이 달라 보여. 함께 수다를 떨며 즐거운 시간을 보내던 시절이 그리워. 사무치게 보고 싶다(사무치게? 정말? 진짜로?).

여보게, 친구! 널 위해 기도할게(굳이 세자면, 몇 줄 안 되는 편지를 쓰면서 여보게 소리를 세 번이나 해댔다).

그리스도 안에서(편지 내용이 부실해진 책임을 예수님께 돌리려고?).

데이비드가

가상의 편지면 좋겠지만, 불행하게도 어김없이 존재하는 진품이다. 한동안은 새카맣게 잊고 있었다(더러 그러는 편이 더 나은 기억도 있게 마련이다). 유치찬란한 글을 다시 읽게 된 건 열 번째 결혼 기념일에 아내가 소중히 간직해 왔다며 꺼내 보여 준 탓이었다. 헤더는 눈물을 흘려 가며 사귀고 결혼해서 사는 내내 잠시도 떠나지 않고 신실하게 사랑해 줘서 고맙다는 이야기를 몇 차례나 되풀이했다. 남들 보기에는 우스꽝스러워 보일 글이지만 아내는 진귀한 보물처럼 여겼다. 친밀한 관계를 고스란히 드러내고 있기 때문이다.

거듭난 체험이 없는 이들의 눈에는 성경 말씀이 따분하고 어리석은 글처럼 보일지 모른다. 심지어 '터무니없는 얘기' 쯤으로 치부하는 이들도 수두룩하다. 하지만 예수님을 따르는 이들, 한순간도 포기하지 않고 열심히 쫓아다니며 진심으로 사랑해 주신 예수님 덕분에 변화된 마음을 갖게 된 크리스천들에게는 무엇과도 바꿀 수 없는 값진 말씀이다. 그러기에 한 번 읽고 마는 게 아니라 두고두고 곱씹는다. 자세히 살필 뿐만 아니라 즐기고 누린다. 연구하는 데 그치지 않고 삶에 적용한다. 예수님의 말씀은 제자들과 나누는 친밀한 관계를 반영하고 있기 때문이다.

성경에 등장하는 인물들은 하나 같이 그런 마음가짐으로 하나님 말씀을 대했다. 시편기자 다윗은 이렇게 노래했다. "여호와의 교훈은 정직하여 마음을 기쁘게 하고 여호와의 계명은 순결하여 눈을 밝게 하시도다.… 금 곧 많은 순금보다 더 사모할 것이며 꿀과 송이꿀보다 더 달도다. 또 주의 종이 이것으로 경고를 받고 이것을 지킴으로 상이 크니이다"(시 19:8, 10-11).

시편 119편 기자도 하나님께 비슷한 고백을 드렸다.

- 내가 모든 재물을 즐거워함 같이 주의 증거들의 도를 즐거워하였나이다.
- 주의 규례들을 항상 사모함으로 내 마음이 상하나이다.
- 주의 증거들은 나의 즐거움이요 나의 충고자니이다.
- 내가 사랑하는 주의 계명들을 스스로 즐거워하며.
- 내가 주의 법을 어찌 그리 사랑하는지요. 내가 그것을 종일 작은

01 인생의 갈증을 해결 받은 자녀로 살라

소리로 읊조리나이다.

- 주의 증거들로 내가 영원히 나의 기업을 삼았사오니 이는 내 마음의 즐거움이 됨이니이다.
- 내가 주의 계명들을 사모하므로 내가 입을 열고 헐떡였나이다.
- 사람이 많은 탈취물을 얻은 것처럼 나는 주의 말씀을 즐거워하나이다.
- 내 영혼이 주의 증거들을 지켰사오며 내가 이를 지극히 사랑하나이다(시 119:14, 20, 24, 47, 97, 111, 131, 162, 167).

제각기 자신의 형편을 돌아보라. 하나님의 말씀을 이토록 사랑하는가? 성경책을 펼 때마다 보물을 찾으러 들어가는 기분인가? 한 장 한 장 넘길 때마다 마음에 기쁨이 들어차는가? 성경은 애초부터 제자들이 날마다 먹고 살 양식이 되도록 설계된 책이다. 아침상, 점심밥, 저녁만찬보다 더 중요하고, 소중하고, 귀하고, 기다려지는 양식은 "하나님의 입으로부터 나오는 모든 말씀"(마 4:4, 신 8:3 인용)이다.

기도, 교제하고 싶은 소망의 표현

그렇다면 예수님의 제자들이 기도했던 까닭은 무엇일까? 하나님과 교제하고 싶은 마음 때문이었다.

크리스천들이 툭하면 잊어버리는 사실이다. 대부분 기도란 그저 무언가를 구하는 행위라고 생각하고 심지어 그렇게 배우기도 한다. "축복해 주세요. 지켜 주세요. 이러저러한 것들을 주세요." 기껏 머리를 숙여도 입에서 나오는 게 이런 청탁들뿐이다. 기도의 내용이 필요한 물건과 원하는 일들의 목록이나 다름없다. 따라서 기도하며 요청한 대로 응답해 주시면 기뻐하고 그렇게 반응하지 않으시면 당혹스러워할 수밖에 없다.

하지만 기도는 본질적으로 하나님께 드리는 '작업 일정표'가 아니다. 예수님은 제자들에게 "너희가 구하기 전에, 너희에게 필요한 것이 무엇인지를 알고 계신다"(마 6:8, 새번역)고 했다. 하나님은 펜과 노트를 들고 기다리시다가 자녀들이 일일이 간구해야만 시급히 해결해야 할 문제가 무언지 알아차리는 분이 아니라는 건 명명백백한 사실이다. 기도에는 하늘 아버지가 진즉부터 꿰고 계신 일들을 시시콜콜 알려 드리는 것보다 훨씬 깊고도 멋진 의미가 담겨 있다.

다시 말하거니와, 기도의 목적은 제자들로 하여금 하나님께 정보를 드리는 게 아니라, 친밀하게 사귀는 데 있다. 예수님은 "골방에 들어가 문을 닫고 은밀한 중에 계신 네 아버지께 기도하라"(마 6:6)고 가르치셨다.

주님은 조용한 곳을 찾으라고 말씀하신다. 시간을 따로 떼어 내라고 하신다. 하나님과 단 둘이 마주앉으라. 이건 삶을 바꾸는 혁명적인 훈련이다. 마침내는 기도 생활만이 아니라 삶 전체가 달라질 것이다. 제자들이 주님과 일대일로 만나기 시작하면 이루 설명할 수 없을 만큼 놀라운 일들이 벌어진다. 문을 닫아걸고 조용한 골방에서 한없이 위대하시고 끝없이 선하신 우주의 하나님과 교제하는 내내 세상 누구도 알지 못하며 그 무엇과도 바꿀 수 없는, 아니 비교조차 할 수 없는 환희를 만끽할 것이다.

예수님은 그렇게 하나님을 만나는 이들에게 "은밀한 중에 보시는 네 아버지께서 갚으시리라"(마 6:6)고 약속하셨다. 주님이 주시는 상급은 대단히 정서적이다. 제자들은 기도를 통해서 하늘 아버지가 베푸시는 깊고 깊은 사랑을 실감하며 시편 기자와 같은 찬양을 드리게 된다.

하나님, 주님은 나의 하나님입니다. 내가 주님을 애타게 찾습니다. 물기 없는 땅, 메마르고 황폐한 땅에서 내 영혼이 주님을 찾아 목이 마르고, 이 몸도 주님을 애타게 그리워합니다.… 기름지고 맛깔진 음식을 배불리 먹은 듯이 내 영혼이 만족하니, 내가 기쁨에 가득 찬 입술로 주님을 찬양하렵니다. 잠자리에 들어서도 주님만을 기억하고 밤을 새우면서도 주님만을 생각합니다(시 63:1, 5-6, 새번역).

그러나 마음 깊이 남아 있는 죄에 눈길이 가는 순간, 기쁨에 겨운 찬양은 금세 서글프고 괴로운 탄식으로 바뀐다. 사소해 보이는 죄악일지라도 마찬가지다. 하나님은 완벽하게 거룩하시며 전폭적인 순종을 받으시기에 눈곱만큼도 모자람이 없으신 분이심을 잘 알고 있으므로, 생활 중에 어떤 식으로든 그분의 뜻을 거스르거나 이름을 더럽힌 일이 떠오르면 당연히 몸이 떨리게 마련이다. "나의 하나님이여 내가 부끄럽고 낯이 뜨거워서 감히 나의 하나님을 향하여 얼굴을 들지 못하오니 이는 우리 죄악이 많아 정수리에 넘치고 우리 허물이 커서 하늘에 미침이니이다"(스 9:6)라고 부르짖었던 에스라의 심정이 되는 것이다.

그러나 기도의 전반적인 분위기는 곧바로 감사하고 감격하는 쪽으로 돌아선다. 죄의 엄중함을 고백하기가 무섭게 구세주의 크고 놀라운 은혜가 떠오르기 때문이다. "이제 그리스도 예수 안에 있는 자에게는 결코 정죄함이 없나니"라는 로마서 8장 1절의 선언을 기억하며 수치스러운 죄에서 눈을 돌이켜 하나님이 베푸시는 자비의 그늘을 바라본다. 그리스도의 의로운 옷을 덧입고 전능하신 하나님 앞에서 편히 쉬게 되었다는 사실에 가슴이 뜨거워지면서 커다란 감동에 사로잡힌다. 본래 마땅히 들어가야 했던 지옥의 실상을 알고 예수님의 희생에 힘입어 언젠가 천국에 들어가리라는 확신이 있으므로, 생활 형편이 어떠하든 상관없이 마음에 감사가 흘러넘친다. 아버지가 너무 고마워서 늘 함께 있고 싶어 하는 아들딸이 되어 하나님과 교제하기에 이르는 것이다.

제자들은 이처럼 경외감이 가득한 찬양과 사랑의 표현, 마음을 찢는 고백과 회개, 감격에 겨운 감사와 찬송의 흐름 속에서 가장 깊은 필요를 채워 주시길 간구한다. 정보를 드리기 위해서가 아니라 주님의 예비하심을 온전히 의지하는 마음가짐으로 심령의 갈망을 있는 그대로 아뢴다. 이런 과정들을 거치면서 하나님이 자녀들에게 기쁨과 즐거움을 주시려고 기도 훈련을 계획해 놓으셨음을 깨닫는다.

훈련 속에 숨겨진 기쁨

제자들이 일상생활 속에서 훈련하는 다른 영역들도 크게 다르지 않다. 어째서 하나님을 예배하는가? 주님을 원하기 때문이다. 정확하게 말해서 그분을 즐거워하기에 높이며 경배할 수밖에 없다. C. S. 루이스는 그러한 사실을 멋지게 설명한다.

> 즐거움에 겨우면 자연스럽게 찬양이 넘쳐나는 법이다.… 세상엔 찬양이 울려 퍼진다. – 연인들은 사랑하는 이들을, 독자들은 좋아하는 시인을, 걸어서 여행하는 이들은 전원의 풍광을, 놀이에 빠진 이들은 즐거운 게임을 찬양한다.… 인간은 즐기는 일을 찬양하는 걸 좋아하는 게 아닌가 싶다. 찬양은 즐거움을 표현할 뿐만 아니라 완전하게 마감하기 때문이다. 일종의 정해진 귀결인 셈이다.[19]

무언가를 즐기면 그 기쁨을 드러내게 마련이다. 누군가를 사모하면 그 마음을 고백하는 게 당연하다. 그런 점에서 보면, 그 어떤 대상보다 사랑하는 분께 입술과 마음을 여는 것이 바로 예배의 핵심이 아닐까?

예수님의 제자들은 왜 금식하는가? 하나님의 영광으로 배부르기 때문이다. 금식은 내면의 현실을 겉으로 드러내는 표현의 일종이다. 한 끼, 하루, 한 주 동안 끼니를 거르면서 음식에서 기쁨을 얻고자 하는 몸의 갈망보다 하나님의 임재를 사모하는 소망이 한결 크다는 점을 되새기는 것이다. 크리스천은 하나님 안에서 주님께 기대어 하루하루 배를 채울 음식은 물론이고 세상 무엇과도 바꿀 수 없을 만큼 커다란 만족을 얻는다. 그리스도를 향한 갈망과 연결 짓지 않으면 금식의 참뜻을 제대로 이해하기 어렵다. 제자들은 밥을 굶어 가면서 "배고픔이 사라지길 바라는 마음보다 하나님 나라가 임하길 기대하는 심정이 더 간절합니다"라고 외치는 셈이다.

예수님의 제자들이 구제하는 까닭은 무엇인가? 하나님이 주신 은혜에 감사하는 마음이 끓어넘치기 때문이다. 하늘 아버지는 자녀들에게 가진 걸 다 나눠 주라고 강요하지 않으시고 자유롭게 베풀도록 맡겨 두신다. 하나님이 그리스도로 말미암아 주신 영적인 보배가 얼마나 엄청난지 잘 알기에, 주님의 제자들은 그분의 영광을 위해 물질적인 보화를 나눠 주는 데 한 점 주저

함이 없다. 사도바울은 말한다. "여러분은 우리 주 예수 그리스도의 은혜를 알고 있습니다. 그리스도께서는 부요하나, 여러분을 위해서 가난하게 되셨습니다. 그것은 그의 가난으로 여러분을 부요하게 하시려는 것입니다"(고후 8:9, 새번역). 그러므로 "각자 마음에 정한 대로 해야 하고, 아까워하면서 내거나, 마지못해서 하는 일은 없어야" 한다는 것이다. "하나님께서는 기쁜 마음으로 내는 사람을 사랑하십니다"(고후 9:7, 새번역). 예수님의 제자들은 의무감이나 죄책감에 밀려서가 아니라 은혜에 사로잡혀 즐거이 베푼다.

크리스천들은 왜 복음을 전하는가? 제자를 삼는 데 온힘을 기울이는 이유는 무엇인가? "그러라고 하시니 어쩔 수 없어서"라든지 "그러지 않으면 죄책감이 들어서"는 올바른 마음가짐이 아니다. 동기는 간단하고도 분명하다. 점점 더 많은 이들이 예수님을 알고 만나는 모습을 보고 싶은 갈망이 너무도 절절하기 때문이다. 하나님이 한없는 의로우심과 위대하심, 은혜와 자비, 위엄과 능력, 그리고 풍성하심으로 그리스도 안에서 심령의 갈증을 단번에 영원토록 해결하신 경험이 있으므로, 목말라 허덕이는 이들을 보면 누가 시키지 않아도 어디로 가야 만족을 얻을 수 있는지 기를 쓰고 설명하게 된다. 예수님의 제자가 되었다는 게 무한정 기쁜 나머지 또 제자 삼는 일에 열심을 내는 것이다.

하나님을 아버지로 반기고 기뻐하는 마음

하나님을 기뻐하는가? 이것이 신앙의 뼈대를 이루는 질문이다. 주님의 자녀라는 생각만 하면 지금도 가슴이 터질 것 같은 행복감이 샘솟는가? 하루하루 그처럼 엄청난 희열을 맛보며 살아왔는가? 거기에 사로잡혀 말씀을 읽고, 기도하고, 예배하고, 금식하고, 베풀고, 복음을 전하는가? 무슨 일을 하든지, 주님을 향한 주체할 수 없는 사랑에서 출발하는가?

예수님을 따르는 일의 한복판에는 곧 독생자 그리스도를 통해 아버지가 되신 하나님을 반기고 기뻐하는 마음이 자리 잡고 있다. 삶 속에 이런 의식이 뿌리를 내리면 세상을 사는 이유가 획기적으로 달라진다.

chapter 02

목숨 걸만한
삶의 이유를 찾으라

Follow Me

브룩힐즈 교회의 식구인 매튜(Matthew)는 오랫동안 핍박이 심하기로 손꼽히는 국가에서 크리스천들을 돕고 있다. 무슬림이 절대다수를 차지하는 현지에서 그리스도를 따르는 데는 엄청난 대가가 따른다. 그런데도 매튜는 누구든 예수님을 따르겠다고 작정하는 이가 있으면, 아는 얼굴들 가운데 그리스도를 모르는 이들의 명단을 만들게 한다(알고 지내는 사람들의 이름을 문자 그대로 다 적어야 하는 경우도 드물지 않다). 다음에는 그리스도를 좇기로 했다는 걸 알면 당장 죽이려 들 게 확실한 이들 열 명을 골라 이름 옆에 동그라미를 치게 한다. 그리곤 될 수 있는 대로 그 한 사람 한 사람을 찾아가서 복음을 전하라고 권면한다. 그런 식으로 그 나라 전역에 조금씩 구원의 기쁜 소식이 퍼지고 있다.

"나를 따라오라. 내가 너희를 사람을 낚는 어부가 되게 하리라"(마 4:19)고 하신 마태복음 4장 말씀이 떠오르지 않는가? 예수님을 따르자마자 다른 이들을 낚기 시작했으니 말이다.

아쉽게도 스스로 크리스천임을 고백한다고 해서 누구나 그렇게 하는 건 아니다. 평생 신앙생활을 하는 동안, 단 한 명에게도 복음을 전하지 않은 크리스천들이 헤아릴 수 없을 만큼 많다. 설령 그리스도를 소개한다 해도 거기서 그칠 뿐, 적극적으로 주변 인물들을 주께로 이끄는 경우는 더욱 더 찾아보기 어렵다.

어째서 이런 현상이 벌어지는 걸까? 크리스천으로 살아가자면 사람 낚는 어부 노릇을 중심축으로 삼을 수밖에 없는데, 정말 그렇게 사는 이들이 그토록 드문 까닭은 무엇인가? 기본적으로 하나님이 인간을 지으실 때 마음에 두신 으뜸가는 목적을 잘못 알고 있기 때문은 아닐까? 그래서 결국 창조주께서 인류를 위해 설계해 두신 큰 기쁨 가운데 하나를 완전히 놓쳐 버린 건 아닐까?

사고방식과 인생의 소망을 변화시키시는 주님은 삶의 이유 역시 혁명적으로 바꿔 놓으신다. 그리스도의 제자로서 하나님의 뜻을 알고 경험하려면 이런 사실을 반드시 정확하게 이해해야 한다.

하나님의 뜻을 분별하려는 안간힘

"내 인생을 향한 하나님의 뜻은 무엇일까?" 어쩌면 오늘날 기독교 세계에서 가장 흔하게 들을 수 있는 질문일지도 모른다. 수없이 많은 질문과 마주하고 시시때때로 결정을 내려야 하는 이 시대의 크리스천들은 그 안에 담긴 하나님의 뜻을 늘 궁금해한다.

개중에는 사소하고 시시해 보이는 결정들도 있다. 이번 달에는 어떤 책을 읽을까? 오늘은 뭘 먹지? 집에서 먹을까? 아니면 바깥에서? 외식을 한다면 어디로 가지? 멕시코 음식이 좋을까? 중국 요리는 어떨까? 아니면 그냥 햄버거로 때울까? 이탈리아 요리를 먹는 편이 나을까? 두 살배기 아이가 아프면 어떻게 해야 할까? 열여섯 살짜리 아이가 병에 걸리면? 내가 탈이 나면 어찌해야지?

반면에 삶의 방향을 바꿔 놓을 만큼 크고 중요한 질문들도 있다. 데이트를 해야 할까? 그렇다면 누구랑 만나야지? 대학에 가야 하나? 간다면 어느 학교에 진학해야 할까? 무얼 전공하지? 졸업한 뒤에는 어떤 직종을 선택하는 게 좋을까? 결혼을 해야 하는 걸까? 그럼 누굴 짝으로 맞이하지? 아이를 갖는 건 어떨까? 몇 명이나 낳을까? 어디서 살지? 어떻게 살아야 할까?

이렇듯 누구나 무수한 질문과 결정에 치여 살아간다. 크리스천에게는 어떤 물음이든 결국 한 지점으로 수렴한다. 내 인생을 향한 하나님의 뜻은 무엇일까? 주님의 뜻을 어떻게 찾아내지?

다들 마치 하나님의 뜻이 실종된 것처럼 반응한다. 그분의 심중을 헤아리는 온갖 방법들을 만들어 낸다.

'되는대로 찍기 법'이 있다. 하나님의 뜻이 궁금할 때마다 눈을 감은 채, 성경책을 단번에 펼친 다음, 아무데나 한 곳을 콕 찍는다. 눈을 뜨고 손가락이 가리키는 본문의 내용이 주님의 뜻이라고 믿는다.

고등학교에 다니던 시절, 친구 하나가 이 방법으로 문제 해결을 시도했다. 마음에 드는 여학생과 만나고 싶은데 상대방은 눈길조차 주지 않아 애를 태우던 참이었다. 관심을 끌 길을 알려 주시길 간절히 기도한 뒤에 성경을 열고 닥치는 대로 한 구절을 짚었다. 로마서 8장 25절이었다. "만일 우리가 보지 못하는 것을 바라면 참음으로 기다릴지니라." 마치 하늘에서 웅장한 목소리가 들려오는 것 같았다. 한 줄기 서광이 비치는 느낌이었다. "기다리면 돌아올 것이다." 그게 하나님의 뜻이라는 확신이 들었다. 하지만 문제가 있었다. 본문의 의도는 데이트에 목말라하는 십 대 소년에게 희망을 주는 게 아니라 그리스도를 보게 될 날을 기다리며 고난을 견디는 이들에게 소망을 전하는 데 있었다. 끝내 만나 주지 않은 걸로 봐서, 여학생의 귀에는 내 친구가 들었던 하늘의 소리가 들어가지 않은 모양이었다.

'초자연적인 기적 법'도 있다. 모세가 보았던 불타는 덤불이나 바울이 경험했던 눈이 멀 만큼 강렬한 빛처럼 초자연적인 역사에 기대어 하나님의 뜻을 판별하는 방법이다. 이 방식의 가장 큰 걸림돌은 몹시 희귀해서 좀처럼 나타나지 않는다는 점이다. 수많은 이들에게 물어봤지만, 타오르는 덤불과 대화를 나눴다든지(최소한 그 안에서 나오는 음성을 들었다든지) 길을 걸어가다 갑자기 쏟아지는 빛줄기에 앞을 보지 못했다는 이는 거의 없었다. 하나님이 자주 쓰시는 방법이 아님에 틀림없다.

'우연의 일치 법'은 또 어떤가? 줄지어 튀어나와서 무얼 어떻게 해야 할지 알려 주는 우연한 사건들에 주목하는 방법이다. 대학에 들어가 영어와 수학 가운데 어느 쪽을 전공하는 게 좋을지 고민한다고 치자. 저녁 무렵에 잠들었다가 오밤중에 깨서 시계를 봤더니 2시 22분이었다. 다음날도 한밤에 일어났는데 이번엔 3시 33분이었다. 무언가 특별한 일이 벌어지고 있다는 느낌이 든다. 다음날 밤에는 혹시나 하는 기대를 품고 잠자리에 든다. 얼마나 지났을까? 문득 눈을 뜨고 시계를 확인한다. 아니나 다를까, 4시 44분이다. 기가 막혀서 말이 나오지 않는다. 당장 일어나 침상머리에 무릎을 꿇고 하나님의 음성을 듣는다. 주님의 말씀이 들리는 듯하다. "수학이니라."

하지만 정작 하나님이 주시려던 메시지는 "감기약 한 알 먹고 아침까지 푹 자거라"일 지도 모르는 일 아닐까?

이번에는 하나님이 어떤 여성과 결혼하길 원하시는지 곰곰이 생각하며 캠퍼스를 걸어가는 대학생이 있다고 상상해 보자. 무언가 발에 차여 굴러가기에 걸음을 멈추고 내려다보니 빨간색 콜라깡통이었다. 다시 걸으려고 고개를 쳐들자 저만치 앞에 한 무리의 여학생들이 둘러서 있었다. 젊은이의 시선은 그 중에서도 빨간색 티셔츠를 입은 아가씨에게 꽂힌다. 너무도 놀라워서 발이 떨어지지 않는다. 주님이 말씀하시는 게 분명하다. 빨간색 캔을 보다가 고개를 돌렸는데 곧바로 빨간 티셔츠 차림의 여학생이 눈에 들어왔다면, 하나님이 꿈꾸던 여인을 지목해 주신 게 아니고 무어란 말인가!

간단히 정리하자면, 하나님이 누군가를 시켜 지나는 길바닥 어느 한 지점에 콜라 캔을 버리게 하심으로써 거룩한 뜻과 미래의 결혼 상대를 분별하게 하셨다는 발상이다. 앞서 간 인물이 사이다를 마시지 않은 게 천만다행이다. 그랬더라면 초록색 깡통을 걷어차고 녹색 셔츠를 입은 엉뚱한 여학생과 가정을 이뤘을 테고 결국 자신의 삶과 아가씨의 삶, 상대방과 결혼하게 되어 있었던 누군가의 삶, 그리고 그와 연결된 또 다른 이의 삶을 엉망진창으로 만들어 버렸을 것이다. 수많은 이들의 인생이 송두리째 망가질 뻔했으니 얼마나 끔찍한가!

감별법 목록은 계속된다. '기드온의 양털 법'은 무슨 일을 하길 원하시는지 알아보기 위해 하나님께 시험 문제를 내는 방법이다. 주님이 고요하고 작은 목소리로 뜻을 알려 주실 때까지 잠자코 기다리는 '세미한 음성 법'도 있다. 언젠가는 주님이 이편에서 정해 놓은 기준에 부합될 만큼 고요하고 작은 소리로 속마음을 알려 주신다는 주장이다. '열린 문 법'은 기회가 생기고 일이 순조롭게 풀리는 쪽을 하나님의 뜻으로 인정하고 받아들이는 방식이다. 결정을 내리기가 힘들면 주님이 원하시는 길이 아님에 틀림없다(그분이 험한 길을 주실 리가 없기 때문이다).[20]

크리스천들은 선한 의도를 품고 이처럼 다양한 방식을 써 가며 하나님의 뜻을 분별하려 안간힘을 쓴다. 그런데 하나님의 뜻이 본시 찾아다녀야 알 수 있는 게 아니라면 어찌 되는가? 애초부터 눈에 띄지 않는 곳에 꽁꽁 숨겨 놓은 게 아니라면? 하늘 아버지는 자녀들에게 광대한 우주를 무대로 거룩한 뜻을 찾게 시켜 놓고 하늘에 편히 앉아 "어디에 감췄게?"를 되풀이하시는 분이 아니라면 어떻게 할 것인가? 그런 식으로 주님의 뜻을 찾다가는 예수님의 제자가 되는 일의 핵심을 놓치기 일쑤라면 어찌하겠는가?

더 중요한 이슈는 순종에 있다

제자도가 어떻게 크리스천의 사고와 감정뿐만 아니라 의지도 바꿔 놓는지 짚어 보자. 그리스도께 나오는 순간, 자신에 대해선 죽게 된다는 사실은 이미 살펴보았다. 바울의 말을 빌자면, 크리스천은 "내가 그리스도와 함께 십자가에 못 박혔나니 그런즉 이제는 내가 사는 것이 아니요 오직 내 안에 그리스도께서 사시는 것이라"(갈 2:20)고 고백하는 이들을 가리킨다. 예수님을 따르는 제자의 인생은 주님의 삶 속에 들어 있으며 그분의 의지에 온전히 복종하는 방식으로 살아간다.

예수님의 제자로 첫발을 뗄 때 받는 세례는 이러한 사실을 정확하게 함축적으로 보여 준다. 사도바울은 로마의 크리스천들에게 물었다. "세례를 받아 그리스도 예수와 하나가 된 우리는 모두 세례를 받을 때에 그와 함께 죽었다는 것을 여러분은 알지 못합니까? 그러므로 우리는 세례를 통하여 그의 죽으심과 연합함으로써 그와 함께 묻혔던 것입니다. 그것은, 그리스도께서 아버지의 영광으로 말미암아 죽은 사람들 가운데서 살아나신 것과 같이, 우리도 또한 새 생명 안에서 살아가기 위함입니다"(롬 6:3-4, 새번역).

크리스천은 세례를 통해 죄에 대해 죽고 그리스도에 대해 살아 있음을 공식적으로 선포한다. 예수님이 돌아가셨던 것처럼 제자들도 자신에 대해 죽고, 주님이 다시 사신 것처럼 이제 하나님의 독생자 안에서 살아간다.

개인적으로는 아시아의 한 나라에서 지하가정교회의 형제자매들과 더불어 지냈던 경험이 세례의 중요성을 가슴에 아로새기는 계기가 됐다. 때마침 제자 삼는 사역을 다룬 마태복음 28장을 본문으로 세례를 받으라는 예수님의 명령을 가르치고 있었다. 예수님의 죽음과 부활에 동참해 본질적으로 하나가 되었음을 상징한다는 점에서 세례는 그리스도의 제자로 새 삶을 시작하는 이들이 반드시 밟아야 할 필수적이고, 핵심적이며, 결코 건너뛰어선 안 되는 일임을 강조했다.

강의가 끝난 뒤, 모임에 참석했던 리(Li)와 후안(Huan)은 아직 세례를 경험하지 못했음을 밝히고 꼭 받고 싶다는 뜻을 밝혔다. 가정교회를 맡고 있는 지앙(Jiang) 목사는 형제들의 이야기를 전하면서 다음날은 세례에 관해 조금 더 깊이 가르치면 어떻겠느냐는 뜻을 슬쩍 비췄다. 이튿날, 로마서 6장을 함께 공부하는데, 문득 현지에서는 세례를 받고 크리스천임을 공공연히 선언하는 행위 자체가 불법이란 사실이 새삼 무겁게 다가왔다. 따라서 세례는 삶의 행로가 극적으로 바뀌는 전환점인 동시에 위험을 자초하는 결정이 될 가능성이 높았다. 그런 사실을 누구보다 잘 알기에 마음이 편치만은 않았다. 메시지를 마무리하면서 두 형제에게 세례를 받았다는 이유로 엄청난 대가를 치를 수도 있다는 점을 다시 한 번 지적했다.

이윽고 목회자가 리와 후안을 방 한가운데로 불러 냈다. 다른 식구들도 두 형제 곁에 자리를 잡았다. 지앙 목사는 갓 그리스도를 믿기 시작한 20대 중반의 리를 바라보며 단도직입적으로 물었다. "이 일로 목숨을 잃는 한이 있더라도 세례를 받겠습니까?" 단 일 초의 망설임도 없이 형제가 담임목사를 똑바로 쳐다보며 대답했다. "예수님을 따르기 위해 이미 모든 걸 다 희생했습니다. 꼭 세례를 받고 싶습니다."

후안 역시 신앙을 가진 지 얼마 안 되는 십대 소년이었다. 가정교회 식구들 앞에서 지앙 목사는 똑같은 질문을 던졌다. "이

02 목숨 걸만한 삶의 이유를 찾으라

일로 목숨을 잃는 한이 있더라도 세례를 받겠습니까?" 가볍게 떨리는 목소리로 형제가 고백했다. "예수님은 나의 주님이십니다. 무슨 말씀을 하시든지 그대로 따르겠습니다."

그렇게 두 청년은 죽을 각오를 하고 세례를 받았다. 세례를 통해 그리스도와 하나가 되는 모습을 지켜보면서 그 순간부터 둘의 미래가 완전히 달라지리라는 생각이 들었다. 형제들은 당장 누리고 있는 삶과 소유는 물론이고 미래와 가능성까지 남김없이 예수님께 드렸다. 하나님의 뜻 앞에서 제 의지를 전폭적으로, 그리고 기꺼이 꺾어 버렸던 것이다.

아시아의 한 귀퉁이에서 가정교회를 섬기는 이 형제들은 우리 문화권에서 스스로 크리스천을 자처하는 이들과 사뭇 다른 모습을 보인다. 서방 세계의 크리스천들은 부정적인 말투와 우울한 목소리로 하나님의 뜻을 입에 올린다.

"어디든지 주님이 인도하시는 대로 따라가겠다고 고백할 자신이 없어." 흔히들 이렇게 말한다(적어도 생각은 한다). "어디로 이끄실지 알 수 없어서 두려워. 아프리카로 가라고 하시면 어떡해? 좁은 집으로 이사하라고 명령하실 수도 있잖아? 삶을 통째로 뒤흔들어 놓으시면 어떻게 하지?" 그러니 "어디든지 시키시는 대로 가서 무엇이든 다 하겠습니다"라고 고백하는 게 한없이 걱정스럽고 망설여질 수밖에 없다.

크리스천을 자부하면서 어떻게 그럴 수가 있는가? 다른 건

다 제쳐 두고, 하나님이 우리의 아버지라는 걸 잊었단 말인가? 자녀들한테 "아빠, 이번 주에는 무얼 하는 게 우리한테 가장 좋을까요? 말씀만 하시면 그대로 할게요"라는 얘길 듣는다면 어떤 반응을 보이겠는가? 평생 못 잊을 만큼 끔찍한 일주일을 만들어 주겠다는 생각부터 들 것 같은가? 그럴 리가 없다. 자녀들의 신뢰에 부응해서, 더할 나위 없이 유익한 일들을 해 줄 것이다. 불완전한 인간에 불과한 나로서는 그때그때 아이들에게 으뜸가게 필요한 일이 무언지 알 길이 없다. 하지만 하나님은 다르다. 주님은 티끌만큼도 실수하지 않으시는 완벽한 아버지시다. 자녀들이 행복하기를 그 누구보다 간절히 원하신다. 그렇다면 그분의 뜻에 즐거이 순종하는 게 지극히 당연하지 않은가?

제자가 되는 결단의 본질이 거기에 있다. 세례라는 첫걸음을 내딛으며 그리스도께 삶을 드리고 제 의지를 거룩한 뜻에 서슴없이 굴복시키겠다고 선언하고 보여 주는 것이다.

그렇게 살고 있는가? 무슨 일이든 온 마음을 다해 단호하게 하나님 뜻에 순종하는가? 그렇지 않다면 하나님과의 관계를 점검해 봐야 하지 않을까? 마치 어느 쪽으로 가는 게 자녀들에게 최상의 길인지 주님은 모르신다는 듯, 그분의 보살피심을 과소평가하는 건 아닌가? 또는 자신을 과대평가해서 인생에 가장 유익한 게 무엇인지 주님보다 더 잘 안다고 믿고 있지는 않은가?

하나님의 뜻을 좇아 걷는 길

이러한 질문들에 답하노라면, 그저 하나님을 알고 믿는 것보다 그분의 뜻을 바라보고 찾는 게 훨씬 더 중요하다는 사실을 알게 된다. 일반적으로 '하나님의 뜻'이란 말이 나오면 기계적인 공식이나 앞에서 이야기한 것과 같은, 되는대로 찍기, 초자연적인 기적, 우연의 일치, 기드온의 양털, 세미한 음성, 열린 문과 닫힌 문 따위의 수월한 방안들을 기대한다. 주님의 마음에 단번에 다가서는 지름길을 찾고 싶어 한다. 하지만 그분의 계획은 다르다. 말하자면, 그건 하나님의 뜻이 아니다.

하늘 아버지의 궁극적인 관심사는 가능한 한 빠르고, 쉽고, 매끄럽고, 번듯한 길을 따라 A에서 B까지 데려다 주시는 게 아니다. 오히려 주님을 더 깊이 알고 더 온전하게 신뢰하도록 이끄시는 데 신경을 쓰신다.

「래디컬」이 출간된 뒤로, 각계각층의 크리스천들로부터 별별 질문과 비판을 다 받았다. "급진적인 라이프 스타일이란 어떤 모습입니까? 차를 몰아야 하나요? 몬다면 어떤 차종을 선택해야 할까요? 어떤 집에 사는 것이 좋습니까? 입양을 해야 한다는 말씀인가요? 다 집어치우고 해외로 나가 선교를 해야 하나요?"

진지하고 솔직한 이야기들이기는 했지만, 조금 난감한 부분이 있는 것도 사실이었다. 하나님께 순종하고 있는지 조목조목 점검할 무슨 설문지라든지 반드시 따라야 할 기준 같은 걸 바라고 있다는 느낌이 강했기 때문이다. 그러나 그런 점에 신경을 쓰다 보면 자칫 예수님을 따르는 일의 참뜻을 놓칠 수 있다. 성경에 기록된 그리스도의 명령 말고는, 그분의 급진적인 가르침을 삶에 적용하도록 구체적인 방법을 제시하는 지침은 전혀 없다. 크리스천들이 쥐고 있는 건 오로지 예수님과의 관계뿐이다.

예수님께 가서 더불어 시간을 보내고 그 말씀에 귀를 기울이며 순종해야 하는 까닭이 거기에 있다. 그러고 있기만 하면, 하나님이 앞장서 거룩한 뜻에 따라 걸음을 인도하신다. 그리고 같은 경험이 되풀이되면서 주님의 뜻이란 은밀한 곳에 매장된 채 누군가 찾아 주길 기다리는 보물 지도가 아니라 하늘 아버지가 자녀들과 날마다 나누고 싶어 하시는 관계나 교제라는 사실을 자연스럽게 깨닫는다. 그곳이 바로 급진적인 삶이 흘러나오는 원천이다.

오스왈드 챔버스는 숲길을 걷는 나그네를 떠올려 보라고 주문하면서, 길이 어디에 있는지 궁금해지는 순간이 언제이겠느냐고 묻는다. 길의 위치를 궁금해한다는 건 이미 길을 잃었다는 반증이라는 얘기다. 바른 길을 걷고 있는 나그네는 어디 가야 길이 나오는지 물을 까닭이 없다. 챔버스는 이렇게 적었다.

뜻을 알려 달라고 간구할 필요가 없을 만큼 주님과 긴밀하게 연결되어 있다는 건 신앙생활 전반을 통틀어 마지막 훈련 단계에 들어서기 시작했음을 의미한다. 하나님과 올바른 관계를 맺으며 교제하고 있다면, 어디에도 매이지 않는 자유롭고 기쁨이 넘치는 삶을 산다고 보아도 좋다. 자신이 곧 하나님의 뜻이다. 주님이 친히 가로막지 않는 한, 상식적인 결정과 그분의 뜻이 일치한다. 그릇된 판단은 친히 저지하실 줄 알기에 하나님과 더불어 즐겁게 교제하면서 완벽한 결정을 내린다. 주님이 막으시면 거기서 멈추면 그만이다.[21]

예수님의 제자가 되는 건 "내 인생을 향한 하나님의 뜻은 무엇일까?" 같은 질문의 해답을 찾으려는 게 아니다. 하루하루, 순간순간 주님의 뜻대로 걸어가기 위해 주님을 따를 뿐이다.

이미 드러난 하나님의 뜻

하나님을 알아 갈수록, 그리고 점점 더 그분의 뜻을 좇아 걸을수록 하늘 아버지가 자녀들에게 속내를 감추고 보여 주지 않으려 하신다는 발상이 얼마나 어리석은지 실감하기에 이른다. 도리어 주님의 마음을 알고 싶어 하는 이편의 갈망보다 아들딸들에게 알려 주길 원하시는 주님의 소망이 대부분 훨씬 더 크다는 사실을 깨닫게 된다. 성경 말씀에 일일이 담아 보여 주실 만큼 하나님의 바람은 간절했다.

하나님은 특별한 뜻을 품고 계시며 진즉부터 명확하게 밝혀

놓으셨다. 성경은 첫 쪽부터 끝장까지 일관된 메시지를 전한다. 주님은 그분의 영광을 위해 모든 나라, 모든 종족, 모든 언어, 모든 백성들에게 은혜를 베풀어 남김없이 구원하고 싶어 하신다는 소식이다. 역사가 시작되는 순간부터, 하나님은 인간을 지으시고 거룩한 은혜와 영광을 온 땅에 널리 퍼트리게 하셨다. 하나님은 족장들을 통해 선택하신 백성들에게 축복을 베푸시고 그 은총이 뭇 민족에게 두루 미치도록 이끄셨다(창 12:1-3; 26:4; 28:14).

주님의 뜻을 꿰뚫어 보았던 시편 기자들은 기도했다. "하나님, 우리에게 은혜를 베풀어 주시고, 우리에게 복을 내려 주십시오. 주님의 얼굴을 환하게 우리에게 비추어 주시어서, 온 세상이 주님의 뜻을 알고 모든 민족이 주님의 구원을 알게 하여 주십시오"(시 67:1-2, 새번역). 선지자들은 이 부르짖음을 고스란히 되풀이하면서 자녀들을 구원하시려는 하나님의 계획을 인류 전체를 죄에서 건져내고자 하시는 주님의 뜻과 연결 지었다. 이사야서는 거룩한 백성을 온 민족들에게 보내어 그 영광을 선포하게 하겠다는 하나님의 약속으로 마무리를 대신한다.

때가 이르면 뭇 나라와 언어가 다른 민족들을 모으리니 그들이 와서 나의 영광을 볼 것이며 내가 그들 가운데에서 징조를 세워서 그들 가운데에서 도피한 자를…보내리니 그들이 나의 영광을 뭇 나라에 전파하리라(사 66:18-19).

02 목숨 걸만한 삶의 이유를 찾으라

하박국 선지자는 "바다에 물이 가득하듯이, 주의 영광을 아는 지식이 땅 위에 가득할"(합 2:14, 새번역) 날이 올 것이라고 예언했다. 모든 민족이 하나님의 뜻을 예배하게 되리라는 말씀은 신약에서도 계속된다. 복음서를 보면, 예수님은 지상 생애를 마감하시면서 제자들에게 열방으로 가라고 명령하셨다. 제자를 삼고, 복음을 가르치며, 땅 끝까지 하나님의 영광을 선포하라는 말씀이다(마 28:18-20, 눅 24:47-49, 행 1:8).

신약성경이 전하는 교회의 역사는 물론이고 성도들에게 보낸 편지들 역시 그 점을 강조한다. 로마서 15장에서, 예수님이 십자가에 달려 돌아가신 목적을 바울은 이렇게 설명한다. "내가 말하노니 그리스도께서 하나님의 진실하심을 위하여 할례의 추종자가 되셨으니 이는 조상들에게 주신 약속들을 견고하게 하시고 이방인들도 그 긍휼하심으로 말미암아 하나님께 영광을 돌리게 하려 하심이라"(롬 15:8-9).

다시 말해서, 구약성경에 하나님의 백성으로 기록된 이스라엘만이 아니라 모든 민족들이 구원을 받고 주님을 찬양하도록 인도하시기 위해 돌아가셨다는 뜻이다. 그래서 몇 절 뒤에서 바울은 자신의 의지를 버리고 하나님의 뜻에 복종한다고 고백하면서 말했다. "나는 이와 같이, 그리스도의 이름이 알려진 곳 말고, 알려지지 않은 곳에서 복음을 전하는 것을 명예로 삼았습니다. … 성경에 이렇게 기록한 바, '그의 일을 알지 못하던 사람들이 보게 될 것이요, 듣지 못하던 사람들이 깨닫게 될 것이다' 한 것과 같습니다"(롬 15:20-21, 새번역).

베드로는 인류의 역사 속에 나타난 하나님의 뜻을 "아무도 멸망하지 아니하고 다 회개하기에"(벧후 3:9) 이르는 것이라고 설명했다.

성경 마지막 대목에 이르면 모든 나라와 종족, 언어와 백성들을 구원하시려는 하나님의 뜻이 마침내 이뤄지는 걸 볼 수 있다. 사도요한은 계시록 7장 9-10절(새번역)에 이렇게 적었다.

그 뒤에 내가 보니, 아무도 그 수를 셀 수 없을 만큼 큰 무리가 있었습니다. 그들은 모든 민족과 종족과 백성과 언어에서 나온 사람들인데, 흰 두루마기를 입고, 종려나무 가지를 손에 들고, 보좌 앞과 어린 양 앞에 서 있었습니다. 그들은 큰 소리로, "구원은 보좌에 앉아 계신 우리 하나님과 어린 양의 것입니다" 하고 외쳤습니다.

성경 첫 글자부터 마지막 글자까지, 하나님의 뜻은 분명하고 또렷하다. 주님은 시종일관 경배받기를 원하신다. 뭇 백성들이 은혜의 복음을 듣고, 환영하며, 받아들이고, 반응해서 그분의 영광을 온 천지에 드러내길 바라신다.

그런 점에서, 마태복음에서 예수님이 제자들을 만나자마자 "나를 따라오라. 내가 너희를 사람을 낚는 어부가 되게 하리라"고 말씀하셨다는 건 조금도 충격적인 일이 아니다. 주님은 그 뒤로 "인자가 온 것은 잃어버린 자를 찾아 구원하려 함"(눅 19:10)이라고 못 박아 밝히셨으며, "아버지께서 나를 세상에 보내신 것 같이 나도 그들을 세상에"(요 17:18) 보내었다고도 하셨다. 훗날, 제자들에게 마지막으로 남기신 "너희는 가서 모든 민족을 제자로"(마 28:19) 삼으라는 말씀에도 놀랄 이유가 없다.

손수 택하신 백성들을 지으시고, 부르시고, 구원하시고, 축복하셔서 모든 민족에게 주님의 은혜와 영광을 전파하게 하시는 게 바로 이 세상을 향한 창조주의 뜻이다. 하나님의 마음은 찾는 게 아니라 따라야 한다. 주님이 가르쳐 주신 길을 걷고 있다면 그분의 뜻이 무언지 의아해할 까닭이 없다. 자신의 인생을 두고 어떤 뜻을 가지고 계신지 알려 주시길 요청할 필요가 없다. 이미 드러내신 뜻에 맞추어 삶을 조정하시길 간구하면 그만이다.

예수님의 제자들을 향한 하나님의 뜻은 열방으로 나가 또 다른 제자를 삼게 하는 데 있다. 따라서 제자들이 저마다 던져야 할 물음은 "뭇 백성들 틈에 들어가 제자를 삼을 수 있는 가장 좋은 방법은 무엇인가?" 하는 것이다. 일단 질문을 던지고 나면, 거룩한 목적이 이뤄지길 누구보다 간절히 바라시는 하나님은 실제로 자녀들 속에 살면서 그 뜻을 이뤄 가신다.

성령님을 보내 주신 목적

속으로 생각할지 모르겠다. '하나님의 뜻을 지나치게 간단하게 해석하는 게 아닐까? 모든 민족에게 복음을 전하고 모든 백성으로 제자를 삼는 일 말고 다른 뜻도 있지 않을까?' 어떤 의미에서는 어김없이 옳은 말이다. 뭇 백성들이 돌아오는 것 외에도 더 많은 주님의 뜻이 존재한다. 반면에 성령님을 보내 주신 까닭을 생각해 본 적이 있는가? 하나님이 성령님을 제자들의 내면에 거하게 하셔서 예수님의 삶과 하나가 되게 하신다는 얘기는 이미 했었다. 그렇다면 예수님이 자녀들의 중심에 살아서 임재하시는 목적은 무엇인가?

신약성경은 여러 가지 방식으로 그 질문에 해답을 제시한다. 성령님은 그리스도를 따르는 이들 가운데 거하시면서 위로와 확신을 주시며 선물을 베푸시고 앞길을 인도하신다. 아울러 크리스천의 마음을 열어 하나님 말씀을 알아듣고 주님을 경배하게 하시는 조력자요 카운슬러가 되신다(요 4:24; 6:63; 14:15-17, 25-26; 15:26-27; 16:4-15, 고전 2:6-16; 12:1-11, 갈 5:22-23). 하지만 그리스도의 제자들에게 처음으로 충만하게 임하셨던 장면을 되짚어 보면 그 가운데서도 단연 두드러지는 중대한 목적이 뚜렷하게 드러난다.

예수님은 그분의 성령을 보내 주시겠다고 제자들에게 약속하시면서 이렇게 말씀하셨다. "오직 성령이 너희에게 임하시면 너희가 권능을 받고 예루살렘과 온 유대와 사마리아와 땅 끝까지 이르러 내 증인이 되리라"(행 1:8). 이전에도 주님은 뒤를 따르는 이들에게 "너희는 이 모든 일의 증인"이므로 "모든 민족을 제자로"(마 28:19) 삼고 "그의 이름으로 죄 사함을 받게 하는 회개"(눅 24:47-48)를 전파하라고 누누이 말씀하셨다. 제자들을 향한 하나님의 뜻은 증인이 되는 데 있으므로 성령님을 보내셔서 그 뜻을 좇고 성취해 가도록 돕게 하신 것이다.

그렇다면 증인이 된다는 건 무슨 뜻인가? 한 마디로 예수님이 어떤 분이시며, 무슨 일을 하셨고, 어떻게 구원을 베풀어 주시는지 전하고 가르치는 걸 이른다. 성경에서 성령님이 역사하셨던 장면들을 골라서 되짚어 보면 이처럼 구두로 전하는 메시지가 어떻게 작용하는지 금방 이해가 간다. 우선, 구약성경을 넘겨 가며 하나님의 영이 다양한 인물들에게 임하셨던 장면을 꼼꼼히 살펴보면, 성령님이 강림했던 사건들은 주로 한 가지 목적과 관련이 있었다. 다음 여섯 가지 사례들만 봐도 그게 무언지 단번에 알아챌 수 있을 것이다.

그 때에 주님께서 구름에 휩싸여 내려오셔서 모세와 더불어 말씀하시고, 모세에게 내린 영을 장로들 일흔 명에게 내리셨다. 그 영이 그들 위에 내려와 머물자, 그들이 예언하였다(민 11:25, 새번역).

발람은 눈을 들어, 지파별로 진을 친 이스라엘을 바라보았다. 그때에 그에게 하나님의 영이 내렸다. 그는 예언을 선포하였다(민 24:2-3, 새번역).

주님의 영이 나를 통하여 말씀하시니, 그의 말씀이 나의 혀에 담겼다(삼하 23:2, 새번역).

이에 하나님의 영이 제사장 여호야다의 아들 스가랴를 감동시키시매 그가 백성 앞에 높이 서서 그들에게 이르되 하나님이 이같이 말씀하시기를(대하 24:20).

주께서 그들을 여러 해 동안 참으시고 또 주의 선지자들을 통하여 주의 영으로 그들을 경계하시되 그들이 듣지 아니하므로… (느 9:30).

여호와의 영이 내게 임하여 이르시되 너는 말하기를 여호와의 말씀에… (겔 11:5).

위에 소개한 사례들에서, 성령님의 역사는 한결같이 말씀 선포와 연관되어 있다. 성령이 그 위에 임했던 이들은 어김없이 하나님의 말씀을 선포하거나 예언을 전했다.

신약성경으로 넘어와도 사정은 달라지지 않는다. 특히 누가는 여덟 차례에 걸쳐 성령으로 충만했던 이들의 행적을 기록했다. 여덟 군데 본문을 읽어 보면 그 안에 공통된 목적이 있었음을 알 수 있다.

그(세례요한)는 주님께서 보시기에 큰 인물이 될 것이다. 그는 포도 주와 독한 술을 입에 대지 않을 것이요, 어머니 뱃속에 있을 때부터 성령을 충만하게 받을 것이며, 이스라엘 자손 가운데서 많은 사람 을 그들의 주 하나님께로 돌아오게 할 것이다(눅 1:15-16, 새번역).

엘리사벳이 성령의 충만함을 받아 큰 소리로 불러 이르되… (눅 1:41-42).

사가랴가 성령의 충만함을 받아 예언하여 이르되(눅 1:67).

그들(제자들)이 다 성령의 충만함을 받고 성령이 말하게 하심을 따 라 다른 언어들로 말하기를 시작하니라(행 2:4).

이에 베드로가 성령이 충만하여 이르되 백성의 관리들과 장로들아(행 4:8).

빌기를 다하매 모인 곳이 진동하더니 무리가 다 성령이 충만하여 담대히 하나님의 말씀을 전하니라(행 4:31).

아나니아가 떠나 그 집에 들어가서 그에게 안수하여 이르되 형제
사울아 주 곧 네가 오는 길에서 나타나셨던 예수께서 나를 보내어
너로 다시 보게 하시고 성령으로 충만하게 하신다 하니 즉시 사울
의 눈에서 비늘 같은 것이 벗어져 다시 보게 된지라 일어나 세례를
받고 음식을 먹으매 강건하여지니라. 사울이 다메섹에 있는 제자
들과 함께 며칠 있을새 즉시로 각 회당에서 예수가 하나님의 아들
이심을 전파하니(행 9:17-20).

바울이라고 하는 사울이 성령이 충만하여 그를 주목하고 이르되 모
든 거짓과 악행이 가득한 자요 마귀의 자식이요 모든 의의 원수여
주의 바른 길을 굽게 하기를 그치지 아니하겠느냐(행 13:9-10).

성령님이 충만하게 임했던 위의 여덟 본문을 보면, 그 역사
의 결과로 주인공들이 하나같이 무언가를 말하기 시작하는 걸 알
수 있다.[22]
이런 현상이 구약과 신약을 가리지 않고 반복적으로 나타난
다면 마땅히 주의를 기울여야 한다. 성령님이 하나님의 백성들
에게 충만하게 임하는 역사는 '입으로 주님의 말씀을 선포해서
마침내 거룩한 뜻을 이룬다'는 특별한 목적과 연결되어 있다.

이것이 바로 신약성경에서 보는 그리스도, 즉 친히 세우신 교회를 통해 하나님의 큰 그림을 완성해 가는 주님의 모습이다. 예수님은 사도행전 1장에서 하늘로 들려 올라가셨지만 지금도 변함없이 살아 움직이고 계신다. 예수님은 권능으로 거룩한 주의 영을 택하신 백성들에게 쏟아부어 주신다. 날이면 날마다 교회에 구원을 얻은 이들을 더하신다. 예수님은 바울을 만나 구속하시고 뭇 나라에 복음을 전파하라고 명령하셨다. 베드로에게 나타나셔서 교회에 이방인들을 받아들이도록 이끄셨다. 사도행전 13장에서는 경배를 받으시는 가운데 성령님을 통해 바울과 바나바를 따로 세우셔서 새로운 지역들에 복음을 전파하게 하셨다. 거룩한 백성들을 여러 차례, 여러 도시로 파송하셨다. 복음을 전할 때마다 듣는 이들의 마음을 열어 믿음을 갖게 하셨다. 예수님은 제자들 가운데 성령님을 보내셔서 이 모든 일들을 행하셨다(행 2:33, 47; 9:1-3; 10:1-48; 13:1-4; 16:6-10, 14).

삶 가운데 역사하시는 성령님의 존재 이유

예수님은 오늘날도 똑같은 일을 하고 계신다. 초대교회 제자들에게 임하시고 권능을 주셔서 하나님의 뜻을 이루게 하셨던 것처럼, 21세기 크리스천들 또한 그분의 임재와 능력으로 충만하게 하셔서 거룩한 목적을 성취하게 하신다. 하지만 현대인들은 이러한 사실을 툭하면 잊어버린다. 심지어 성령님을 언급하면서도 동일한 실수를 저지른다.

"성령님이 인도해 주시면 복음을 전하겠습니다." 교회에서 자주 오가는 얘기지만, 비슷한 표현들이 다 그렇듯, 반쪽짜리 진실에 지나지 않는다. 크리스천이라면 누구나 무슨 일을 하든지 성령님의 인도를 받고 싶어 한다. 하지만 성령님은 복음을 전파하시려는 명확한 목적을 가지고 크리스천들 가운데 머무신다는 점 또한 잊어서는 안 된다. 중심에 성령님을 모시고 있다면, 이미 복음을 전하도록 인도하심을 받고 있다고 봐야 한다. 콧잔등이 갑자기 뜨거워지는 짜릿한 느낌이라든지, 아무개한테 그리스도가 어떤 분이신지 전하라는 특별 메시지가 하늘에서 뚝 떨어지길 기다릴 필요가 없다는 말이다. 그냥 입을 열어 예수님의 삶과 죽음, 부활에 관해 이야기를 들려주기만 하면 내면에 임재하신 주님의 목적을 이루며 살 수 있다. 다시 말해서, 다른 이들에게 그리스도의 놀랍고 복된 소식을 이야기하기만 해도 하나님의 뜻이 성취되도록 돕는 것이다.

"말이 아니라 삶으로 전하겠습니다"라고 이야기하는 크리스천들도 흔히 본다. 이 역시 반쪽짜리 진실이다. 너나없이 삶과 행동에서 그리스도의 성품이 확연하게 드러나길 바란다. 그러나 성령을 받고 세상에 나가 주님의 증인이 되라는 예수님의 말씀은 주변 인물들을 점잖고 다정하게 대하라는 정도의 명령이 아니다.

법정은 말할 것도 없고, 그밖에 다른 상황에서도 증인의 기본적인 기능은 말을 하는 데 있다. 앞에서도 이야기했지만, 열한 제자 가운데 열 명은 순교자의 길을 갔다. 세상에서 착한 일을 해서가 아니라 하나님의 말씀을 전했기 때문이었다.

지금도 이루 헤아릴 수 없이 많은 형제자매들이 감옥에 갇히고, 두들겨 맞고, 핍박을 당하거나 살해되고 있다. 이웃에게 따뜻한 미소를 보내서가 아니다. AD 1세기부터 21세기 현재까지, 순교자들은 복음을 입 밖에 낸 탓에 생명을 잃었다. 그리스도에 관한 기쁜 소식을 선포하는 데 아무런 제약이 없는 지역에서 편안하게 지내면서 '삶으로 전도' 운운 한다는 게 무지하고 오만한 짓이라는 생각이 들지 않는가?

하나님은 크리스천들에게 믿음을 주어 믿게 하셨고, 성령님을 보내서 힘을 주셨으며, 할 말을 주셔서 주님의 목적(역사를 훌쩍 뛰어넘을 만큼 광대하고, 영광스러우며, 우주적이고, 창조주의 이름을 드높이는)을 이야기하게 하셨다. 태초부터 지금까지, 주님은 뭇 사람들을 그분께 이끌고 계시며, 크리스천들을 통해 그 뜻을 이뤄 가신다.

하루하루 기대를 품고 사는 제자들

이러한 사실을 믿고 있는가? 예수님이 주변 세계에 살아 움직이시며 크리스천 하나하나를 거룩한 뜻에 동참시켜 주님의 계획을 완성하고 싶어 하신다는 걸 의심없이 받아들이는가?

몇 년 전, 인도의 한 도시에서 몇 주간을 머문 적이 있었다. 복음을 들어 본 이들이 극소수에 불과한 현지에서 고군분투하는 동역자들은 밤마다 주민들이 많이 나와 북적이는 공원으로 나가 자고 졸랐다. "하나님은 이곳 백성들의 마음속에서도 역사하신 다고 믿습니다. 주님은 그이들에게도 거룩한 사랑을 알려 주길 원하세요. 예수님이 꿈과 환상 가운데 나타나시는 일들이 더러 벌어지거든요. 단편적인 이야기만 듣고 궁금증이 생겨서 전모를 알고 싶어 하는 이들도 있어요. 목사님, 가서 하나님이 준비시켜 두신 심령들을 찾아서 복음을 전해 주세요." 그리고 마음이 열린 이들을 순적하게 만나서 그리스도를 소개할 수 있도록 인도하시 길 간구하고는 앞장서 걸음을 재촉했다.

매일 밤, 확신에 차서 공원을 찾았다. 복음을 나누기에 적합 한 성품이나 능력을 가져서가 아니라 하나님이 그곳에 북적대는 이들의 삶 가운데 이미 역사하시는 사실을 정확하게 인식했기 때 문이었다. 주님은 그 백성들을 구원하길 간절히 바라시며 한 사 람 한 사람을 그분께로 잡아 이끄신다. 물론, 만나는 사람마다 복음을 듣고 긍정적인 반응을 보이지는 않았다. 하지만 귀를 기 울이는 주민들도 적지 않았다. 그들과 더불어 그리스도에 관해 진지한 대화를 나누었으며 일부는 결국 예수님의 제자가 되었다. 현지의 파트너들은 물론이고 나 역시 하나님이 주민들의 삶 가운

02 목숨 걸만한 삶의 이유를 찾으라

데 일으키신 초자연적인 역사에 동참하는 특권을 누렸다.

하나님은 크리스천이라면 누구나 하루하루를 이렇게 살아가길 바라시는 게 아닐까? 주님은 어쩌면 자녀들이 함께 일하고, 주위에 살고, 날마다 얼굴을 마주치는 이들의 이면에서 은밀하게 갖가지 작업들을 하고 계실지도 모른다. 적절한 길로 인도하셔서 제자들의 입을 통해 복음을 듣게 할 계획을 세워 두셨을 수도 있다. 먼저 그리스도를 믿은 이들이 복음을 전한다면 저마다 눈이 열려 창조주의 영광을 보게 될 것이다. 2천 년 전에 살았던 제자들은 분명히 하루하루 이런 기대를 품고 살았음에 틀림없다.

커피숍 한 구석에 앉아 상상의 날개를 펼쳐 보라. '하나님이 저쪽 자리에 앉은 여성에게 복음을 들려주고 싶어 하시는 건 아닐까? 주권적으로 상대의 처지와 환경을 조절하셔서 다가가 말을 붙이기만 하면 자연스럽게 예수님에 관한 이야기를 나눌 수 있도록 완벽하게 준비해 두신 게 아닐까? 하나님이 나를 쓰셔서 저 여인에게 복음을 전하게 하시고 그 삶을 통째로 바꿔 놓으시려는 건 아닐까?'

하지만 금방 딴 생각이 떠오른다. '커피숍 옆 자리에 앉은 손님한테 뜬금없이 예수님 얘기를 꺼내는 건 쉬운 일이 아니야.' 문득 두려움이 솟구친다. 상대방을 불쾌하게 만들거나, 엉뚱한 소리를 하거나, 박대를 당하거나, 대화가 어색해질까 봐 겁이 난다. 하지만 그런 공포감이 든다는 건 스스로 정체감을 잊어버렸다는 신호다. 주님이 계시지 않으면 당연히 두려울 수밖에 없다. 그러나 그분이 함께 계시면 겁낼 이유가 없다.

제힘만으로는 실패할 수밖에 없다. 지금 나누고자 하는 복음의 속성이 얼마나 놀랍고 충격적인지 생각해 보라. 인간의 됨됨이가 속속들이 사악하며, 죄로 말미암아 사형선고를 받은 신세인 데다가, 머잖아 지옥에 떨어질 운명이란 소식이다. 하지만 2천 년 전에, 어느 유대인 목수의 아들이 나타나 스스로 하나님의 아들이라고 주장하다 벌거벗은 몸으로 나무십자가에 못 박혀 죽었다. 이제 자기를 부인하고 그분을 주님이자 구세주요 왕으로 모시지 않으면 영원한 생명을 얻을 수 없다. 언뜻 봐도 쉽게 받아들일 수 있을 만한 메시지가 아니다. 그렇지 않은가? 도대체 누가 이런 이야기에 귀를 기울이고 믿기까지 한다는 말인가!

하지만 우리와 똑같은 이유로 그들 역시 주님을 신뢰하게 될 것이다. 성령님이 눈을 열어 하나님의 영광을 바라보며 그분의 은혜를 받아들이게 하신다. 지난 2천 년 동안, 하나님은 성령의 권능에 힘입어 선포하는 말씀을 통해 인류를 가까이 이끄셨으며, 지금도 변함없이 자녀들에게 같은 일을 하라고 명령하신다. 주님의 뜻에 신실하게 순종하면, 말씀 그대로 은총을 베푸셔서 자신을 드러내실 것이다.

그저 '좋아서' 하게 된다

예수님은 제자들의 생각과 소망을 바꾸실 뿐만 아니라 거룩한 뜻에 따라 살게 하신다. 지금 목회자로 섬기는 교회의 성도인 루크 (Luke)도 그랬다. 하나님은 이 청년의 생각과 갈망과 의지를 안으로부터 시작해서 바깥에 이르기까지 통째로 변화시키셨다.

대학에 다니던 시절, 루크는 그 또래들의 전형적인 라이프 스타일을 좇아 살았다. 하나님의 사랑을 들어서 알고 있기는 했지만, 알코올에 젖어 살면서 거룩한 음성 따위에는 최대한 신경을 쓰지 않으려 노력했다. 하지만 머지않아 막다른 골목에 부닥치고 말았다. 여태 추구해 왔던 세속적인 쾌락이 공허하고 시시하다는 걸 하나님의 은혜로 깨닫기에 이른 것이다. 어느 날, 젊은이는 그리스도를 통해 자신을 변화시켜 달라고 하나님께 부르짖었다. 그날 밤, 예수님은 루크를 죄에서 구원해 주셨다. 자신에 대해 죽고 그리스도 안에서 살게 된 것이다. 얼마 뒤엔 세례까지 받았다.

대학을 졸업하기가 무섭게 청년은 상당한 재력을 가진 성공한 기업인이 되었다. 아울러 예수님의 제자가 된다는 게 무얼 의미하는지에 대한 깨달음도 나날이 깊어졌다. 하루는 온 세상에 나가 하나님의 뜻을 드높여야 한다는 메시지를 전했는데, 얼마 지나지 않아 루크한테서 편지가 왔다. "하나님이 제 사업을 키워 주신 이유가 세상에 나가 거룩한 목적을 이루게 하는 데 있다는 사실을 이제야 확실히 깨달았습니다. 커다란 외제차를 몰고 다니거나 큰 집에 살며 갖가지 특권을 누리라고 주신 선물이 아니었습니다. 스스로 영광을 받으시기 위해 은총을 베푸셨던 겁니다."

세상을 향한 하나님의 뜻을 파악하기 시작하면서 젊은이는 하나님 말씀을 열심히 묵상하고 암송했다. 루크의 고백이 흥미롭다. "전에는 예배를 드리러 가면서도 성경책을 챙기지 않았는데, 지금은 하나님 말씀이 내 삶을 바꿔 가고 있습니다. 먼지를 뒤집어 쓴 채 굴러다니던 책을 이제는 일터를 비롯해 어디를 가든 들고 다닙니다. 주님을 아는 데 그치지 않고 따라가고 싶어서요."

청년은 금세 산상수훈(마태복음 5-7장)을 줄줄 외우게 되었다. "온갖 경영 서적과 세미나, 가슴 뛰는 강연 따위를 끝없이 찾던 마음이 깨끗이 사라지고, 하나님 말씀을 사모하는 갈망이 그 자리를 채우게 됐습니다. 지금은 구약성경을 통독하고 있어요. 구약과 신약이 맞아떨어지는 멋진 본문들을 보고 있노라면 말씀이 살아 움직이는 게 느껴져요. 날마다 소망으로 말씀을 보면서 주님 안에서 큰 격려를 받고 있어요. 예수님이 하루하루 소망을 변화시켜 주시는 게 보이는 것 같아요." 루크는 하나님 말씀을 스펀지처럼 빨아들이는 데 만족하지 않고 교회에서 가르치기 시작했다.

거룩한 음성을 들으려는 갈망이 커지면서 그리스도께 간구하고자 하는 열정도 한결 뜨거워졌다. 스티븐(Stephen)이란 친구와 더불어 그런 시간을 갖기로 했다는 소식을 전하면서 젊은이는 이렇게 말했다. "오늘 아침에 처음으로 함께 기도했어요. 와! 처음에는 그저 시간을 맞춰서 소그룹 식구들한테 받은 제목들을 차례차례 아뢰는 정도로만 생각했어요. 하지만 막상 뚜껑을 열고 보니까 하나님 앞에 우리 마음을 쏟아 내기에도 시간이 모자라서 다른 제목들을 들춰 볼 여유도 없었어요. 성령님의 임재가 너무도 강해서 그야말로 압도되는 기분이었습니다. 한 시간 반 동안 쉬지 않고 간구하고 나서 눈물범벅이 된 얼굴을 마주보며 얘기했어요. '세상이 어떻게 된 거 아냐?'"

언젠가는 비슷한 모임을 가진 뒤에 친구에게 글을 써 보냈다고 했다. "자네가 기도를 마치고 간 뒤에 '너희는 여호와의 선하심을 맛보아 알지어다. 그에게 피하는 자는 복이 있도다'(시 34:8)라고 하신 말씀이 떠오르더군. 맞아! 우린 방금 전에 주님의 선하심을 눈으로 확인하고 혀로 맛보았잖아." 루크와 대화를 나누다가 이런 이야기도 들었다. "오늘 아침에는 두 시간이나 기도하면서 하나님과 기가 막히도록 멋진 교제를 했어요. 그분이 얼마나 선하신지, 그리고 자녀들이 찾아와 간구하며 대화하기를 얼마나 기다리시는지 절절하게 깨달았어요. 주님은 제 마음에 다른 이들과 어울려 기도하고 싶은 소망뿐만 아니라, 쉬지 않고 범사를 아뢰려는 갈망까지 심어 주셨어요."

기도 생활이 지속되면서 정기적으로 금식하고 싶은 마음이 생겼다. 그때까지 단 한 번도 겪어 보지 못한 방식으로 하나님과 만나고 싶었던 것이다. 신체적으로 몇 끼니를 거르는 행위는 내면의 갈망을 드러내는 외적인 표현이었다. 음식을 물리치는 대신 문자 그대로 하나님 말씀을 배불리 먹는 잔치를 벌였다.

한편, 비즈니스 역시 승승장구 성장을 거듭했다. 그만큼 전국의 기업가들이 모이는 자리에 참석해서 강연을 해 달라는 요청도 잦아졌다. 조금 걱정스럽기는 했지만, 하나님이 그리스도를 소개할 기회를 주시는 줄 믿고 연설하는 내내 틈날 때마다 복음을 섞어 전했다. 연단에서 내려와 자리에 앉자, 행사를 주관한 매니저가 일부러 테이블까지 찾아와서 말했다. "루크 씨, 무슨 말씀인지 정확히 알아듣지 못했습니다. 좀 더 깊이 알고 싶습니다." 젊은이는 서슴없이 복음의 자초지종을 설명했다. 주변 좌석에 앉은 이들도 모두 귀를 기울였다. 설명을 마치고 루크가 물었다. "죄와 자신에서 돌이켜 예수님을 삶의 주인이자 구세주로 믿지 않으시겠어요?" 열 명이 넘는 이들이 지켜보고 있음에도 불구하고, 매니저는 그날 밤, 그 자리에서 그리스도의 제자가 되었다. 복음을 전한 청년 자신도 놀랄 일이었다.

지난 몇 년 동안, 루크는 하나님의 은혜에 힘입어 함께 일하는 동료들에게 집중적으로 예수님을 소개했으며, 그 가운데 더러는 주님을 믿기로 작정했다. 아울러 하늘 아버지께서 눈을 열어 영육의 시급한 필요를 보여 주시는 곳들을 찾아 세계 곳곳을 누비고 다녔다. 뭇 나라와 백성들을 향한 하나님의 마음을 직접 느끼고 체험하면서부터 자신과 가족, 비즈니스를 대하는 자세가 백팔십도 달라졌다. 아내와 함께 버려진 아이를 입양했다. 회사에서 수입이 나오는 대로 신체적으로든 영적으로든 굶주림에 시달리는 이들을 돌보는 일에 쏟아붓는다. 모든 민족으로 제자를 삼는 일에 평생을 드리고 싶은 소망이 간절하다.

하나님 앞에 무릎을 꿇고 크리스천이 된 날부터 지금까지, 루크는 급진적으로 변했다. 예수님은 사고방식과 갈망을 차근차근 바꿔 가는 과정을 통해 젊은이의 길을 거룩한 뜻에 맞추어 조정하셨다. 이제는 하나님의 말씀을 누리며 하늘 아버지의 뜻을 좇아 걷고 있다. 두 눈 가득한 기쁨과 가슴에 넘치는 열정을 잃어버리는 법이 없다. 한마디로 예수님을 따르는 길, 사람 낚는 어부 노릇을 그 무엇보다 좋아한다.

터닝 포인트를 경험하라

모든 제자들의 삶이 루크와 판박이처럼 똑같아야 한다는 뜻은 아니다. 도리어 정반대다. 그리스도는 인간 고유의 창의적인 능력을 사용하셔서 창조주께서는 다채로운 장소와 위치에서 갖가지 방식으로 거룩한 길을 걷게 하신다.

하지만 변치 않는 사실도 있다. 예수님을 향해 돌아서면 주님은 우리를 변화시키신다. 자신에 대해 죽으면 그분 안에서 살아가게 된다. 죄를 씻어 내고 성령으로 충만해진 새로운 심령을 주신다. 예전과 딴판인 생각과 사고방식을 주신다. 완전히 다른 소망과 새로운 갈망을 주신다. 백팔십도 변한 의지, 곧 새로운 생활 방식을 주신다.

예수님의 제자들을 향한 하나님의 뜻은 또 다른 제자를 삼는 일이다. 자녀들에게 기대하시는 하나님의 뜻을 파악하기 위해서라면 작고 여린 음성이 들려오거나, 우연한 일들이 되풀이되거나, 하늘에 초자연적인 기적이 펼쳐지길 기다릴 필요가 없다. 사실은 기다릴 이유가 없다. 매튜가 섬기는 무슬림 국가의 새내기 크리스천들처럼, 그리스도를 따르자마자 곧바로 사람을 낚기 시작하면 된다. 그렇게 할 때, 하나님의 뜻을 찾아다니는 게 아니라 온몸으로 경험하면서 큰 기쁨을 맛보게 된다. 한 걸음 더 나아가, 같은 목표를 이루기 위해 전심으로 헌신하는 형제자매들의 커다란 공동체의 식구가 될 것이다.

chapter 03

당신 자신이
거룩한 교회가 되라

예배당에는 옴짝달싹할 수 없을 만큼 많은 사람들이 들어찼다. 강사는 청중들을 쥐락펴락했다. "이제 머리를 숙이고 눈을 감으십시오." 말이 끝나기도 전에 다들 자세를 잡았다.

다음 말이 이어졌다. "오늘 밤, 하나님을 믿는 길로 여러분을 초청하고자 합니다. 오늘 밤, 난생처음 예수님과 개인적인 관계를 시작하시기 바랍니다. 확실히 해 둡시다. 교회에 다니라는 게 아닙니다. 그리스도 앞에 나오시라는 겁니다." 강사가 열정적으로 개인적인 결단을 호소하자, 수많은 이들이 우르르 자리에서 일어난다. 그리곤 중앙 통로를 따라 강단으로 걸어 나가서 그리스도께 헌신한다.

하지만 여기엔 문제가 있다. 잘못 알고 있는 부분이 있다는 얘기다. 강사는 교회와 별도로 그리스도만 따로 떼어 헌신하는 게 가능하다고 주장한다. 하지만 현실은 다르다. 그리스도를 따르면서 교회에 참여하지 않을 길은 없다. 스스로 크리스천이라고 말하면서 교회의 구성원으로 활발하게 움직이지 않는 이는 실제로는 그리스도의 제자가 아닐지도 모른다.

"교회라면 진저리가 나요"

어쩌면 수많은 이들의 귀에는 이단적인 얘기처럼 들릴 수도 있겠다. "교회에 다니는 게 구원의 조건이란 말입니까?"라고 묻고 싶을지도 모른다. 물론 그렇지 않다. 교회에 출석한다고 해서 크리스천이 되는 건 분명히 아니다.

그렇지만 스스로의 삶을 그리스도의 인격과 동일시한다는 건 곧 그분의 백성들과 삶을 함께한다는 의미다. 목숨 바쳐 하나님의 명령을 좇는다는 말은 주님이 세우신 교회에 생명이 다하도록 전념한다는 뜻이다. 따라서 그리스도를 가장으로 모신 가정에 온 마음을 쏟아 헌신하지 않으면서 예수님의 제자가 되는 건(제자를 삼는 건 고사하고) 성경적으로, 영적으로, 실질적으로 불가능하다.

하지만 그럴 수 있다고 믿고 그렇게 살아 보려 안간힘을 쓰는 이들이 얼마나 많은지 모른다. 심지어 일부 크리스천들 사이에서는 교회에서 적극적으로 움직이지 않는 자세를 성숙의 지표쯤으로 치부하는 분위기까지 보이는 게 오늘날의 현실이다. 그런 이들은 말한다. "예수님을 사랑하지만 교회라면 진저리가 나는 군요."

정말 그럴 수 있는 걸까?

교회는 그리스도의 신부라고 하지 않았던가? 누군가 이렇게 이야기한다고 생각해 보라. "당신을 사랑합니다. 하지만 진즉에 말씀드렸다시피, 사모님은 볼수록 넌더리가 납니다." 이런 소리를 칭찬으로 받아들일 수 있겠는가?

아울러 교회는 그리스도의 몸이라고도 했다. 아내가 "여보, 사랑해요. 하지만 당신의 몸은 지겨워 죽겠어요"라고 이야기한다면 어떤 기분이 들겠는가? 어느 면에서도 찬사처럼 들리지는 않는다.

자기를 희생하며 예수님의 신부를 사랑하지 않으면서 주님을 온전히 사랑할 수는 없는 법이다. 그리스도의 몸을 제쳐 두고 그분의 나머지 부분만 좋아하고 기꺼워한다는 건 터무니없는 얘기다. 다메섹으로 가던 사울에게 "사울아, 사울아 네가 어찌하여 나를 박해하느냐?"(행 9:4)고 물으셨던 걸 보면 예수님은 자신과 교회를 아예 하나로 여기셨음을 알 수 있다. 사울은 예수님을 직접 박해하지 않았다. 결국 주님 말씀의 핵심은 "크리스천들을 구박하면 곧 날 구박하는 것"이다.

그리스도께 나온다는 말은 교회의 일부가 된다는 뜻이다. 예수님을 따르는 이들은 그분의 가족으로 인정받는 특권을 누린다.

자기를 버림으로써 다른 이들을 위해 살게 되며 내면에서 그리스도가 행하시는 일들이 저마다 주위의 모든 크리스천들에게 영향을 미치기 시작한다. 이러한 사실을 인식하고 거룩한 백성들이 특별히 교회를 통해 누리도록 하나님이 미리 설계해 두신 관계를 체험하는 일은 제자가 되며 모든 민족으로 제자를 삼는 일의 핵심이다.

교회란 무엇인가?

안타깝게도 요즘은 크리스천이 된다는 말의 의미가 희석되었으며 교회가 된다는 말에 담긴 뜻 또한 왜곡되었다. 대다수 크리스천들은 물리적인 건물에 들락거릴 따름이다.

흔히들 "교회가 어디 있죠?"라든지 "어느 교회 다니세요?"라고 묻는다. 목회자들은 '교회'를 뜯어고치거나 다시 짓는데 수십억 원씩 쏟아붓기 일쑤다. 크리스천들은 해외 봉사 팀을 꾸리고 가난한 나라에 들어가 '교회'를 지어 준다. 이제 '교회'를 세운다는 얘기는 건물을 마련한다는 표현과 동의어가 되었다.

교회를 건물로 생각할 뿐만 아니라 거기서 제공하는 프로그램에 따라 교회를 분류하기도 한다. 여기는 유초등부 프로그램이 창의적인 교회고, 저기는 청소년 사역을 잘하는 교회며, 이곳은 가정 사역이 뛰어난 교회인데 비해, 저쪽은 이혼한 식구들을 따뜻하게 보살피는 교회라는 식이다. 나이나 인생의 여러 단계에 맞춘 프로그램을 중심으로 운영되는 교회도 허다하다.

교회를 빌딩이나 프로그램으로 여기고 출석하는 사고방식은 사람들을 '교회'로 끌어들이기 위해 고안한 고객 주도형, 또는 고객 중심의 마음가짐을 또렷이 드러낸다. 효과적이고 성공적인 '교회'를 만들자니 근사한 부지에 널찍한 주차장을 갖춰서 누구나 쉽게 접근할 수 있는 건물이 필요하다. 일단 손님들을 빌딩 안으로 끌어들이고 난 뒤에는 고객의 기대에 맞춘 어린이 프로그램, 입맛에 맞는 음악, 가려운 데를 살살 긁어 주는 설교가 뒤따라야 한다. 극단적으로 표현하자면, '교회'에 도착해서 수월하게 주차하고, 문을 열고 들어서자마자 로비에 준비된 따끈한 차 한 잔을 마시고, 특별 제작한 미끄럼틀이 기다리는 유치부와 예술이란 딱지를 붙여도 좋을 만한 오락 프로그램들이 수두룩한 청소년부에 아이들을 맡기고, 기량이 탁월한 밴드가 연주하는 음악을 감상하다가, 하고 싶은 얘기를 잘 버무려 오전 중에 마무리할 줄 아는 뛰어난 목회자의 감각적인 메시지를 즐길 수 있어야 한다.

하지만 이게 과연 하나님이 교회를 세우시면서 염두에 두셨던 일일까? 아니, 교회를 세우실 때 이런 요건들 가운데 단 하나라도 감안하셨을까? 요즘 크리스천들의 눈에는 교회를 건물로 여기는 게 당연해 보일지 모르지만, 신약성경을 기준으로 판단하자면 낯설기 짝이 없는 관념이다. 첫 장부터 끝 장까지 뒤지고 또 뒤져도 교회를 물리적인 건축물로 설명하는 구절은 어디에도 없다. 구성원들의 요구에 맞춘 프로그램 덩어리로 교회를 그리는 사례도 찾아볼 수 없다. 따라서 현대인들이 다니는 교회 가운데 상당수는 좋게 말해서 성경외적(하나님 말씀에 무언가를 더 보탠)이고 나쁘게 평가하자면 비성경적(하나님 말씀을 싸구려로 팔아넘긴)이다.

신약성경을 넘겨보면 전혀 다른 교회의 모습이 등장한다. 건물 대신 지체들로 구성된 몸, 자기를 버리고 그리스도 안에서 사는 형제자매들로 이뤄진 가정을 볼 수 있다. 크리스천들은 예수님의 죽음과 주님의 영, 복음과 거룩한 생명으로 한 몸이 된다(고전 10:16, 빌 1:5; 3:10, 요일 1:3-7). 성경적인 교회는 그저 프로그램에 참석하는 이들의 모임이 아니다. 하루하루, 한 주 한 주 그리스도의 생명을 서로 나누는 이들의 집합체다.

애당초 예수님과 제자들이 보여 준 관계도 그런 형태였다. 예수님은 열두 제자들을 사랑하고, 섬기고, 가르치고, 격려하고, 꾸짖어 바로잡고, 죽는 날까지 함께 다녔다. 세상에서 사역하시면서 다른 이들과 보낸 세월을 다 합친 것보다 더 많은 시간을 제자들에게 쏟으셨다. 한적한 길을 나란히 걷고, 한데 어울려 북적거리는 도시들을 찾아다녔으며, 다 같이 배에 올라 갈릴리 바다에서 물고기를 잡았고, 더불어 광야와 산에 들어가 기도했고, 함께 회당과 성전에서 하나님을 예배했다. 예수님은 이렇게 제자들에게 어떻게 살고 사랑해야 하는지 온몸으로 보여 주셨다.

아울러 신약성경은 그리스도를 따르는 이들이 어울려 살아가며 서로서로 세우는 장면을 보여 준다. 서로 돌보고, 서로 사랑하고, 서로 대접하고, 서로 받아들이고, 서로 섬기고, 서로 권면하고, 서로 용서하고, 서로 격려하고, 서로 존중하고, 서로 격려하고, 서로 위로하고, 기도하며 서로 죄를 고백하고, 서로 존경하고, 서로 덕을 세우고, 서로 가르치고, 서로 친절히 대하고, 서로 베풀고, 더불어 울며, 함께 기뻐하고, 서로 회복시키는 이들의 공동체로 교회를 묘사한다.[23]

이러한 '서로'들이 한데 어울려 그려내는 그림은 정교하게 짜맞춘 프로그램들로 가득한 건물에 모여드는 사람들이 아니라 자신의 삶을 내려놓고 서로 사랑하기로 작정하는 이들의 모습이다. 바울은 데살로니가 교회에 보낸 편지에서 자신과 실라, 디모데를 언급하며 "여러분이 주님 안에 굳게 서 있으면, 이제 우리가 살아 있는 셈"(살전 3:8, 새번역)이라고 했다. 세 명의 제자는 크리스천들이 그리스도 안에 굳게 서는 것을 보기 위해 자신들의 삶을 드렸던 것이다. 같은 이유로 바울은 빌립보의 크리스천들을 "나의 사랑하고 사모하는 형제들, 나의 기쁨이요 면류관인 사랑하는 자들"(빌 4:1)이라고 불렀다. 이처럼 교회는 서로 사랑하고 그리스도 안에서 서로 깊이 알며 성장하기를 사모하는 이들의 공동체를 가리킨다.

세상에 다시없는 독특한 공동체

이런 그림에 비춰 볼 때, 교회는 바깥 세계와는 전혀 다른 방식으로 공동체에 접근하고 있음을 알 수 있다. 흥미롭게도 예수님이 특별히 제자들에게만 교회에 관한 이야기를 들려주신 사례가 딱 두 차례 복음서에 기록되어 있다. 첫 번째는 마태복음 16장으로, "주는 그리스도시요 살아 계신 하나님의 아들"이라고 대답하는 베드로에게 예수님이 그 고백 위에 교회를 세우겠다고 이르시는 대목이다. 교회와 관련한 나머지 본문 하나는 두 장 뒤에 나타나는데, 교회의 징계와 회복을 가르치는 말씀이다. 주님은 죄에 빠져 헤매거나, 발목을 잡혔거나, 회개하지 않는 형제자매가 있으면 회피하지 말고 그리스도 앞으로 데리고 나오라고 하셨다. 예수님은 마태복음 18장에서 회복 절차를 설명하시면서, 죄인들이 끝내 뉘우치지 않는 경우, 필요하다면 교회에서 끊어 내라고까지 말씀하셨다(고전 5장).

성경은 크리스천들의 눈앞에 교회의 징계와 회복에 관한 예수님의 가르침을 불쑥 들이댄다. 이건 '거룩한 백성들이 지켜야 할 101가지 지침' 가운데 100번쯤에 해당하는 말씀이 아니다. 도리어 목록 가장 윗부분, 그리스도를 주로 고백하는 일 바로 다음으로 중요한 자리를 차지한다. 부대 조항이 아니라 기본 조항이다. 선택 사항이 아니라 필수 사항이다.

그럼에도 불구하고 오늘을 사는 크리스천들은 마치 선택 사항처럼 취급한다. 하나님이 보내신 경찰관이 눈을 부릅뜨고 돌아다니며 선을 넘는 이들을 색출한다는 식의 이미지를 떠올리며 마치 징계와 회복이란 개념에 무슨 문제가 있는 것처럼 생각한다. 온갖 구실을 만들어 가며 교회에서 징계를 행하는 걸 회피하고 있는 것이다.

더러는 율법주의적이라고 지적한다. 하나님의 은혜와 충돌한다는 얘기다. "비판을 받지 아니하려거든 비판하지 말라"고 하신 마태복음 7장 1절 말씀을 잊었느냐고 묻는다. '완벽'하고는 거리가 먼 삶을 사는 주제에 누가 누구의 잘못을 지적할 수 있느냐고 따진다. 예수님을 따르겠다고 찾아온 이들을 징계하기 시작하면 금세 교회를 나가 버리지 않겠는가? "죄인들을 꾸짖어 바로잡는 교회"라는 선전 문구를 내걸고서야 어떻게 성장을 기대할 수 있겠는가?

얼마 전에 동료 목회자와 함께 점심을 먹으면서 브룩힐즈 교회에서는 어떤 절차를 거쳐 식구들을 징계하고 회복시키는지 들려주었다. 이야기를 다 듣고 난 친구가 말했다. "와, 정말 멋진 일일세. 그럴 리가 없겠지만 며칠 뒤에도 목사 자리에서 쫓겨나지 않으면 전화 한 번 주게나."

하나님의 은혜로 여태 자리를 지키고 있다. 아울러 징계와 회복 과정을 제대로 밟으려면 아직도 갈 길이 멀지만, 그리스도의 제자들과 예수의 이름을 부르는 교회마다 이 절차가 반드시

03 당신 자신이 거룩한 교회가 되라

필요하다는 사실을 그 어느 때보다 확실히 믿는다. 물론, 부당하게 처리하면 율법주의에 빠질 가능성이 높다. 하지만 성경적으로 다루면 교회의 징계와 회복은 세상을 향한 하나님의 사랑을 가장 선명하게 제시하는 표본이 될 것이다.

의자에 편안하게 등을 기대고 앉아서, "어디 보자, 하나님과 저이들 사이에 무슨 일이 있었던 거지? 음, 죄를 지었군. 스스로 결정한 일이니까 알아서 책임지면 되겠네"라고 말하는 게 이 시대의 가장 쉽고, 보편적이며, 인기 있는 징계 방식이다. 그렇지만 주님이 우리에게도 이렇게 반응하신다면 어떻겠는가? 잘못을 저질렀음에도 불구하고 끝까지 포기하지 않으시고 파멸에 이르지 않도록 수렁에서 끌어내 주시는 편이 더 기쁘고 감사하지 않겠는가? 세상을 사는 동안 우리를 지극히 사랑해서, 죄에 빠져 멸망에 이르는 길을 걸을 때마다 조심하라고 소리를 질러 주는 친구들이 있으면 좋겠다고 생각지 않는가?

디트리히 본회퍼(Dietrich Bonhoeffer)는 말했다. "다른 이들의 죄를 눈감아 주는 무른 마음만큼 잔인한 행위는 없다. 또한 죄의 길에서 돌이키라고 형제를 부르는 준엄한 꾸지람만큼 긍휼한 행동도 없다."[24] 고전이 된 저서 「나를 따르라」(The Cost of Discipleship)에서 본회퍼는 당시 교회에 가득했던 편안한 신앙을 지적하고 그리스도를 따른다는 말의 참뜻으로 돌아가자고 호소했다. 죄인들을 향한 하나님의 사랑과 은혜, 용서의 고귀함을 일깨우면서 죄를 가볍게 다루는 교회의 태도 탓에 싸구려 취급을 받게 해선 안 된다고 못 박았다.

교회가 죄의 엄중한 실체와 마주하기를 거부하면, 용서를 말해도 믿음을 얻지 못한다. 그러한 교회는 거룩한 신뢰를 짓밟는 죄를 저지르고 복음에 합당치 않게 행하는 셈이다. 하나님의 용서라는 값진 보물을 함부로 낭비해 버리는 불경스러운 교회다. 인간의 죄성이 선한 행위까지 감염시킨다는 정도의 포괄적인 말로 꾸짖는 것만 가지고는 부족하다. 구체적인 죄를 지목하고 책망하고 정죄하는 게 필요하다. … 교회가 징계를 행하는 건 거룩함을 위해, 죄인을 위해, 그리고 교회 자체를 위해 없어서는 안 될 일이다. 교회가 복음에 합당하게 행한다면 마땅히 징계도 의무의 일부라고 주장해야 한다. 성화는 세상으로부터 교회를 구별해 낼 뿐만 아니라 교회에서 세상을 몰아낸다는 뜻이기도 하다.

하지만 징계의 목적은 완전한 공동체가 아니라 진실로 죄를 사해 주시는 하나님의 자비로우심에 기대어 사는 이들로 구성된 공동체를 세우는 데 있다. 교회 안에서 행하는 징계는 하나님의 고귀한 은혜를 뒷받침하는 도구다.[25]

하나님은 길을 잃고 방황하는 자녀들을 두루 찾아다니는 은혜로운 아버지시다. 따라서 죄에 빠진 형제자매를 보살피는 일이야말로 주님의 은혜를 되비쳐 보여 주는 행동이다.

더러 마태복음 7장 1절을 거론하는 이들이 있지만 5절까지 계속해서 읽으면 전모를 알 수 있다. 제자들에게 "남의 눈 속에 있는 티는 보면서, 네 눈 속에 있는 들보는 깨닫지 못하느냐?"(마 7:3, 새번역)라고 반문하신 예수님은 곧바로 "먼저 네 눈에서 들보를 빼내어라. 그래야 네 눈이 잘 보여서, 남의 눈 속에 있는 티를 빼 줄 수 있을 것"(마 7:5, 새번역)이라고 하셨다. 인간을 판단하는 궁극적인 권세를 가지신 분은 분명히 하나님뿐이다. 하지만 마태복음 7장 5절에서, 예수님은 제자들에게 저마다 삶에서 죄를 제거하고 나면 다른 이들이 죄를 몰아내는 걸 도울 수 있다고 말씀하신다. 형제자매들이 죄 속으로 점점 빠져 들어가는 중이라면 "어쩌겠어, 나도 누굴 판단할 입장이 아닌걸!"라는 말만 되뇌어서는 안 된다.

약점이 있고 죄를 따라가려는 성향이 있음을 잘 알기에 개인적으로 가까운 이들에게 틈틈이 부탁해 둔다. "혹시라도 죄의 길을 걷거나, 거기에 발목을 잡히거나, 그쪽으로 끌려가는 걸 보거든, 고상하고 신령한 말로 변명할 생각 말고, 제발 잡아채서 끌어내 주세요."

고린도전서 5장을 보면, 당시 교회 안에 성적으로 역겨운(어머니와 동침하는) 죄를 짓고 회개하지 않은 이들이 들어와 있었음을 알 수 있다. 바울은 고린도 교회에 보낸 편지에서 저들의 죄를 지적하고 그래도 회개하지 않고 버틸 경우, 온 교회가 나서서 쫓아내라고 했다. 본문에서 유난히 눈을 끄는 대목은 하나님이 잘못을 저지른 이의 죄를 교회 구성원들에게 묻고 계신다는 점이다. 성적으로 문란한 행동을 하지는 않았지만 교회 안에서 구체적으로 언급하지 않고 침묵했던 책임이 있었던 것이다.

바울의 가르침은 크리스천의 일반적인 통념과 정면으로 대치한다. 대개는 지극히 개인적인 시각으로 죄를 바라본다. 속으로, 또는 서로 "죄는 각자 해결해야 할 본인의 문제야"라고 말한다. 바울은 그렇게 생각하는 고린도 교회 식구들을 통렬하게 꾸짖었다. 개인적으로 저지른 죄일지라도 온 교회의 문제라는 것이다.

이러한 사실은 교회의 식구가 된다는 건 일주일에 한 번씩 누군지 알 수 없는 이들과 나란히 서서 찬송을 부른다는 뜻이 아니다. 교회의 구성원이 된다는 말은 주위의 형제자매들을 도와서 예수님의 제자로 성장시킬 책임을 진다는 뜻이다. 다른 식구들 역시 이편을 도와줄 의무가 있다. 하루하루 죄에 찌든 세상에서 힘겹게 싸우며 그리스도를 따르는 제자들에게는 서로가 절실하게 필요할 수밖에 없다.

하지만 그리스도가 말씀을 좇아 징계를 행하기 시작하면 교회를 떠나거나 피하는 이들이 생기지는 않을까? 그럴 수도 있다. 하지만 교회는 인간이 아닌 그리스도의 몸으로 성장해야 한다는 점을 잊지 말라. 목회하는 교회로 더 많은 이들을 끌어들일 방도를 찾자면 열 손가락이 모자랄 것이다. 덜 딱딱한 메시지를 전하고, 멋진 대중음악을 연주하고, 돈을 나눠 주고, 성에 관한 강좌를 줄지어 여는 것도 괜찮고, 단번에 마음을 사로잡을 만한 획기적인 프로그램으로 유혹해도 좋다. 교회의 시간과 자원을 스스로 최선이라고 믿는 일에 투입할 수도 있고, 하나님이 최선의 길을 아신다고 믿고 거기에 쏟아부을 수도 있다.

그러나 마태복음 18장 말씀을 대할 때마다 어째서 예수님은 교회에 대해 가르치시면서 따뜻하고 훈훈한 환경을 만들라는 게 아니라, 죄와 단순명료하고 공개적이며 심각하게 죄에 맞서는 공동체를 꾸미라는 말씀부터 하셨는지 되새긴다.

아울러, 예루살렘에서 교회가 막 움트던 시기에 공동체 구성원이었던 부부를 실질적으로 처단하다시피 하셨던 사건도 수없이 곱씹게 된다. 사도행전 5장을 찬찬히 읽어 보라. 교회가 들불처럼 번져 나가고 수천 명이 단번에 그리스도께 회심하던 시기에 아나니아와 삽비라는 하나님 앞에서 정직하지 못했던 까닭에 돌연히 목숨을 잃고 말았다. 누가 봐도 확실한 징계였다. 하나님은 교회에 스며든 죄를 직접 다스리셨다. 어떤 결과가 뒤따랐을지 상상해 보라. 예배를 드리다 누군가 죽어 나간다면 새 신자든 이왕에 믿던 이들이든 교회로 이끌기가 쉽지 않을 것이다.

처음 이 이야기를 보았을 때는 대단히 의아했다. '하나님이 왜 그러신 거지? 교회가 성장하지 못하도록 막고 계신가?'

하지만 곧이어 사도행전 5장 13-14절을 읽으면서 본문의 내용에 큰 충격을 받았다. 아나니아와 삽비라가 숨진 직후의 상황을 누가는 이렇게 적었다. "다른 사람들은 누구 하나, 감히 그들의 모임에 끼어들지 못하였다. 그러나 백성은 그들을 칭찬하였다. 믿는 사람들이 더욱 늘어나면서, 주님께로 나아오니, 남녀 신도들이 큰 무리를 이루게 되었다"(새번역). 이것이 바로 크리스천들의 거룩함을 통해 교회를 성장시키는 주님의 방법이다. 하나님은 그분의 의를 드러내고 거룩함을 드높이는 사명을 진지하게 인식하는 제자들을 길러 내는 방식으로 교회를 키워 가신다.

거룩한 삶에 헌신해야 한다는 사실을 교회 구성원들에게 숨기거나 공동체 안에서 죄의 심각성을 거론하는 걸 막아야 더 많은 이들을 끌어들기 쉽다는 황당한 거짓말에 속아 넘어가선 안 된다. 그렇게 하면 교인을 확보하는 데는 유리할지 모르지만 교회의 특질을 잃고 말 것이다. 사람들을 끌어모으는 건 누구라도 할 수 있지만, 교회는 본질적으로 다르다.

인류 역사가 시작된 순간부터 지금까지, 하나님은 거룩한 은혜로 온전히 성별되고 순전해져서 오로지 하나님 한 분께만 순종하며 그 뜻을 거역한다는 생각만으로도 두려움에 사로잡히는 백성을 불러 모으신다. 죄가 얼마나 위험하고 끔찍한지 알고 심각하게 받아들여서 서로 도와가며 순간순간 틈을 노리는 악을 물리치는 자녀들을 찾으신다. 하나님은 세상의 시선이 집중된 가운데 주님의 위대하심과 거룩하심, 놀라운 능력과 순전하심을 드러낼 백성들을 구별하시고 그들을 통해 창조주의 성품을 보여 주기로 작정하셨다(특히 겔 36:22-23, 벧전 2:9을 보라).

어떤 이들은 묻는다. "징계라뇨? 그럼 은혜는 어디로 간 거죠?" 확실하게 답할 수 있다. 하나님의 은혜는 교회가 행하는 징계의 핵심이다. 크리스천은 예수님의 제자가 되는 순간, 자신과 사랑하는 이들의 삶에 자리 잡은 죄에 무관심한 태도를 버려야 한다. 알다시피, 그리스도는 단번에 영원히 인류의 죗값을 치르셨다. 따라서 주님의 죽음을 지극히 소중한 보물로 인식해야 한다. 삶에, 또는 교회에 똬리를 튼 죄를 묵과하는 행위는 예수님의 희생을 짓밟는 짓이나 다름없다. 크리스천이 좇는 그리스도는 그저 죄를 눈감아 주시는 분이 아니라 죄를 말끔히 씻어 주시는 구세주시다. 예수님의 죽음을 귀하게 여긴다면 교회 안에 숨어든 죄를 심각하게 받아들여야 한다.

언제부터인가 교회들이 성장이란 명분을 앞세워 그리스도의 명령을 무시해 왔다. 마치 사람들을 교회로 끌어들이는 데는 요란한 구호나 창의적인 프로그램만한 게 없다는 듯, 마태복음 18장이나 사도행전 5장, 고린도전서 5장 같은 본문들을 애써 외면했다. 결국, 오늘날 기독교 세계에서는 더할 나위 없이 번듯한 예배당과 비할 데 없이 감동적인 예배를 인도할 줄 아는 가장 선구적인 목회자가 성장의 보증수표로 통하기에 이르렀다. 지금이야말로 그런 착각을 뜯어고칠 때다. 크고도 거룩하신 우주의 하나님만이 교회의 성장을 보증하신다. 그분을 피 값으로 구속하신 백성들을 정결케 하셔서 죄인들이 그 모습을 보고 주께 나오게 하는 불가사의한 방식으로 영광을 드러내신다.

애인을 갈아 치우듯 교회를 바꾼다?

교회는 서로 깊은 관심을 품고 죄를 찾아 꾸짖으며 회복시켜 그리스도 안에 머물도록 이끌어 주는 크리스천들의 공동체다. 그렇지만 그처럼 철저하게 삶을 나누는 걸 썩 내켜 하지 않는 게 오늘의 현실이다. 그러다 보니 요즘 크리스천들은 교회의 의미 있는 구성원으로 헌신하는 속도가 매우 더딘 편이다.

고등학교에 들어갔을 무렵에만 하더라도 내편에서 적극적으로 관계를 맺어 가는 스타일이 아니었다. 사실대로 말하자면 단한 번도 그래 본 적이 없었다. 하지만 캠프에 참가했다가 한 여학생을 만나면서 얘기가 달라졌다. 그 여학생이 나를 귀엽게 생각한다는 얘기가 돌고 돌아 내 귀에 들어왔다. 궁리가 많아졌다. '음…. 나더러 귀엽다는 아이가 있단 말이지. 그럼 어떻게 한다?' 어찌어찌 말을 걸고 이야기를 나누기 시작했다. 나중에는 용기를 내서 "친구들이랑 놀러 가는 데 같이 가지 않을래?"라고 묻기까지 했다. 하나님의 은혜로 승낙을 받아 낼 수 있었다.

우리는 데이트를 시작했다. 날마다 전화로 수다를 떨거나 여기저기 돌아다니면서 함께 시간을 보냈다. 한동안은 만사가 순조로웠다. 그러던 어느 날 밤, 날마다 전화기를 붙잡고 씨름하는 게 부질없다는 생각이 들었다. 관계를 지속하고 싶지 않았다. 그것 말고도 할 일이 많았다. 그래서 여학생을 불러 놓고 "너보다는 하나님과 가족들, 그리고 학교 공부가 더 중요하다"고 말해 버렸다. 그랬다. 분명히 공부를 들먹였다. 두말할 것도 없이, 평생 처음이자 마지막인 연애 경험은 오래가지 못했다.

그 여학생이 내 친한 친구와 데이트를 시작할 때까지는 그게 끝인 줄 알았다. 문득, '내가 무슨 짓을 한 거지?'란 후회가 밀려왔다. 다행히 며칠 지나지 않아서 그 아이를 다시 만나 깊이 알아볼 기회가 생겼고 곧 단짝이 됐으며 마침내 결혼에 성공했다. 신부가 처음 만나 말을 섞은 날부터 오래도록 참고 기다려 준 덕분이었다.

그렇다면 그리스도의 신부는 어떠한가? 연애하듯 교회를 다니는 게 유행이 되다시피 했다. 오죽했으면 조슈아 해리스(Joshua Harris)가 「교회, 그냥 다니지 마라」(Stop Dating the Church)는 멋진 책을 다 썼겠는가! '교회랑 데이트하기'란 소비자 지향적인 교회 시장의 산물로, 주일 아침에 드는 기분에 따라, 또는 또 다른 영적 체험을 찾아서 이번에는 이곳, 다음에는 저곳 식으로 교회를 갈아타는 행태를 이르는 말이다. 어딜 가나 크리스천들이 모이는 자리인 건 마찬가지고 모두가 세계 교회의 일부인데 굳이 한곳을 정해 두고 다닐 까닭이 무어란 말인가?

교회와 데이트를 하는 데는 여러 가지 이유가 있다. 현대인들은 독립적이고, 독자적이며, 자족적이어서 상호복종이라든지, 서로 책임을 지는 관계라든지, 상호의존 따위를 서툴러하며 심지어 겁내기도 한다. 게다가 우유부단하기까지 해서 정말 좋아하는 한곳을 결정하지 못해 애인을 갈아 치우듯 여기저기 떠돈다. 주일 아침마다 좋은 상품을 싼 값에 사려는 소비자의 자세를 가지고 교회를 쇼핑하러 다니는 것이다. 유리한 거래를 하려니 요모조모 비판적인 시각으로 교회를 바라볼 수밖에 없다. 들르는 교회마다 흠을 찾기에 바쁘고 설령 어느 한곳에 정착한다 하더라도 마음에 들지 않는 구석을 금방 짚어 낸다.

전반적으로는 무관심해지기 십상이다. 어느 교회에 등록하고 다니느냐가 그토록 큰 문제인가? 그런 건 그저 불필요한 절차에 불과하지 않은가? 스스로 크리스천이라고 고백하는 이들 가운데도 데이트하듯 교회를 다니는 게 왜 잘못인지, 한 교회를 정해 헌신하는 게 어째서 중요한지 전혀 모르는 이들이 수두룩하다.

다 그런 건 아니지만, 이런 사고방식이 뿌리를 내리기까지는 교회의 역할도 적지 않았다. 교회사를 훑어보면, 어느 교회에 소속되느냐가 크리스천들에게 대단히 중요한 의미를 가졌던 시절이 있었다. 하지만 이제는 형편이 달라졌다. 독자를 다 떨어버릴 작정이 아니라면 굳이 이 책에서 교회의 멤버십 문제를 다룰 필요가 없다고 보는 이들이 적지 않다. 오늘날에는 특정한 교회의 성도가 된다는 게 무의미해졌다고 주장할지도 모른다. 미국에서 규모가 크기로 다섯 손가락 안에 꼽히는 한 교단은 4만2천 개의 교회와 1천6백만 성도를 보유하고 있다고 으스댄다. 소속교회 전체를 통틀어 매주 출석 인원은 어림잡아 평균 6백만 명을 넘지 않는다. 그렇다면 나머지는 주일마다 몸이 아프기라도 하는 걸까? 이처럼 교회의 멤버십이 특별한 의미를 갖지 못하게 된 것만큼은 분명하다.

이러한 현실을 종합해 볼 때, 수많은 크리스천들이 한 교회에 등록 교인이 될 필요가 없다는 결론을 내린 듯하다. 하지만 성경에 비춰 보면 이는 크나큰 오류며 착각이다.

한 몸을 이룬 지역교회의 지체

신약성경은 시종일관 교회를 크리스천(또는 성도)들이라는 지체를 거느린 몸으로 설명한다. 고린도전서 12장에서만 하더라도 여러 차례 그리스도인들을 한 몸의 지체라고 일컫는다. "몸은 하나인데 많은 지체가 있고 몸의 지체가 많으나 한 몸임과 같이 그리스도도 그러하니라. 우리가…다 한 성령으로 세례를 받아 한 몸이 되었고…몸은 한 지체뿐만 아니요 여럿이니…이제 하나님이 그

원하시는 대로 지체를 각각 몸에 두셨으니…. 이제 지체는 많으나 몸은 하나라. … 너희는 그리스도의 몸이요 지체의 각 부분이라"(고전 12:12-27).

이쯤 되면 문득 이런 생각이 떠오를지 모른다. '것 봐! 크리스천은 너나없이 그리스도의 몸, 그러니까 예수님의 우주적인 몸을 이루는 지체라니까! 주님을 믿는 이들은 누구나 온 세상을 아우르는 그리스도의 한 부분이란 뜻이지.' 어김없는 사실이다. 그리스도를 신뢰하고 의지하는 이들은 누구든 온 세상의 제자들과 하나가 된다. 하지만 성경 말씀이 주는 가르침이 그뿐일까?

그렇지는 않은 듯하다. 성경은 보편적 교회를 자주 거론한다. 시대와 장소에 매이지 않고 모든 크리스천들을 가리키는 개념이다. 가령, 에베소서에서 바울은 보편적 교회를 아홉 군데에서 언급한다. 3장 20-21절만 해도 그렇다. "우리 가운데서 역사하시는 능력대로 우리가 구하거나 생각하는 모든 것에 더 넘치도록 능히 하실 이에게 교회 안에서와 그리스도 예수 안에서 영광이 대대로 영원무궁하기를 원하노라." 바울은 교회 안에서 하나가 된 모든 크리스천들로 인해 하나님이 대대로 영광을 받으시길 간구하고 있다. 이는 누가 봐도 명확한 사실이다.

하지만 성경에서 이처럼 보편적 교회를 이야기하는 경우는 지역교회를 언급하는 사례에 비해 대단히 드문 편이다. 신약성경에는 '교회'를 의미하는 '에클레시아(ekklesia)'라는 단어가 모두

03 당신 자신이 거룩한 교회가 되라

114차례 등장하는데, 그 가운데 적어도 90번은 구체적인 지역의 크리스천 공동체를 가리킨다. 예를 들어, 사도행전에는 '예루살렘 교회'(행 11:22), 고린도전서에는 '고린도에 있는 하나님의 교회'(고전 1:2), 갈라디아서에는 '갈라디아 여러 교회들'(갈 1:2)이 등장한다. 바울은 '데살로니가인의 교회'(살전 1:1, 살후 1:1)에 두 차례 편지를 보냈다. 가정집에서 모이는 교회에 대한 이야기도 심심찮게 볼 수 있다(롬 16:5, 골 4:15, 몬 1:2). 바울은 고린도전서 16장 19절에서 "아시아에 있는 교회들이 여러분에게 문안합니다. 아굴라와 브리스가와 그 집에 모이는 교회가 다 함께, 주님 안에서 진심으로 문안합니다"(새번역)라고 했다.

이처럼 일정한 장소에서 함께 모이는 지역교회들에 관한 기록은 보편적 교회의 일부라든지 세계 교회의 한 갈래라는 의미로 쓰인 적이 단 한 번도 없다는 점에서 대단히 흥미롭다. 바울은 '고린도에서 만나는 교회의 지체'라고 적지 않았다. 대신 '고린도에 있는 하나님의 교회'라고 했다. 신약성경은 시종일관 크리스천들이 각 지역에서 모여 그리스도의 몸을 이뤘음을 보여 준다. 보편적이고 우주적인 그리스도의 몸이 실체적이고 가시적인 형태로 표현된 공동체였다.

이러한 사실이 함축하는 의미는 명백하다. 성경 속의 크리스천들은 지역에 있는 그리스도의 몸과 하나가 되었다. 그리스도의 제자가 지역교회에 소속되지 않았다는 이야기는 신약성경 어디에서도 찾아볼 수 없다. 수많은 목회 서신들은 구체적인 지역의 교회와 한 몸이 된 크리스천들을 수신인으로 삼고 있다. 그러므로 신약성경을 제대로 읽어 낼 줄 아는 예수님의 제자라면 스스로 물어야 한다. "크리스천들이 모이는 여러 지역 공동체 가운데 어디에 들어가야 할까? 바울이 오늘을 사는 내게 편지를 보낸다면, '어느 교회에 속한 아무개'라고 날 불렀을까?"

교회를 향한 헌신

지역교회의 식구로 한 몸이 되는 건 크리스천의 삶에 큰 영향을 미치는 이루 말할 수 없이 중요한 요소다. 앞에서 살펴봤던 마태복음 18장 말씀을 다시 한 번 차근차근 짚어 보자.

> 네 형제가 죄를 범하거든 가서 너와 그 사람과만 상대하여 권고하라. 만일 들으면 네가 네 형제를 얻은 것이요 만일 듣지 않거든 한두 사람을 데리고 가서 두세 증인의 입으로 말마다 확증하게 하라. 만일 그들의 말도 듣지 않거든 교회에 말하고 교회의 말도 듣지 않거든 이방인과 세리와 같이 여기라(마 18:15-17).

'교회'에 관한 예수님의 말씀에 주목하라. 주님은 혹시 형제가 회개하지 않고 계속 죄에 머물기를 고집하면 온 세계를 아우르는 그리스도의 보편적 교회에 알려야 한다고 가르치지 않으신다. 대신, 그 형제가 소속된 지역교회에 보고하라고 말씀하셨다.

사도들도 마찬가지였다. 고린도교회의 사례에서 보듯, 바울은 "이 악한 사람은 너희 중에서 내쫓으라"(고전 5:13)고 했다. 형제를 교회에서 내보내라고 말하면서 바울은 멤버십을 명쾌하게 지적했다. 고린도 교회 안과 밖에 있는(고린도 교회의 구성원과 그렇지 않은) 이들 모두에게 '고린도 교회'에서 쫓겨난다는(교회의 멤버십을 잃는다는) 건 대단히 심각한 일이었다.

교회의 구성원이 되는 일의 중요성은 교회의 리더십을 가르치는 말씀에서도 여실히 드러난다. 히브리서 13장은 크리스천들에게 명령한다. "여러분의 지도자들의 말을 곧이듣고, 그들에게 복종하십시오. 그들은 여러분의 영혼을 지키는 사람들이요, 이 일을 장차 하나님께 보고드릴 사람들입니다. 그러므로 여러분은 그들이 기쁜 마음으로 이 일을 하게 하고, 탄식하면서 하지 않게 해 주십시오. 그들이 탄식하면서 일하는 것은 여러분에게 유익이 되지 못합니다"(히 13:17, 새번역). 본문은 두 방향에서 교회 멤버십의 중요성을 설명한다.

리더들에게는 하나님이 지역교회의 울타리 안에서 특정한 형제자매들을 보살피도록 맡기셨음을 상기시킨다. 개인적으로는 이 구절을 읽을 때마다 주님이 목회자인 내게 위임하신 크리스천들을 하나님 앞에서 부끄럽지 않도록 잘 돌봐야 한다는 부담감을 느낀다. 그렇다면 어디까지가 내 일인가? 그리스도의 보편적 교회에 속한 제자들 하나하나를 하나님 앞에서 모두 다 책임져야 하는가? 설령 그렇다손 치더라도 지금 목회하는 지역교회의 성도들을 대할 때와 똑같은 방식으로 아끼고 사랑하라는 건 분명히 아닐 것이다. 나는 그저 브룩힐즈 교회의 목사로 이 공동체에 속한 형제자매들의 심령을 살피는 특별한 의무와 책임을 하나님 앞에서 감당해야 한다는 사실에 날마다 마음이 낮아질 따름이다.

한편, 히브리서 13장 17절은 크리스천들에게 그리스도의 제자라면 리더들의 인도에 따라야 한다고 명령한다. 그렇다면 이 역시 그리스도의 보편적 교회에 속한 모든 지도자들에게 순종해야 한다는 뜻인가? 결단코 그렇지 않다. 저마다 속한 지역교회의 리더들에게 순종하라는 구체적인 가르침이다.

적잖은 크리스천들이 이 말씀을 불편해한다. '리더들의 말을 따르고 그 권위에 순종하라고?' '따르고'라든지 '순종' 같은 말을 듣자마자, 지휘권을 함부로 휘두르는 권위적인 지도자나 지위를 남용해서 뒤따르는 이들을 이용하려 드는 독단적인 리더를 떠올린다. 공금을 빼돌리거나, 성적으로 부도덕한 짓을 하거나, 하나님의 백성들을 희생해서 자만심을 채우기에 급급한 교회 지도자들의 이야기가 끊임없이 떠도는 걸 감안하면 그런 비난을 받아 마땅한 구석이 있다는 건 부인할 수 없는 사실이다. 안타깝게도 허다한 크리스천들이 그러한 이야기에 상처를 입거나 영향을 받고 있는 듯하다.

더 나아가, '순종'은 불평등을 전제로 하는 개념이라고 생각하는 이들이 많다. 복종하는 쪽은 열등하고 이끄는 쪽은 우월하다고 보는 심리다. 그러나 그건 말씀이 가르치는 순종이 아니다. 성경에는 아들이 아버지 하나님께 복종하고 독생자 예수님이 성령님을 보내는 모습이 자세히 기록되어 있다. 하지만 성부, 성자, 성령님은 동등하시다. 마찬가지로, 부모에게 순종하라는 권면 또한 자녀의 내재적 가치가 부모보다 못하다는 의미가 아니다.

성경은 권위의 남용이나 총체적인 불평등 대신 사심 없이 교회를 섬기는 리더상을 제시한다. 예수님은 제자들에게 "너희 중에 누구든지 으뜸이 되고자 하는 자는 모든 사람의 종이 되어야 하리라"(막 10:44)고 하셨다. 하나님 나라의 권위는 늘 섬김을 바닥에 깔고 있다(행 20장, 딤전 3:1-13, 딛 1:5-9, 벧전 5:1-5).

성경 말씀에 따르면, 교회의 지도자들은 그리스도의 종이며 자신의 사상이 아니라 하나님의 진리를 가르칠 책임이 있다. 히브리서 13장 7절 전반부는 "하나님의 말씀을 너희에게 일러 주고 너희를 인도하던 자들을" 생각하라고 말한다. 교회의 리더들은 말씀을 가르치는 범위 안에서만 권위를 갖는다. 그러기에 히브리서 기자는 "여러분의 지도자들의 말을 곧이듣고, 그들에게 복종하십시오"라고 했던 것이다. 지도자들이 교회에서 하나님의 말씀을 가르치고 있다면, 그리스도를 따르는 이들로서는 마땅히 거기에 순종해야 한다. 그래야 예수님께 복종할 수 있기 때문이다. 그러나 하나님의 말씀에서 벗어난 내용을 전하기 시작하는 순간, 리더들은 거룩한 백성을 인도할 권위를 잃어버리고 만다.

지도자들은 하나님의 말씀을 가르치는 데 그치지 않고 어떻게 행동으로 옮기는지 실제로 보여 주어야 한다. 히브리서 13장 7절 후반부는 "그들의 행실의 결말을 주의하여 보고 그들의 믿음을 본받으라"고 권면한다. 주님은 교회의 리더들에게 하나님의 말씀을 전할 뿐만 아니라 철저히 실천해서 그리스도를 따른다는 게 어떤 의미인지 보여 주는 모델이 되게 하셨다. 그런 점을 염두에 두고 보면, 디모데전서 3장과 디도서 1장에서 교회 지도자들에게 까다로운 조건을 요구하는 이유를 금방 이해할 수 있다. 적어도 리더라면 뭇 크리스천들이 그대로 따라 할 만한 본보기가 되어야 했던 것이다.

그렇다면 교회에 몸을 담고 신실하게 하나님의 말씀을 가르치고 주님의 성품을 삶으로 꾸준히 보여 주는 목회자들을 따라가는 편이 훨씬 유익하지 않겠는가? 두말할 것 없는 얘기다. 성경 말씀에 따르면, 이는 선택 사양이 아니라 필수 조건이다. 예수님의 제자들을 위해 하나님이 진즉에 설계해 두신 멋진 작품이기 때문이다.

신약성경이 지역교회의 지체가 되는 걸 얼마나 중요하게 여기는지 더 깊이 알아보려면, 지역교회를 섬길 지도자들을 선택하고 지명한다든지(행 6:2-6), 교회 안에 올바른 복음이 선포되도록 경계한다든지(갈 6:2-6, 딤후 4장), 선교사를 파송하는 일(행 13:1-3)들을 교회 구성원들이 어떻게 처리했는지 더듬어 보는 게 좋겠다. 그러나 어찌 됐든, 현대인의 개인주의와 교회의 소비자 상주의가 성경 말씀과 정면으로 충돌하는 시대를 사는 크리스천들은 스스로 물어야 한다. "지역교회의 활동적이고 책임감이 투철한 구성원으로 지역교회를 섬기고 있는가?"

단순히 교인 명부에 이름이 올랐는지, 또는 어느 교회에서든 주일예배를 드리고 있는지를 확인하자는 게 아니다. 하나님의 영광을 위해 성경적인 리더십을 좇아 다른 그리스도의 제자들과 더불어 서로 책임져 주며 삶을 나누고 있는지 점검해 보려는 것이다. 신약성경은 가볍게 데이트하듯 지역교회에 들락거리고 있다면, 하나님이 설계하신 크리스천의 삶과 전혀 다른 인생을 살고 있는 셈이라고 경고한다. 지역교회에 헌신하지 않고 그리스도를 따르는 건 불가능한 일이다.

지역교회를 통해 세계를 품는다

크리스천으로 살면서 교회에 속하기를 내켜 하지 않는 까닭은 무엇인가? 교회가 불완전하고 온갖 문제들을 끌어안고 있는 건 부인할 수 없는 사실이지만 자신의 탓은 아닐지 생각해 보았는가?

완벽한 교회를 찾아 들어갔는가? 그럼 그 순간부터 완전에 금이 가기 시작했는지도 모른다.

스스로 크리스천이라고 믿는다면 지역교회에 얼마나 헌신하고 있는지 되짚어 보라. 신약성경이 가르치는 대로 동료 크리스천들과 삶을 나누고 있는가? 서로 사랑하고, 서로 섬기고, 서로 보살피고, 죄에 빠지지 않도록 서로 경계하고, 필요하다면 서로 꾸짖어 회복시키는 관계를 맺고 있는가? 하나님의 말씀을 선명하게 가르치며 하나님의 성품을 성실하게 삶으로 보여 주는 선하고 경건한 목회자의 인도를 받으며 그리스도를 따르고 있는가?

이렇게 물을 때마다 한없이 부족하다는 느낌과 커다란 부담감을 갖게 된다. 목회자로서 하나님이 교회를 위해 얼마나 원대한 계획을 마련해 두셨는지 잘 알기 때문이다. 누구든 자기를 버리고 그리스도 안에서 살면 믿음의 가정을 이루고 형제자매로 함께 어울리게 된다. 식구들끼리 정기적으로 서로 만나 예배를 드리고, 사심 없이 서로 섬기며, 은혜롭게 서로를 지키며, 너그럽게 서로 베푼다. 그렇게 공동체를 이루고 살아가면서 자연스럽게 주님 안에서 서로 든든히 서 가는 걸 보게 된다.

뿐만 아니라, 교회의 울타리 안에서 서로를 위해 자신을 버리는 삶을 살아 냄으로써 세상 사람들에게 그리스도의 사랑을 드러낸다. 예수님은 제자들에게 말씀하셨다. "새 계명을 너희에게 주노니 서로 사랑하라. 내가 너희를 사랑한 것 같이 너희도 서로 사랑하라. 너희가 서로 사랑하면 이로써 모든 사람이 너희가 내 제자인 줄 알리라"(요 13:34-35). 크리스천들이 서로 돈독하게 사랑하면 세상도 예수님의 제자들을 알아볼 것이라는 뜻이다. 십자가를 지러 가시기 직전에 그리스도는 "아버지께서 내 안에, 내가 아버지 안에 있는 것 같이 그들도 다 하나가 되어 우리 안에 있게 하사 세상으로 아버지께서 나를 보내신 것을 믿게 하옵소서"(요 17:20-21)라고 기도했다.

성경 말씀에 따르면, 그리스도를 모르는 이들은 교회 공동체의 울타리 안에서 크리스천들이 어떤 삶을 사는지 지켜보면서 하나님이 과연 세상을 사랑하신다는 사실을 믿게 된다. 그리스도의 제자들이 저마다 교회에 헌신해야 할 또 다른 이유는 그래야 하나님의 영광이 세상에, 아니 그 너머까지 널리 알려지기 때문이다. 교회 안에서 크리스천들이 서로 연합하는 문제를 다루고 있는 에베소서에서 바울은 "교회로 말미암아 하늘에 있는 통치자들과 권세들에게 하나님의 각종 지혜를 알게 하려 하심"(엡 3:10)이라고 했다. 교회의 초상을 통해 그분의 위대한 성품을 천사들과 마귀들에게 동일하게 보여 주자는 게 하나님의 구상이다.

주님은 지난날 진노의 자식이었던 인간들을 사랑의 대상으로 변화시킬 계획을 가지고 계신다. 한 사람 한 사람에게 생명을 불어넣으시고, 죄를 용서하시며, 성령으로 충만하게 하실 뿐만 아니라, 거룩한 자녀들을 일으켜 세워서 그리스도와 함께 다스리게 하심으로써 한없이 지혜로우시고, 끝없이 사랑하시며, 전능하시고, 모든 민족들로부터 무한한 찬양을 받으시기에 합당하신 성품을 천군천사와 마귀들에게 영원토록 선포하신다.

그리스도를 따르는 이들이 교회의 구성원이 되어야 하는 궁극적인 이유가 여기에 있다. 예수님의 제자는 누구나 하나님의 영광을 사모하게 마련이다. '혼자서도 하나님의 영광을 드러낼 수 있잖아?'라고 생각할지 모르겠다. 거룩한 자녀들이 무슨 일을 하든지 하나님의 이름이 높임을 받는 것도 사실이다. 그러나 성경말씀은 '나'와 '너'가 아니라 '우리'일 때 그분의 영광이 가장 장엄하게 제시된다는 메시지를 분명하게 전한다. 하나님은 교회를 세우시고 하늘과 땅, 지하의 모든 피조물에게 말씀하신다. "이는 독생자의 피 값으로 사들여 내 백성으로 삼고, 내 권능을 베풀며, 거룩한 임재를 즐기게 하며, 영원히 나를 찬송하게 한 내 아들의 신부이자 그의 몸이다."

교회의 지체가 되는 건 특권이다. 그리스도께 나온다는 건 곧 거룩한 공동체의 식구가 된다는 뜻이다. 다시 한 번 말하지만, 그리스도를 가장으로 모신 가정에 온 마음을 쏟아 헌신하지 않으면서 예수님의 제자가 되는 건 성경적으로, 영적으로, 실질적으로 불가능하다. 지역교회를 중심으로 크리스천들이 손에 손을 잡고 한데 어울려 살아간다면, 하나님의 복음이 땅 끝까지 온 세상에 퍼져 나가는 걸 그 무엇으로도 막을 수 없을 것이다.

제자를 일으키라

chapter 04

너 제자여,
세상으로 달려가라

건물이나 주차장을 그리지 말고 행사나 프로그램을 떠올리지도 말라. 오로지 사람만을 생각하라. 50명이든, 백 명이든, 5백 명이든, 5천 명이든 그저 교회를 이루는 식구들을 상상해 보라.

　이번에는 죄와 반역, 고난과 고통으로 가득한 세상에서 살아가는 이들을 생각해 보라. 지구상에는 하루에 3천 원도 안 되는 돈으로 살아가는 남녀와 어린이가 30억 명에 이르며 그 가운데 10억 인구는 절대빈곤에 허덕이고 있다. 궁벽한 시골 마을과 도시의 빈민가에서는 수억을 헤아리는 목숨이 굶주리거나 얼마든지 예방할 수 있는 병에 걸려 죽어 간다. 그릇된 신앙을 지극정성으로 추구하는 이들 또한 수십억을 헤아리며, 단 한 번도 복음을 들어보지 못한 이들도 20억 명을 웃돈다. 다들 영원한 지옥으로 이어지는 길을 부지런히 걸어가고 있는 셈이다.

하지만 교회의 울타리 안에 있는 이들은 그리스도의 복음으로 변화되었다. 예수 그리스도가 십자가에서 돌아가시고 부활하셔서 인류를 죄에서 건져 주셨다는 사실을 가슴으로 안다. 오직 주님만이 영혼의 빈자리를 채워 주실 수 있음을 마음으로 맛보고 확인했다. 아집을 버리고 예수님이 가르쳐 주신 길을 가며 증인이 되어 땅 끝까지 복음을 전하고 싶어 한다. 하나님은 형제자매가 된 크리스천들에게 모든 민족으로 제자를 삼으라는 원대한 사명을 주셨다. 하나님은 자녀들 하나하나에게 성령의 권능을 덧입혀 주셔서 제각기 개인적으로 접근하든 다 같이 힘을 모아 집단적으로 다가서든, 뭇 민족들에게 복음을 전하게 하셨다.

그렇다면 생각해 보자. 교회(건물이나, 프로그램이나, 직원이나, 행사가 아니라 사람)가 있고 온 세상에 두루 복음을 전파해야 할 책임이 있다면, 이제 무슨 일부터 해야 할 것인가? 수십억 원을 끌어모아서 온 교인들이 모임을 가질 수 있는 건물을 세우겠는가? 탁월한 강사와 실력 있는 찬양사역자, 재주 많은 일꾼들을 총동원해서 아이부터 어른까지 식구들의 마음을 사로잡을 공연을 준비하거나 프로그램을 짜겠는가? 편안하고, 재미있고, 유쾌한 환경을 만드는 데 온갖 자원을 다 쏟아붓겠는가?

브룩힐즈는 물론이고 여러분이 출석하는 교회도 그렇지 않으리라고 믿는다. 하나님의 말씀을 진심으로 믿고 그분의 세계를 있는 그대로 보고 있다면 그럴 수가 없다.

복음과 상관없이 사는 이들이 수십억 명에 이르고 그 가운데 상당수는 아예 예수님의 이름을 들어 본 적도 없다는 사실을 안다면, 음식과 물이 없어서 굶어 죽는 이들의 숫자가 수억을 헤아린다는 걸 기억하고 있다면, 수십억 원씩 들여 예배당을 짓자는 소리는 차마 입 밖에 꺼내지 못할 것이다.

이미 살펴본 것처럼, 성경에는 예배를 드릴 집을 지으라는 말이 단 한 번도 나오지 않는다. 대신, 하나님의 백성이 곧 주님을 예배하는 성전이라고 가르친다. 신약성경 어디에서도 사람들이 찾아올 집을 지으라는 명령을 찾아볼 수 없다. 오히려 사람들에게 다가가는 일에 삶을 바치라고 말한다.

그뿐 아니다. 진정으로 말씀을 믿는다면 교회를 이끌어 가는 목회자들의 손에 사역을 다 맡겨 놓고 구경만 하지는 않을 것이다. 교회에 몸을 담는 순간, 성령님은 즉시 한 사람 한 사람에게 역사하셔서 거룩한 사역의 목표를 이뤄 갈 준비를 갖춰 주시기 때문이다. 똑같은 성령님이 수많은 이들 가운데 일하시는데 굳이 소수에게 맡겨 두고 구경만 할 이유가 어디에 있겠는가?

두말할 것도 없이 모두 함께 뛰어들어야 한다.

한 명도 방관자가 되어서는 안 된다. 가능한 빨리 흩어져서 최대한 많은 이들에게 복음의 기쁜 소식을 알려야 한다.

고달플 수도 있고 어쩌면 값비싼 대가를 치러야 할지도 모른다. 그러므로 흩어졌다가 주기적으로 다시 모여야 한다. 모임의

255

목적은 삶을 나누는 데 있다. 땅 끝까지 복음을 전파하는 과정에서 경험한 상처와 기쁨을 공유하자는 것이다. 서로 격려하고, 서로 가르치고, 더불어 예배하며, 서로 희생하며 섬긴 뒤에 다시 사방으로 퍼져 나가 더 많은 백성들에게 복음을 전파해야 한다. 저마다의 집에서 지역사회로, 여러 도시로, 수많은 나라들로 예수님의 복음이 퍼져 나갈 때까지 한 주 한 주, 한 해 한 해 이런 과정을 끊임없이 되풀이해야 한다.

교회가 막 싹을 틔우던 시절로 돌아가 보자.

고작 열두 명에 지나지 않는 조그만 무리가 "나를 따라오라 내가 너희를 사람을 낚는 어부가 되게 하리라"(마 4:19)는 일생일대의 초대를 받아들였다. 그리고 그날부터 예수님을 가까이서 지켜보고 말씀에 귀를 기울이면서 그분처럼 남들을 사랑하고, 가르치고, 섬기는 법을 배웠다. 그러던 어느 날, 예수님이 세상의 죄를 지고 십자가에 달려 돌아가셨다가 사흘 만에 부활하시는 걸 두 눈으로 똑똑히 목격했다. 주님은 제자들을 산허리에 불러 모으고 말씀하셨다. "하늘과 땅의 모든 권세를 내게 주셨으니 그러므로 너희는 가서 모든 민족을 제자로 삼아 아버지와 아들과 성령의 이름으로 세례를 베풀고 내가 너희에게 분부한 모든 것을 가르쳐 지키게 하라. 볼지어다. 내가 세상 끝날까지 너희와 항상 함께 있으리라"(마 28:18-20).

처음 제자로 부르실 때 하신 말씀처럼, 제자들은 이제 사람을 낚는 어부가 되었다. 주님의 권위 있는 명령은 열두 명 갈릴리 사람들의 마음에 뜨거운 불을 지폈다. 얼마 지나지 않아, 이들은 120명 남짓 되는 이들과 더불어 한 자리에 모여 예수님의 약속이 실현되길 기다렸다. 주님은 한 사람 한 사람에게 성령을 보내 주셨고 참석자들은 즉시 복음을 선포하기 시작했다. 곧바로 예루살렘과 유다와 사마리아를 넘어 땅 끝까지 퍼져 나갔으며 당대에 이미 출발 당시보다 그 규모가 4백 배 이상 커졌다.

어떻게 이런 일이 일어날 수 있었을까? 호화로운 건물과 흥미진진한 프로그램 덕일까? 제자들에게는 그런 게 전혀 없었다.

재주 있는 리더들 때문이었을까? 하나님이 누군가를 지명해서 이런저런 자리에 앉히시는 경우가 있는 건 사실이다. 하지만 사도행전을 보면, 복음이 급속도로 확산되어 나갔던 건 주로 평범한 이들의 활동 덕분이었음을 알 수 있다. 보통 사람들이 비범한 성령님의 권능을 받아 가는 곳마다 기쁜 소식을 선포했던 것이다. 최초로 복음을 들고 유다와 사마리아 지방으로 나갔던 이들은 무명의 크리스천들(사도들이 아니라)이었다. 훗날 이방인들을 대상으로 한 선교의 기지 구실을 했던 안디옥 교회를 세운 이들 역시 평범한 크리스천들이었다. 소아시아 전역에 복음의 씨앗을 퍼트린 주인공 또한 이름을 알 수 없는 예수님의 제자들이었다. 사도들의 발길이 닿지 않은 곳에서도 무수히 제자가 세워지고 교회가 확장되었다. 예수님의 복음은 화려한 언변을 자랑하는 강사들이 아니라 그리스도의 권능으로 변화된 삶을 살게 된 일반인들을 통해 퍼져 나갔다. 날이면 날마다 이 집 저 집 돌아다니고 장터를 누비거나 거리에 늘어선 가게들을 들락거리며 사람들을 인도해 예수님을 믿게 했던 것이다.

이것이 1세기에 복음이 세상에 두루 스며들어 간 경로였다. 자기를 부인하고 성령의 권능을 덧입은 예수님의 제자들이 두루 다니며 제자를 삼았던 것이다. 예수님의 제자들은 사람을 낚는 어부가 되었다. 제자들은 제자를 삼았다. 당시에 크리스천이라고 하면 예수를 믿고 교회에 다니는 무리가 아니라 가진 걸 다 버리고 예수님과 그분의 뜻을 좇는 이들을 뜻했다. 지상명령은 검토해 보고 선택할 사안이 아니라 무조건 따라야 할 명령이었다. 말로 다 할 수 없는 시험과 상상을 초월하는 박해를 받았음에도 불구하고 예수님과 더불어 하나님 나라를 확장하는 사역을 해 나가면서 한없는 기쁨을 누렸다.

그런 운동에 동참하고 싶다. 교회에 다니는 걸로 만족하는 안일한 신앙인들을 위해 커다란 예배당을 짓고 이런저런 프로그램이나 짜면서 인생을 낭비하기는 싫다. 변변찮은 재주와 불완전한 리더십을 중심으로 돌아가는 나만의 왕국을 건설하는 짓에도 관심이 없다. 하나님이 크리스천들에게 성령을 부어 주셔서 한 사람 한 사람을 통해 복음이 두루 전해지게 되길 원하신다는 사실을 굳게 믿는 이들 틈에 끼고 싶다. 장차 마주하게 될 나라의 보화를 바라보며 사는 까닭에 세상이 주는 즐거움과 욕구, 재물을 기꺼이 희생하는 이들과 더불어 지내고 싶다. 교회가 이웃으로, 여러 마을과 도시로, 마침내 뭇 나라들로 확장돼 가는 모습을 보고자 하는 영원한 열망에 사로잡혀 이 땅에 속한 야망과 야심을 주저 없이 내던지는 이들 가운데 머물고 싶다.

누구나 이런 움직임에 힘을 보탤 수 있다. 그리스도를 따르는 이들은 누구랄 것 없이 사람 낚는 어부들이다. 제자라면 모두가 제자 삼는 일꾼이다. 구경꾼 노릇은 이제 집어치워야 한다. 특별한 방식으로 온 세상에 복음을 전하는 평범한 시민이 되어야 한다. 다양한 재주를 가지고 다채로운 일을 하는 각계각층의 선남선녀들이 세계 각지와 온갖 영역으로 들어가 제자를 삼고 교회를 증식시켜야 한다. 이것이 교회를 위해 하나님이 마련해 두신 계획이며, 예수의 제자들은 반드시 그 설계도에 따라 살아야 한다.

바느질 하듯 복음을 새기라

기독교로 개종하는 걸 금지하고 있는 어느 나라를 함께 돌아보면 좋겠다. 이 중동 국가에서는 무슬림과 복음을 나누거나 이슬람 교도가 크리스천이 되는 행위 자체가 불법이다. 그렇다면 복음이 전혀 전해지지 않을 거라고 생각하는가? 감사하게도 그렇지 않다.

몇 안 되는 크리스천들이 거기서도 제자를 삼고 교회를 확산시키는 사역을 이어 가고 있다. 대단한 인물들은 아니다. 도리어 지극히 평범한 형제자매들이다. 고향을 지키며 생업을 잘 꾸려서 무슬림들을 종업원으로 고용한다. 분명한 목적의식을 가지고 사랑을 베풀며 그리스도 안에서 영원한 생명을 얻도록 최선을 다해 이끈다. 마태복음 28장 말씀에 따라 제자를 삼는, 단순하기 그지없는 전략이다.

이들은 복음을 나누기 시작한다. 의아스러울지도 모른다. '전도하는 게 법률 위반인데 어떻게 복음을 전한다는 거지?'

성령님이 중심에 계셔서 그리스도의 기쁜 소식을 전파하게 하신다는 걸 형제자매들은 잘 알고 있다. 따라서 그 무엇으로도 이들이 구세주에 관해 이야기하는 걸 막지 못한다. 그러지 않고는 견딜 수가 없기에 예수님을 소개할 따름이다. 하나님이 베푸신 은혜의 복음이 너무도 선하고 좋아서 도저히 가슴에 담아 두고 혼자만 즐길 수가 없는 까닭이다. 급진적으로 그리스도께 헌신한다는 의식조차 없다. 그저 주님의 제자라면 으레 사람 낚는 어부가 되어야 한다고 믿을 뿐이다.

그렇지만 복음을 나누는 방법만큼은 아주 슬기롭게 선택한다. 마치 한 땀 한 땀 바느질을 하듯, 무슬림들과 부딪히고 교차되는 순간순간을 놓치지 않고 조금씩 복음을 새기는 걸 목표로 삼는다. 만나서 대화하고, 흥정을 벌이고, 함께 밥을 먹을 때마다 하나님이 어떤 분이시며, 세상에서 무슨 일을 하고 계시고, 어떻게 사랑을 베푸시고, 특히 그리스도를 통해 인류를 위해 무슨 일을 행하셨는지 이야기할 틈을 노린다. 물론, 이야기를 나누는 족족 긴 시간을 들여 처음부터 끝까지 복음을 설명하는 건 아니다. 자연스럽게 상대와 어울리면서 한 올 한 올 다채로운 경로로 복음이 스며들어 가게 만든다. 자투리 천을 이어 붙여 커다란 보자기를 만드는 식이다. 형제자매들은 적절한 때가 이르면 하나님이 주위 사람들의 눈을 열어 주셔서 완성된 복음의 조각보를 보고 그리스도께 돌아오게 해 주시길 간절히 기도한다.

'복음의 바느질'을 하고 있는 모습을 지켜보고 있노라면 전도가 얼마나 자연스럽게(또는 초자연적으로) 이뤄지는지 입을 다물 수 없을 정도다. 형제자매들은 집에나 직장에서 아주 사소하고 일상적인 일을 하면서 하나님의 아들에 관한 소식과 성경에 담긴 진리의 말씀들을 절묘하게 소개한다. 언젠가 현지에 갔을 때는 마크(Mark)라는 현지인 형제가 무슬림인 가게 주인에게 그 주간에 예수님이 어떻게 삶을 인도하시고 가족들을 돌봐주셨는지 이야기하는 걸 들었다. 한 번은 어느 무슬림 가정에서 킴(Kim)이라는 현지인 자매가 저녁밥을 기다리면서 인류를 위해 베풀어 주신 하나님의 희생적인 사랑을 소개하는 장면을 보았다.

어느 늦은 밤에는 로버트(Robert)라는 현지인 형제가 한 무리의 남성들에게 그리스도가 하나님이심을 설명하는 자리에 함께

했다. 무슬림들은 그런 이야기를 신성모독이나 이슬람 교리에 대한 공격으로 받아들이므로, 이 대목에서 막혀 그리스도께 나오지 못하는 이들이 적지 않았다. 솔직히 말해서 불안하고 초조했다. 이미 말했다시피 복음을 전하는 걸 위법으로 여기는 나라였다. 시계 바늘은 벌써 새벽 두 시를 가리키고 있었다. 그렇게 야심한 시간에 이층집 옥상에 생전 처음 보는 무슬림들과 둘러앉아 논란을 불러일으키기 딱 알맞고 도발적인 데다가 상대방이 모욕적으로까지 받아들일 수 있는 주제를 두고 토론을 벌이고 있으니 그럴 수밖에 없었다.

하지만 모두가 마음을 열고 귀 기울여 이야기를 들었다. 마크나 킴, 로버트 같은 이들이 어떤 삶을 살고 있는지 다들 늘 지켜봐 온 까닭이었다. 쉽게 말하자면, 함께 거래하고 일하면서 쌓은 신뢰를 바탕으로 일종의 발언권 같은 걸 얻은 것 같았다. 형제자매들은 무슨 일을 하든 정직했고 더불어 일하는 이들을 존중했다. 서로 섬길 뿐만 아니라 주위 사람들까지 보살펴서 깊은 인상을 심어 주었다. 거느리는 직원이 어려운 일을 당하면 발 벗고 나서서 하나님의 사랑을 보여 주었다. 직장 동료가 병을 얻거나 궁핍한 상황에 몰리면 기도해 주어도 괜찮겠느냐고 물었다. 십중팔구는 고마워하며 제안을 받아들였다. 크리스천이 자신을 위해 예수님의 이름으로 기도하는 걸 보면서 무슬림들은 심경의 변화를 일으킨다. 그동안 마주칠 때마다 누누이 들어왔던 선하신 하나님 이야기가 거짓이 아니라는 걸 생생하게 확인한다.

그리고 마침내 그리스도를 믿기에 이른다. 마크와 킴, 로버트 같은 이들을 한쪽 구석으로 은밀하게 불러내서 예수님이 어떤 분이시고 어떻게 세상을 구원하셨다는 건지 소상하게 캐묻는다. 그렇게 하나하나 하나님은 직장 동료와 그 가족들, 친지와 친구들을 불러들이신다. 분명히 말하지만, 만사가 순조롭게 돌아가는 건 아니다. 많은 이들이 그리스도께 돌아올수록 위험 수위도 더 높아 간다.

복음을 전파하고 박해를 받는다고 할 때 흔히 놓치는 사실이 있다. 박해라고 하면 끔찍하게만 생각한다. 어느 모로 보든 두려운 일임에는 틀림이 없다. 하지만 핍박이 심해지는 건 그만큼 복음이 확산되고 있다는 반증이기도 하다. 어느 나라, 또는 어느 민족에 들어간 복음의 씨앗이 땅에 묻혀 싹을 틔우지 않는다면, 다시 말해 그리스도께 돌아오는 이가 전혀 없다면 아무도 기독교에 신경을 쓰지 않을 것이다. 복음이 두루 스며들고 사람들이 회심하고 예수님을 믿기 시작해야 비로소 기독교를 배척하는 사태가 벌어지는 법이다. 더러 궁금해하는 이들이 있을지 모른다. '그렇다면 일부러 핍박을 자초할 필요는 없지만 박해가 일어나길 기다려야 하는 게 아닐까?'

앞에서 말한 중동 국가에서는 기독교 신앙을 입에 올리는 게 위법이긴 하지만, 그리스도께 나온 형제자매들이 정작 신경 쓰는 건 종교법이나 경찰이 아니라 집안 식구들이나 동네 사람들이다. 이슬람 신앙을 버리고 예수님을 믿는 걸 가족과 친구들에게 수치를 안겨 주는 행위로 간주하는 분위기 때문이다. 결국 크리스천이 되자마자 집에서 쫓겨나거나 심하면 가문의 명예를 더럽혔다는 이유로 목숨을 잃기까지 한다.

그럼에도 불구하고 예수님을 따르면 어떤 저항에 직면하게 될지 빤히 알면서 그리스도를 믿고 주님 앞에 나오는 이들이 있다. 어찌 된 일일까? 마크와 킴, 로버트 같은 형제자매들이 삶으로 그려 내는 그리스도의 은혜와 사랑, 선하심과 구원이 워낙 감동적이고 압도적인 까닭이다.

게다가 마크와 킴, 로버트는 이처럼 새로이 그리스도를 믿게 된 이들을 그냥 버려 두지 않았다. 세례를 주고 무엇을 하든지 주님의 명령에 순종하는 법을 가르치는 일도 제자를 삼는 사역에 포함된다는 점을 누구보다 또렷이 인식하고 있다. 그래서 새로운 형제자매들이 나올 때마다 그리스도를 따른다는 게 무얼 의미하는지 정확하게 짚어 주고 삶의 현장에서 예수님의 명령을 따르도록 돕는다. 세례를 베풀고 교회의 새 식구로 맞아들인다. 전략적으로 서로 만나 예배를 드리고, 서로 격려하며, 서로 보살피는 등 성경이 '서로'를 붙여 주문하는 일들을 차근차근 하기 시작한다. 얼마 뒤부터는 새로운 형제자매들도 마크와 킴, 로버트에게서 보고 배운 대로 무슬림들에게 하나님의 은혜와 사랑을 나누는 일에 나선다. 모두가 힘을 모아 외부 세계의 크리스천들은 꿈조차 꾸지 못한 지역에서 오직 하나님만 영광을 받으실 수 있는 방법으로 제자를 삼고 교회를 확산시켜간다.

마크와 킴, 로버트처럼 한데 어울려 살며 제자를 삼고 교회를 세워 가는 일에 전념하는 그리스도의 평범한 제자들을 생각하면 의구심이 고개를 쳐든다. "크리스천이라면 다 그렇게 살아야 하는 게 아닐까? 어째서 그리스도를 따르는 세상 모든 이들의 삶에서 그와 비슷한 전략을 찾아볼 수 없는 걸까?"

두말할 것도 없이 삶의 현장과 환경은 제각기 다르다. 하지만 그게 도리어 장점이 될 수 있지 않을까? 하나님이 자녀들 하나하나에게 저마다 다른 목표를 주셔서 제각기 다른 지역에 살며, 다른 일을 하고, 다른 은사를 발휘해, 다른 이들을 제자로 삼고 교회를 확장해 가게 하시는 건 아닐까? 누구나 그런 삶을 살 수 있고 또 그래야 하는 건 아닐까?

복음의 조각보를 만드는 기쁨

어째서 마크와 킴, 로버트처럼 분명한 의도를 가지고 그리스도를 전하지 못하는가? 일상적으로 나누는 자투리 옷감 같은 대화를 기워서 복음의 조각보를 만들면 어떨까? 복음이란 무엇인가? 우주를 다스리시는 자비로우신 하나님이 죄에 빠져 소망 없이 살아가는 인류를 굽어보시고 독생자 예수님을 보내셨으며, 육신을 입은 하나님이신 그리스도로 하여금 십자가에서 하늘 아버지의 진노를 고스란히 지게 하셨고, 다시 살아나게 하심으로써 죄를 이기는 권능을 보이셔서 죄에서 돌이켜 그분을 의지하는 사람마다 하나님과 영원토록 화목하게 하셨다는 소식이 아닌가? 이처럼 복음에는 여러 측면, 또는 요소들이 있어서 누구나 정확하게 설명할 수 있다.

그리스도의 제자라면 하나님이 어떤 분이신지, 인간의 궁극적인 문제가 무엇인지, 예수님이 어떤 분이며 무슨 일을 하셨는지, 어떻게 해야 구원을 받을 수 있는지, 죄 사함을 받는 게 얼마나 중요한지 잘 알 것이다. 따라서 하나님의 성품, 인간의 죄성, 그리스도만으로 부족함이 없다는 사실, 믿음의 필요성, 영원한 세계가 임박한 현실 따위의 주제를 별 어려움 없이 일상적인 대화 속에 끌어들일 수 있다. 주위 사람들과 어울릴 때마다 이런 복음의 자투리 옷감을 이어 나가면서 하나님이 저들의 눈을 열어 아름답고 영광스러운 복음의 조각보를 내다보게 하시고 은혜의 기쁜 소식을 받아들이게 하시길 간구하자.

조금 구체적으로 들어가서, 가까이 지내는 이들에게 하나님 이야말로 열심히 알아 가고, 사랑하며, 예배할 만한 분이심을 지속적으로 이야기하자. 무신론자들처럼 주변 환경을 운이나 우연으로 돌리지 말고 아직 하나님을 모르는 이들 앞에서 일상생활을 통해 주님의 성품을 드러내 보여 주자. 가벼운 대화를 나누면서 하나님을 창조주요, 심판자시며, 구세주로 소개하자.

인간의 궁극적인 문제인 죄에 관해서도 비슷한 방식으로 다가서자. 자판기에서 커피를 뽑아 들고 한숨 돌리는 직장 동료에게 뚜벅뚜벅 걸어가서 다짜고짜 "자네는 죽을 수밖에 없는 끔찍한 죄인일세. 예수 믿고 구원을 받지 않으면 지옥에 떨어지고 말게야"라고 얘기하는 건 권장할 만한 접근 방식이 아니다. 상대방으로서는 그 터무니없는 상황에서 구원받고 싶은 마음만 간절해질 것이다. 아직 예수를 믿지 않는 이들 가운데는 자신에게 구원이 필요하다는 말을 몹시 불쾌하게 받아들이는 이들이 많다. 인간에게 내재된 죄의 심각성과 죄악과 고난, 병과 고통, 죽음이 지배하는 세상의 문제들을 겸손한 자세로 설명해 보자.

예수님의 인성과 그분이 날마다 행하시는 일들을 명확하면서도 정중하게 이야기하자. 어떤 삶을 사셨는지 들려주자. 어떤 병자들을 고쳐 주셨고, 어떤 가르침을 주셨으며, 무슨 기적을 일으키셨고, 사람들을 어떻게 섬기셨는지 나누자. 그리스도의 죽음에 대해 설명하자. 그리스도의 십자가를 마음 깊이 고마워하고 있다는 사실을 주위 사람들도 알고 있는가? 다음에는 예수님이 부활하셨음을 선포하자. 크리스천으로서 세상에서 온갖 어려움을 겪지만 아울러 깊은 소망을 품고 놀라운 기쁨을 누린다는 사실을 알려 주자. 크든 작든, 시련과 시험은 가까이서 지켜보는 이들에게 하나님이 삶 속에서 고통을 능가하는 만족을 주신다는 점을 온전히 보여 줄 수 있는 기회가 된다. "사는 것이 그리스도이시니, 죽는 것도 유익"이라는 점을 깨달아 아는 크리스천은 당당하게 암을 말하고 밝은 얼굴로 죽음을 거론할 수 있다.

이보다 더 주요한 이야깃거리가 또 있을까? 예수님을 모르는 이들과 나누면서도 날마다 날씨나 음식, 스포츠 기사만 들먹거리다 마는 경우가 얼마나 많은가! 평생을 좌우할 만큼 중대한 화제를 대화 속에 끌어들일 필요가 있다. 삶을 통틀어 이보다 더 값진 게 어디에 있겠는가! 우주를 다스리시는 하나님이 한 사람 한 사람을 사랑하셔서 자신을 알려 주시고 죄에서 영영히 구원해 주시길 간절히 바라신다는 걸 알려 주는 일보다 더 중요한 게 무엇이겠는가! 상대방이 죄에서 돌이켜 그리스도를 구주로 믿고 의지하는 순간 인생이 달라지고 영원한 삶을 향하게 되는 걸 눈앞에서 지켜보는 감격을 무엇과 바꿀 수 있겠는가! 오늘 몇 마디 이야기를 들려준 결과, 한 인간의(또는 장차 그가 만나게 될 수많은 이들의) 삶이 완전히 달라져서 수백억 년이 지난 뒤에도 한결같이 이어진다니 얼마나 감격스러운가!

오늘날 크리스천들은 이메일이나 페이스북, 트위터 등의 미디어를 통해 천국, 또는 지옥에서 영원토록 살게 될 이들과 커뮤니케이션하고 있다. 영원한 삶을 가를 중대사를 아직 해결하지 못한 이들이 수두룩한데 쓸데없는 잡담이나 주고받으며 시간을

낭비하기엔 인생이 너무 짧다고 생각지 않는가? 내일을 장담할
수 없는 게 인간이다. 그러므로 일상적으로 나누는 대화 속에서
자투리 옷감을 이어 복음의 조각보를 만들라. 쉽지는 않겠지만
영원한 생명을 위해서라면 그만한 고통쯤은 얼마든지 감수할 필
요가 있다.

영적 기도문의 함정을 주의하라

자투리 옷감을 꿰매서 복음의 조각보를 짓는 그리스도의 제자들
은 자기를 버리고 죄에서 돌이켜 예수님을 구세주로 받아들이도
록 가까운 이들을 초청할 틈을 부지런히 엿본다. 복음을 들려주
는 데 그치지 않고 거기에 반응하게 이끄는 것이다. 중동 국가에
서든 서방세계의 어느 사무실에서든, 회개하고 주님을 믿으라고
초청하는 건 담대한 용기가 필요할 만큼 힘들고 불편한 일이다.
하지만 성경적인 명령이라는 데는 의문의 여지가 없다.

잊지 말라. 특정한 기도문을 따라 외도록 시키는 게 목표가
아니다. 기도가 복음에 대한 적절하고도 성경적인 반응임은 분
명하다. 바울의 말처럼 "주님의 이름을 부르는 사람은 누구든지
구원을 얻을 것"(롬 10:13, 새번역)이다. 본문 말씀(다른 구절들과 아울
러)을 바탕으로 구원을 경험하도록 이끄는 다양한 기도문들이 등
장했다. 이른바 '영접기도문'이다. 이런 기도문들이 본질적으로

잘못되었다고 볼 근거는 없으며 많은 이들을 회심시키는 데 중요한 도구가 되었음도 부인할 수 없는 사실이다. 빌리 그레이엄부터 빌 브라이트에 이르기까지 수많은 전도자들이 이런 '영접기도문'을 활용해 사람들을 그리스도께 인도했다. 그렇지만 특정한 기도문을 따라 외길 권유하는 것보다 더 중요한 과제는 제각기 스스로의 삶을 포기하고 그리스도 안에서 새 생명을 찾는 일이다.

여러 가지 이유로, '영접기도문'과 관련해 성경적인 입장을 분명히 하는 게 좋겠다는 생각이 들었다. 우선, 요즘 흔히 사용하는 '영접기도문'들은 성경은 물론이고 교회사에서도 비슷한 사례를 찾아보기 어렵다. 성경에는 누군가가 나서서 "머리를 숙이고 눈을 감으십시오. 이제부터 제가 기도하는 대로 한 마디씩 따라하십시오"라고 말한 뒤에 특정한 기도문을 외우거나 낭독했던 경우가 단 한 번도 없었다.

뿐만 아니라, '영접기도문'을 사용하면 건전하지 못한 틀에 갇힐 수도 있다. 무슨 작정서 같은 걸 써야 하나님 앞에서 의로워지며 영원한 삶을 보장받는 것처럼 생각하는 이들과 수없이 맞닥뜨린다. 하지만 질문지에 '예' 또는 '아니요'를 체크해서 제출하는 건 구원의 조건이 아니다. 인간은 오직 은혜로, 오직 그리스도를 믿는 믿음으로 구원을 받을 뿐이다. 그처럼 영혼을 구하는 믿음은 반행위적이다(에베소서 2장 9절은 "행위에서 난 것이 아니니 이는 누구든지 자랑하지 못하게 함이라"고 단호하게 못 박는다). 따라서 특정한 행동(또는 말)이 하나님 앞에서 의롭다 인정을 받을 자격을 주는 듯한 분위기를 풍기지 않도록 조심할 필요가 있다.

아울러 요즘 기독교 세계에서는 '영접기도문'이 남용되는 사례도 적지 않다. 복음에 대한 정확한 이해 없이 앵무새처럼 기도문을 복창하거나, 구원을 확실히 하기 위해 '기도문을 외는' 행위를 여러 번 되풀이하거나, 그리스도를 따르는 대가를 치르려 하지 않으면서 다만 '기도문을 외는' 데에만 집착하는 경우가 허다하다. 개인적으로도 그런 경험이 있다. 어려서는, 아니 십대시절에도 한밤중에 자리에 누워 과연 구원을 받았는지 의심할 때가 있었다. 그렇게 회의가 찾아오면 늘 생각했다. '그래, 영접기도를 다시 드려야겠어. 이번엔 제대로 기도해야지. 그럼 구원받았다는 확신이 들 거야.' 국내든 해외든, 어린이를 대상으로 하든 청소년이나 성인을 겨냥하든, 기도문을 따라 외라거나 손을 들라고 초청하는 식의 초청이 이뤄지는 자리에서는 어김없이 이런 식의 남용 사례를 마주한다. 선한 의도에서 시작된 일임에도 불구하고 신학적으로는 인본주의적이고 실제로는 조작적이다. 지금 담임하는 교회의 성도들 가운데도 인생의 어느 시점에서 '영접기도'를 드리고 구원을 얻은 줄 알았다가 나중에 진정으로 구속받은 게 아니라는 걸 깨닫는 남용의 피해자가 적지 않다.

마지막으로, '영접기도'를 드리는 행위가 구원을 확신하는 건강치못한 근거로 쓰이는 일이 잦다는 점이다. "일단 그 기도문에

271

따라 기도했으면 영원토록 변함없는 구원을 받았다는 걸 알아야 해"라고 스스럼없이 얘기하는 남성, 여성, 십대 청소년, 어린아이들이 얼마나 많은지 모른다.

하지만 인간이 드린 기도로 구원을 보장받을 수는 없다. 성경 말씀에 따르면, 구원의 확신은 시종일관 인간의 행위가 아닌 그리스도의 사역에 토대를 둔다. 크리스천은 객관적인 입장에서 예수님이 지난날 십자가에서 이루신 역사를 바라보아야 한다. 크리스천은 주관적으로 자신의 삶에서 현재 주님이 행하시는 일들을 바라보아야 한다. 그리고 무엇보다도 크리스천은 장래와 관련된 그리스도의 확고부동한 약속을 바라보아야 한다.[26]

구원의 확신은 여러 해 전에 드린 기도나 결단에서 찾는 게 아니다. 인류를 위한 그리스도의 희생과 헌신을 믿고, 중심에 머물고 계신 성령님을 체험하며, 주님의 명령에 순종하고, 다른 이들에게 예수님의 사랑을 표현하는 데서 찾아야 한다. 그러므로 성경이 가르치는 믿음과 회개, 순종과 사랑의 열매를 확인하지 않고 영원한 삶에 관한 맹목적인 확신을 심어 주지 않도록 주의해야 한다.

이런 당부와 함께, 기도는 복음에 대한 올바르고 성경적인 반응이라는 점을 다시 한 번 짚어 두고 싶다. 복음을 전한 뒤에 구원을 받기 원하는 이들을 앞으로 불러내는 것까지는 괜찮다고 본다(물론 위에서 지적한 것과 같은 이유에서 도움이 되지 않는 부분들도 있다).

하지만 영원한 생명을 얻기 위해 이러저러한 말을 해야 한다고 이야기하는 건 온당치 못한 처사다. 복음을 명확하고 온전하게 들었다면 하나님의 속성과 성품, 죄의 실체, 그리스도의 실상과 그분이 행하신 일을 알게 될 테고, 자원하는 마음으로 죄를 뉘우치며 예수님을 신뢰하기에 이를 것이다. 죄에서 돌이켜 예수님을 주님이요 구주로 믿는다면 별도의 말이나 문구를 되뇔 필요가 없다. 마음의 문을 열어 하나님의 복음에 눈뜨게 하시는 성령님의 역사에 힘입어 회개하고 주님을 의지하게 되기 때문이다. 저절로 창조주의 권위에 복종하며 주님의 자비를 갈구하게 된다.

그러므로 그런 과정을 자연스럽게 밟아 가도록 격려하는 걸로 충분하다. 원한다면 무엇에도 매이지 않고 하나님과 단둘이 시간을 보내게 하는 것도 좋다. 예비 신자들이 주님과 일대일로 마주하도록 풀어 주는 게 바람직하다. 그리스도의 인격 앞에 복종하도록 누군가를 초청할 때는 구원을 베푸시길 성령님께 의지하며 기도하라.

일단 죄를 고백하고 그리스도를 믿고 나면, 스스로 그리스도의 새로운 제자로 거듭나게 이끌어 주라. 어쩌면 이 대목이 가장 중요할지 모른다. 신자를 만드는 게 아니라 제자를 삼는 게 궁극적인 목표라는 점을 반드시 기억하라.

누구나 본받고 싶어할 만한 삶

'제자화'는 단순히 그리스도를 믿고 의지하게 만드는 차원을 넘어서는 사역이며 예수님을 따르게 이끄는 단계까지를 아우른다. 그러자면 그리스도의 생명이 어떻게 살아 움직이는지 몸소 보여 주는 게 필수적이다. 새내기 크리스천들에게는 더할 나위 없이 중요한 과정이다. 마크와 킴, 로버트는 끊임없이 복음을 들려주는 한편, 하나님의 성품이 또렷이 드러나는 모범적인 삶으로 그 진실성을 뒷받침했다. 세상은 복음을 전하는 크리스천들이 말뿐만 아니라 삶으로도 그리스도의 모습을 보여 주길 기대한다. 바울은 데살로니가의 새로운 형제자매들에게 쓴 편지에서 그러한 사실을 선명하게 일깨웠다.

"우리는 여러분에게 복음을 말로만 전한 것이 아니라, 능력과 성령과 큰 확신으로 전하였습니다. 우리가 여러분 가운데서, 여러분을 위하여, 어떻게 처신하였는지를, 여러분은 알고 있습니다. 여러분은 많은 환난을 당하면서도 성령께서 주시는 기쁨으로 말씀을 받아들여서, 우리와 주님을 본받는 사람이 되었습니다"(살전 1:5-6, 새번역).

바울과 실라, 디모데는 입술로 복음의 능력을 이야기하면서 다른 한편으로 복음이 미친 영향을 삶으로 보여 주었다. 데살로니가 시민들에게 복음을 전하려고 의도적으로 누구나 본받고 싶어할 만한 생활을 했다. 그곳의 새내기 크리스천들은 예수님을 믿자마자 세 사람이 미리 보여 준 본보기에 따르기 시작했다.

이것이 바로 제자 삼는 제자로 산다는 말의 참뜻이다. 가정과 직장에서 식구들과 친구들에게 남편으로서, 아내로서, 어머니로서, 아버지로서, 아들로서, 딸로서, 경영인으로서, 교사로서, 코치로서, 변호사로서, 의사로서, 국회의원으로서, 웨이터로서, 세일즈맨으로서, 회계사로서 본받을 만한 가치가 있는 삶을 살아야 한다. 제자를 삼는 과정을 밟으면서 그리스도의 성품을 고스란히 나타내고, 그리스도의 진리를 말하며, 그리스도의 사랑을 보여 줌으로써 저절로 복음을 전하게 되기 때문이다.

아울러 주님이 주신 모든 명령들에 순종하는 법을 가르쳐야한다. "그건 목회자가 해야 할 일이 아닌가요?"라고 묻고 싶을지도 모르겠다. 어떤 점에서는 맞는 말이다. 하나님은 몇몇을 불러서 은사를 주시고 교회에서 공식적으로 거룩한 말씀을 가르치게 하신다(딤전 3:2; 5:17, 약 3:1). 하지만 그와 동시에 다른 크리스천들도 관계 속에서 주님의 말씀을 가르쳐야 한다고 하셨다.

제자들에게 지상명령을 내리시면서 예수님은 가서, 세례를 주고, 주님의 명령을 빠짐없이 가르쳐 지키게 하라고 말씀하셨다. 그렇게 가르치는 데는 특별한 은사나 배경이 필요 없다. 장소에 매이지 않는다. 집에서도, 이웃집에서도, 직장에서도, 차를 타고 가면서도, 모임에 나가서도, 밥을 먹으면서도 가르칠 수 있다. 상황에 제약을 받지도 않는다. 하루하루 살면서, 일하면서, 또는 놀면서도 가능하다. 하나님이 자녀들에게 거룩한 말씀을 어떻게 가르쳐야 할지 일러 주시는 신명기 6장의 장면들을 잊지 말라. "네 자녀에게 부지런히 가르치며 집에 앉았을 때에든지 길을 갈 때에든지 누워 있을 때에든지 일어날 때에든지 이 말씀을 강론할 것이며 너는 또 그것을 네 손목에 매어 기호를 삼으며 네 미간에 붙여 표로 삼고 또 네 집 문설주와 바깥문에 기록할지니라"(신 6:7-9). 이것이 성경에 나타난 그리스도의 교회가 가져야 할 모습이다. 집이든 일터든, 어디를 걷든 어디를 가든 늘 대화 속에 하나님의 말씀이 차고 넘치는 공동체가 되어야 한다는 뜻이다.

모든 나라, 모든 민족을 레이더망에 두라

예수님의 제자라면 누구나 마크와 킴, 로버트처럼 하나님의 말씀을 나누고, 삶으로 보여 주고, 가르쳐야 한다. 이 또한 제자 삼는 사역의 핵심이며, 예수님은 모든 나라에 가서 그런 일들을 하라고 명령하셨다. 예수님이 마태복음 28장 19절에서 사용하신 '모든 민족'은 '판타 타 에트네(panta ta ethne)'라는 표현으로 문자 그대로 세상의 모든 종족집단, 또는 민족을 의미한다.

예수님이 이 구절에서 말씀하신 민족이 오늘날의 나라와 동일할 거라고 오해하는 크리스천들이 의외로 많다. 현재 지구상에는 대략 2백여 개의 지정학적 국가들이 존재하지만, 주님이 언급하신 민족과는 다르다. 적어도 미국을 지칭하지 않은 것만큼은 분명하다. 당시에는 미국이란 나라가 존재하지 않았다. 주님이 쓰신 '민족'이란 말은 가문, 부족, 씨족 등 이른바 종족집단을 말한다. 성경학자와 인류학자, 선교학자들은 본문의 '민족'은 오늘날로 치자면 전 세계에 분포된 11,000개의 서로 다른 종족집단(유사한 언어와 문화적 특성을 공유한)을 의미하는 걸로 본다. 그런 개념으로 보면 한 나라 안에 여러 개의 민족이 어깨를 나란히 하고 살아가는 경우도 허다하다. 예를 들어, 인도 같은 나라나 뉴욕 같은 도시에 가면 서로 다른 언어와 문화적 특성을 가진 종족집단들이 한데 모여 사이좋게 살아가는 걸 볼 수 있다.

흥미롭게도 성경은 마지막 대목에서 모든 종족집단에서 온이들이 그리스도의 보좌를 둘러싸고 하나님을 찬양하며 노래하는 장면을 보여 준다. 요한계시록은 그 모습을 이렇게 그려낸다. "아무도 그 수를 셀 수 없을 만큼 큰 무리가 있었습니다. 그들은 모든 민족과 종족과 백성과 언어에서 나온 사람들인데, 흰 두루마기를 입고, 종려나무 가지를 손에 들고, 보좌 앞과 어린 양 앞에 서 있었습니다. 그들은 큰 소리로, '구원은 보좌에 앉아 계신 우리 하나님과 어린 양의 것입니다' 하고 외쳤습니다"(계 7:9-10, 새번역). 요한계시록 앞쪽을 보면, 예수님은 "모든 종족과 언어와 백성과 민족 가운데서 사람들을 사서"(계 5:9, 새번역) 하나님께 드리기 위해 돌아가셨음을 알 수 있다.

하나님의 영원한 목표는 두말할 것도 없이 그리스도를 통해 세상의 모든 종족집단(ethne)의 백성들을 구원하시는 데 있다. 그러므로 예수님이 제자들에게 세상의 모든 종족집단으로 가서 제자를 삼으라고 명령하셨던 건 지극히 당연한 일이었다. 지구상의 모든 종족집단으로 들어가서 예수님의 제자를 삼으라는 말씀은 예수님의 제자들에게 주시는 구체적인 명령이다.

어떻게 하면 사명을 잘 감당할 수 있을지 궁금하지 않은가? 세계를 통틀어 11,000개 남짓 되는 종족집단 가운데 6,000개 정도는 아직도 복음이 닿지 않은 '미전도 종족'으로 분류된다. '미전도 종족'이란 기술적으로 구성원 가운데 복음주의적인 크리스천의 비율이 2퍼센트 미만인 종족집단을 가리킨다. 미전도 종족집단의 구성원이라는 말은 곧 복음에 접할 기회가 매우 적거나 전혀 없으며, 태어나서 살다가 죽을 때까지 그리스도를 믿고 죄에서 벗어나 구원을 얻는 방법을 들어보지 못할 가능성이 높다는 뜻이다. 다시 말하지만, 6,000개 종족집단에 속하는 20억 인구는 여전히 '미전도' 상태다.

예수님의 제자들로서는 그냥 지나칠 일이 아니다. 그리스도는 모든 종족집단으로 들어가 제자를 삼으라고 명령하셨다. 선택의 여지는 없으며 반드시 순종해야 한다. 설령 제3의 방법이 있다손 치더라도 그리스도를 좇는 이들이라면 그 길을 택하지는 않았을 것이다. 그리스도의 생명을 중심에 지닌 이들은 예수님의 복음을 두루 퍼트리고 싶은 열망을 억누를 수 없는 법이다.

기도하고, 베풀고, 가라!

그러므로 기도하며 부르짖어야 한다. "하늘에 계신 우리 아버지, 그 이름을 거룩하게 하여 주시며, 그 나라를 오게 하여 주시며, 그 뜻을 하늘에서 이루심 같이, 땅에서도 이루어 주십시오. 아버지의 이름이 높이 찬양을 받으며 주님의 나라가 이 땅의 모든 민족들 사이로 두루 퍼지게 해 주십시오"(마 6:9-10, 새번역 참고).

하자지 아랍, 이레이니언 투르크, 남아시아의 로하르, 북아프리카의 소말리아, 인도의 브라만을 비롯해 6,000개에 이르는 종족집단에서 제자들이 줄지어 세워지고 교회가 확장되기를 간구하자.

기도하며 베풀어야 한다. 조사 보고에 따르면 북미의 크리스천들은 수입의 약 2.5퍼센트를 지역교회에 헌금한다고 한다(다소 부풀려진 느낌이 들지만 일단 그렇다 치고).[27] 지역교회들은 그 가운데 대략 2퍼센트 정도를 해외 선교를 지원하는 데 사용한다. 달리 설명하자면, 스스로 크리스천이라고 고백하는 미국인이 100달러를 헌금하면 그 중에서 50센트가 지역교회를 통해 국외의 선교지로 간다는 뜻이다.

그리스도의 참 제자라면 이럴 수가 없다. 이른바 선진국의 크리스천들은 영적으로 죄에서 구원을 받았을 뿐만 아니라 물질적으로 어마어마한 축복을 받았다. 스티브 콜베트(Steve Corbett)와 브라이언 피커트(Brian Fikkert)는 말한다. "성경의 가르침이 미국인들의 가슴에 사무쳐야 한다. 어떤 면에서든, 미국인은 지상을 활보했던 인류를 통틀어 가장 풍족한 민족이다."[28]

미국인은 어쩌다 그렇게 부유해졌을까? 개인적으로는 시편 67편 말씀이 그 답이라고 확실히 믿는다. "이 땅이 오곡백과를 냈으니, 하나님, 곧, 우리의 하나님께서 우리에게 복을 내려 주셨기 때문이다. 하나님께서 우리에게 복을 주실 것이니, 땅 끝까지 온 누리는 하나님을 경외하여라"(시 67:6-7, 새번역).

하나님은 온 세상의 예배를 받으시기 위해 거룩한 백성들에게 물질적인 복을 내려 주신다. 다른 목적은 전혀 없다. 예수님의 제자들은 소박하게 살면서 아낌없이 베풀었다. 더 안락하고, 더 새롭고, 더 호화로운 생활을 하기보다 모든 민족들 가운데 그리스도의 영광이 드러나기를 더 간절히 소망했기 때문이다.

기도하고 베풀 뿐만 아니라 다양한 경로를 통해, 다양한 방식으로, 다양한 종족에게 가야 한다. 한두 주쯤 세계 곳곳에서 제자를 삼는 장기사역자들의 동역자로 장기간에 걸친 제자화 과정을 지혜롭게 도와야 한다. 브룩힐즈에서는 거의 매주 형제자매들이 팀을 꾸려서 세계 각지의 여러 종족들을 찾아가 그리스도의 사랑을 나누고 보여 준다.

얼마 전에 한 팀이 복음을 들어 본 인구의 비율이 세계에서 가장 낮은 섬에 다녀왔다. 50여 개의 종족집단이 살고 있었지만 교회가 들어간 곳은 거의 없었다. 그리스도를 만나기는커녕 그 이름을 들어 본 적도 없는 이들이 수백만 명에 이르렀다.

섬에 들어간 팀은 몇 안 되는 크리스천들과 함께 사역을 시작했다. 통역을 맡아 줄 현지의 크리스천 두 명과 함께 도시에서 멀리 떨어진 시골 마을들을 구석구석 도보로 누비며 미전도 종족집단들을 찾아다녔다. 걸으며 기도했다. 루디아에게 그러셨던 것처럼(행 16:11-15), 그곳 주민들의 마음을 열어 예수님을 믿게 해 달라고 간구했다. 하나님은 그 부르짖음을 외면하지 않으셨다. 선교팀은 복음화율이 가장 떨어지는 섬나라, 그 가운데서도 외딴 마을들을 돌아다니며 집집마다 복음을 전했다. 마침내 몇몇 가정이 그리스도의 기쁜 소식을 듣고 예수님을 믿었다. 현지의 크리스천들이 이어받아 보살핀 결과 지금은 그 마을에 교회가 시작되었다. 팀 식구들은 한 종족집단에 처음으로 예수님을 소개하고 첫 열매들을 거두는 데 참여했다는 감격을 품고 돌아왔다.

이처럼 세상을 경영하시는 하나님의 계획에 동참하기 시작하면 나날이 갈망이 커지게 마련이다. 두 달이 됐든 2년이 됐든, 주님이 이끄시는 대로 좀 더 오랜 기간 동안 가서 섬기라. 교회 차원에서 고등학교를 졸업하거나, 대학에 다니거나, 대학 공부를 마쳤거나, 정년 퇴임을 앞둔 예수님의 제자들을 세계 곳곳에 파송하라. 브룩힐즈에서는 일 년에 두 차례, 이런 범주에 드는 여러 식구들을 해외로 내보낸다.

한두 주 동안 가는 이들도 있고, 한두 해를 작정하는 이들도 있으며, 더러 일생을 바치는 이들도 있다. 예수님의 제자로서 성령님의 인도를 받으며 보따리를 꾸리고, 재산을 처분하고, 미전도 종족집단 속에 들어가 뿌리를 내리기 시작한다. 개중에는 해외 선교 단체에서 특별한 훈련을 받고 목회자나 선교사가 되는 경우도 있다. 얼마나 반가운 일인지 모른다. 하지만 사회의 어느 분야에서 일하더라도 온 세상에 나가 일할 방도를 찾기 시작하기만 하면 하나님은 그리스도의 제자들을 위해 예비해 두신 엄청난 능력을 아낌없이 쏟아부어 주신다.

특히 선진국의 크리스천들에게는 의료, 경영, 스포츠, 교육, 공학을 비롯한 다채로운 영역에서 공부하고, 훈련하고, 기술을 개발할 기회를 주셨다. 어느 것 하나 제3세계에 유용하지 않은 자원이 없다. 예수님의 제자들이 해외에 나가 살며 거기서 일을 하면 마치 큰일이라도 나는 줄 아는 생각을 떨쳐 버리면 어떻게 될까? 의도적으로 다른 민족들 사이에서 일거리를 찾는다면 무슨 일이 일어날까? 예수를 믿는 학생들이 아직 크리스천이 많지 않은 나라에 가서 일하는 걸 목표로 하고, 거기에 필요한 분야를 연구하면 어떨까? 아예 미전도 종족 속에 들어가서 제자를 삼는 일을 하기로 작정하고 공부를 시작하면 어떨까? 기업가들도 마찬가지다. 전략적으로 미전도 종족들에게 영향을 미치는 방향으로 사업을 확장할 길을 찾아보면 어떨까? 그리스도의 제자들이 어디를 가나 크리스천들이 지천으로 깔린 지역에서 일하기를 포기하고 예수님을 믿는 이들이 몇 안 되는 곳에서 일자리를 구해 보면 어떨까?

짐(Jim)과 알리샤(Alicia) 부부가 생각난다. 남편은 기업인이었고 아내는 교사였다. 모든 민족들 사이에서 영광을 받으시길 원하시는 하나님의 열망을 오랫동안 보고 느껴왔던 부부는 어느 날, 나란히 앉아 이야기를 나누었다. "아무 때고 쉽게 복음을 들을 수 있는 데서 일할 게 아니라 좀처럼 복음과 접하기 어려운 곳에 가서 비즈니스를 하고 학생들을 가르칠 방법은 없을까?" 얼마든지 그럴 수 있겠다는 판단이 서자 아시아의 어느 나라로 이주하기로 결정했다. 지금은 미전도 종족집단에 들어가 기업을 경영하고 아이들을 교육하며 제자 삼는 일을 계속하고 있다.

제자를 삼는 일에 동참하기를 원하는 크리스천들이 수없이 일어나고 모든 민족 가운데서 영광을 받으시길 원하시는 하나님의 심정을 진정으로 헤아린다면 세상이 어떻게 달라질지 짐작이라도 할 수 있겠는가? 이것이 바로 과학기술과 세계화의 물결이 밀어닥치기 백여 년 전에 일어났던 모라비안 운동의 중심 사상이었다. 모라비안 60명 가운데 적어도 한 명은 집과 고향을 떠나 다른 민족들에게 복음을 전했다. 거의 모두가 자비량이었다. 세계 각지에 들어가 갖가지 일을 해서 생계를 꾸려 가며 제자 삼는 일을 계속했다.

사학자 윌리엄 댕커(William Danker)는 말한다. "모라비안 운동의 가장 중요한 공로는 크리스천 하나하나가 모두 선교사이며 일상적인 삶의 현장에서 복음의 증인이 되어야 한다는 사실을 강조했다는 점이다. 크리스천들이 모라비안 운동의 사례들을 면밀히 연구한다면, 그리스도의 복음이 세계로 확장되는 데 있어서 기업인들이 영예로운 역할을 해낼 수 있을 것이다."[29] 평범한 크리스천들이 대거 참여하면서 모라비안들은 고작 20년 만에 다른 개신교단들이 2백 년 동안 보냈던 사역자들을 모두 합친 것보다 더 많은 선교사들을 파송했다.

지금도 그런 일이 가능할까? 예수님의 제자 하나하나가 제자를 삼는 일꾼임을 절감한다면, 세상의 모든 종족집단에 들어가 제자를 삼으라는 게 주님의 특별하고도 구체적인 명령이라는 사실을 참 마음으로 믿는다면 수많은 크리스천들이 온 누리로 퍼져 나가는 장관을 목격할 수 있지 않을까? 훈련된 목회자나 전통적인 개념의 선교사로 해외에 나갈 자원을 한정한다면 미전도 종족들 사이로 복음이 스며드는 역사가 뜨뜻미지근한 상태에 머무는 꼴을 계속 지켜볼 수밖에 없다. 하지만 학생, 결혼하지 않은 청년, 부부, 가족, 노인들이 저마다 가진 은사와 기술, 열정, 갈고닦은 지식을 가지고 하나님의 영광을 위하여 뭇 민족들 가운데로 스며들어 간다면 어떤 일들이 벌어지겠는가? 세계 곳곳에서 끝없이 제자들이 세워지고 교회가 확장되지 않겠는가? 마침내 이 시대에 지상명령이 성취되는 감격을 맛볼 수 있지 않겠는가?

실제로 이 일에 뛰어든다면

제자 삼는 제자들의 영향을 과소평가하지 말라. 사실, 이번 장을 마무리할 때 나는 인도에 있었다. 그리스도 안에서 형제가 된 아닐(Anil)과 하리(Hari) 가족과 함께 시간을 보내던 참이었다. 육신적으로는 세상에서 둘째가라면 서러울 만큼 빈곤하고 영적으로도 이루 말할 수 없이 황량한 곳에서 살고 있었다. 가난한 나라 인도에서도 가장 가난한 주여서 날마다 5천 명씩 굶주림을 견디지 못하고 죽어 나갔다. 주 전체를 통틀어 크리스천 인구의 비율은 0.1퍼센트에도 미치지 못했다. 하나님의 말씀대로라면, 두 형제 주변에서만 날마다 4,995명에 이르는 이들이 영원한 고통 속에 던져지고 있었다.

아닐은 교육감으로 일했고 하리는 양계업자였다. 일을 좋아하고 자부심도 컸지만 다른 주민들에게 복음을 선포하고 싶어 하는 열정 또한 뜨거웠다. 3년 전, 이들은 신앙 때문에 극심한 어려움을 겪었다. 사방에 복음을 배척하는 이들뿐이었다. 과연 그리스도를 믿겠다는 이들이 있을까 싶었다.

그러던 어느 날, 아닐과 하리는 우연히 참석한 집회에서 제자 삼는 사역과 관련해서 새로운 도전을 받았다. 복음이 전혀 들어가지 않는 마을을 찾아가서 눈에 띄는 대로 아무나 붙잡고 "예수님을 소개하러 왔습니다. 선생님과 가족들을 위해 기도해 드리고 싶습니다"라고 이야기하라는 게 메시지의 요지였다. 정신 나간 짓이라는 생각이 들었다. 그런 소리가 통할 리가 없었다. 하지만 워낙 형편이 절박했던지라, 강물에 빠진 사람이 지푸라기를 잡는 심정으로 한 번 시도해 보았다.

처음 들어선 마을에서 한 남자와 마주쳤다. 아닐은 외운 문구를 읊조렸다. "예수님을 소개하러…." 채 말을 맺기도 전에 상대가 말했다. "예수님이라고요? 들어 보긴 했습니다만 잘 모릅니다. 자세히 설명해 주시겠어요?"

아닐은 충격을 받았다. 하리와 상대편 남자를 번갈아 쳐다보며 말했다. "그러고말고요!"

사내가 대꾸했다. "잠깐만 기다려 주세요. 가서 식구들이랑 친구들을 불러오겠습니다. 두 분 말씀을 같이 듣고 싶어서요."

어안이 벙벙했다. 형제들은 남자의 집으로 따라갔다. 잠시 후, 마을 사람들이 몰려왔다. 아닐과 하리는 복음을 전했다. 주민들은 더 깊이 알려 달라며 매달렸다. 몇 주 새에 마을 주민 가운데 스무 명이 그리스도의 제자로 거듭났다.

하지만 그게 끝이 아니었다. 아닐과 하리는 새로 형제자매가 된 주민들에게 다른 마을에 가서 똑같은 방식으로 보고 들은 이야기를 전하게 했다. 교육자와 양계업자가 시간을 내서 몇몇을 제자로 삼았고, 그들이 또 다른 주민들로 제자를 삼았으며, 마침내는 다른 마을까지 가서 제자를 삼기에 이르렀다. 그렇게 3년이 지나자, 무려 350개에 이르는 마을에 교회가 세워졌다.

하나님의 백성들이 뜻을 품고 기도하며 제자를 삼기 시작한다면 얼마나 엄청난 일이 일어날지 가늠할 수 있겠는가? 크리스천 하나하나가 진짜 사람 낚는 어부가 된다면 어찌 될지 상상해 보라. 이것이 바로 인간으로서는 납득할 수 없을 만큼 놀라운 은혜를 땅 끝까지 전해서 큰 영광을 받으시기 위해 하나님이 마련하신 유일한 길이다. 세상의 모든 민족에 주님의 영광을 드러내면서 한없는 기쁨을 만끽하는 인생이야말로, 하늘 아버지가 자녀들에게 누리게 하고 싶어 하시는 바로 그런 삶이다.

제자 삼기 프로젝트 6가지

세상을 바꾸는
가장 큰 즐거움에
동참하라

도슨 트로트만(Dawson Trotman)이 쓴 「재생산을 위한 출생」(*Born to Reproduce*)이란 소책자를 읽은 적이 있다. 대학 시절이었다. 기독교 서점에 갔는데, 낯선 남성이 붙잡더니 팸플릿 같은 책자 하나를 건네면서 말했다. "꼭 읽어 보세요." 그리고 그 조그만 책이 내 삶을 바꿔 놓았다.

　"하나님의 가정에 태어나는 이는 누구나 증식하게 되어 있다." 채 몇 쪽 지나지 않아서 곧바로 문제를 제기한 트로트만은 그럼에도 불구하고 대다수 크리스천들이 영적으로 계속 증식하지 못하고 있다고 한탄한다. "그리스도의 복음을 듣고 5년, 10년, 심지어 20년씩이나 크리스천으로 지냈지만, 덕분에 예수 그리스도를 위해 살게 되었다는 고백을 단 한 번도 들어 보지 못한 이들이 있을 줄 안다."[30]

저자는 그게 바로 문제의 핵심이라고 지적하면서 복음이 오늘날까지도 모든 민족들에게 두루 알려지지 못한 까닭이 거기에 있다고 말한다.

이와는 대조적으로 "라디오나 텔레비전, 인쇄물 같은 매체가 전혀 없었던 1세기에는 복음이 그때까지 알려진 세계에 널리 퍼졌다. (초대교회가) 재생산할 능력을 가진 이들(크리스천들)을 생산해냈기 때문이다." 트로트만은 결혼과 함께 자연스럽게 자녀를 재생산하게 되는 아빠 엄마의 예를 들면서 "(하나님의) 자녀들은 누구나 재생산하는 존재가 되어야 한다"[31]고 주장했다.

개인적으로는 앞으로 시간이 갈수록 부모의 예화가 더 실감 날 것 같다. 앞에서 아들아이를 입양하기 위해 신나는 가족 여행을 다녀왔다고 했지만, 그 나들이는 어둡고 고단한 세월의 산물이었다. 여러 해 동안 아기를 가지려고 아내와 더불어 꾸준히 생물학적인 노력을 기울였지만 효과를 보지 못했다. 결국 마음을 접고 갈렙을 입양하는 절차를 밟았다. 카자흐스탄에서 돌아온 지 두어 주 쯤 지났을 무렵, 회의를 마치고 밤늦게 집에 돌아왔는데 아내가 그때까지 자지 않고 깨어 있었다. 좀처럼 볼 수 없는 일이었다.

"무슨 일 있어요?" 헤더에게 물었다.

"여보, 이리 좀 앉아 봐요." 아내가 재촉했다.

더럭 겁이 났다. 소파에 나란히 앉아 다음 말을 기다렸다.

헤더는 날 빤히 쳐다보면서 충격적인 두 마디를 꺼내 놓았다. "나 임신했어요."

놀라서 입이 다물어지지 않았다. 오래도록 안간힘을 써도 소식이 없어서 도저히 안 되는 줄 알고 있었다. 포기를 하고 난 뒤에는 꿈도 꾸지 않았다. 그런데 카자흐스탄에서 일어났던 기적이 이곳에서 재현되기 시작한 것이다.

아홉 달 뒤, 오밤중에 아내가 자리에서 몸을 일으키며 말했다. "아이가 나오려는 것 같아. 착각일지 모르겠지만 그래도 병원에 가는 게 좋겠어."

매섭게 추운 12월의 밤이었다. 병원 관계자는 입원실이 없다고 했다. '그래, 그럴 때지.' 속으로 생각했다. 크리스마스 시즌에 맞춰 아이를 갖고 싶어 하는 이들이 많으니 방이 없을 법도 했다. '까짓것, 나가라고 하면 구유가 딸려 있는 마구간이라도 찾아보지 뭐.'

잠시 후, 병원 직원이 와서 밀폐된 방으로 데리고 들어가더니 온갖 장치를 아내의 몸에 연결했다. 그리고 다시 두 시간이 지나자 일반 병실로 옮겨 주었다. 일단 입원 절차가 끝나고 나자, 흥분에 긴장까지 더해져 견딜 수가 없었다. 솔직히 말하자면 병원을 좋아하는 스타일이 아니다. 피가 뚝뚝 떨어지는 걸 보면 속이 뒤집혔다. 그런 사실을 잘 알고 있는 아내와 간호사가 이야기를 나누는 게 들렸다.

부록 세상을 바꾸는 가장 큰 즐거움에 동참하라

먼저 말을 붙인 건 간호사였다. "아기를 받아 주실 의사 선생님은 남편 분이 원하시면 들어와서 돕게 해 주십니다."

아내는 소리 내어 웃었다. "우리 남편은 죽었다 깨나도 안 할 거예요."

자존심에 금이 갔다. 헤더에게 본때를 보여 줄 기회였다. 앞뒤 가리지 않고 불쑥 내뱉었다. "출산을 돕고 싶어요. 정말예요."

놀란 듯 돌아보는 아내의 얼굴에 미소가 가득했다.

"당신이?"

"무⋯물론이지." 더듬더듬 대꾸했다. "자식을 직접 받고 싶지 않은 아빠가 어⋯어디 있겠어?"

아내는 도로 침상에 누웠다. 간호사는 즉시 출산에 필요한 준비들을 갖추기 시작했다. 여전히 입가에 미소를 머금은 아내와 달리, 내 형편은 그다지 좋지 않았다. 자꾸 식은땀이 솟았다. '도대체 무슨 생각으로 그런 소릴 한 거지? 피만 보면 속이 느글거리는 주제에? 벌써부터 어지러워서 주저앉고 싶은 마음이 굴뚝같은데, 어떡하지? 어쩌자고 아이를 받겠다고 나선 거야?'

대책이 필요했다. 선교여행을 온 셈 치기로 했다. 선교 현장에 가면 평소에 하지 않던 일도 해야 되는 법이다. 보통 때는 먹지 않던 음식을 먹고, 음료를 마신다. '로마에 가면 로마의 법을 따라야 하는 거지.' 속으로 몇 번이고 같은 말을 되뇌었다. '병원에 왔으니 의사 노릇을 하는 게 당연해. 게다가 박사 학위도 있

잖아. 물론 신학교에서 받은 거지만, 박사는 다 마찬가지지 무슨 차이가 있겠어, 안 그래?'

초조하게 서성거리기를 얼마나 했을까? 마침내 진짜 의사가 왔다. 때가 된 것이다. 가운을 입고 장갑까지 끼고 있는데, 의사가 한쪽으로 데려가더니 분만 과정을 설명했다. 전문용어들을 심심찮게 써 가며 알아들을 수 없는 얘기를 한바탕 늘어놓더니 물었다. "무슨 말인지 아시겠죠?"

한 점 망설임 없이 대답했다. "잘 알았습니다."

정말일까? 사실은 겁이 나서 정신이 하나도 없고 속이 울렁거렸다.

자세한 얘기는 다음에 하기로 하자. 어쨌든, 드디어 의사의 신호가 떨어졌다. 팔을 뻗고 왼손으로 오른손을 받치라고 했다. 미식축구 선수가 된 기분이었다. 두 간호사가 곁에 서서 공을 낚아챌 순간을 기다렸다.

바로 그때, 조그만 머리통이 불쑥 모습을 드러냈다. 시간이 그대로 멈춰 버린 것 같았다. 조슈아(Joshua)를 조심스럽게 받아서 소중한 아내의 품에 안겨 주었다. 그토록 오랫동안 기도해 왔던 아기였다. 큰아들 갈렙은 분만실 밖에서 기다리고 있었다. 이런 사연을 쓸 수 있다는 게 기적이다. 창조적인 사랑과 주권적인 지혜로 이 이야기를 구성하고 점점 살을 붙여 가실 수 있는 분은 오직 하나님뿐이다. 조슈아가 태어나고 몇 년 뒤, 아내와 뜻을

부록 세상을 바꾸는 가장 큰 즐거움에 동참하라

모아 중국에서 딸아이, 마라 루스(Mara Ruth)를 입양했다. 그리고 얼마 안 가서 헤더는 다시 아기를 가졌다. 놀라운 일이었다.

불임이었던 시절을 돌아보면 자녀를 낳고 싶은 마음이 너무도 간절했던 기억이 난다. 달이 가고 해가 가도 그 갈망이 채워지지 않자 나중에는 상처가 되고 머리가 아팠다. 신체적으로 문제가 있어서 축복을 누리지 못한다는 생각에 날이면 날마다 좌절감을 맛봐야 했다.

주님은 당시의 아픔을 통해 뼈저린 교훈을 주셨다. 오늘날 크리스천들의 삶도 비슷한 형국이 아닐까 싶다. 하나님은 특별한 뜻을 세우시고 자녀들에게 태생적으로 영적인 재생산을 할 수 있는 준비를 갖춰 주셨다. 크리스천 하나하나의 DNA에 재생산을 갈망하는 마음과 능력을 심어 주신 것이다. 결혼한 부부가 자연스럽게 아기를 기대하는 것처럼, 아니 그 이상으로 크리스천은 죄인들이 초자연적으로 구원 받는 모습을 애타게 보고 싶어하게 되어 있다. 그리스도의 사랑을 실감하는 이들은 누구나 그리스도의 생명을 무한복제하길 염원하게 마련이다. 하나님은 그런 뜻을 이루시기 위해 크리스천들을 만드시고, 빚으시고, 성령님으로 충만하게 하신다.

그런 점을 감안할 때, 그리스도와의 관계가 재생산으로 이어지지 않는다면 크리스천을 크리스천답게 하는 고갱이에 영적인 문제가 생겼다고 볼 수밖에 없다. 알아듣기 쉽게 말하자면, 다른 이들을 주께 인도하지 않는 크리스천은 비정상적이다.

　그리스도의 제자가 된다는 말은 곧 그분의 제자를 낳는다는 뜻이다. 이미 살펴본 것처럼, 예수님이 네 명의 어부를 초청하셨던 1세기부터 지금까지 그 사실에는 변함이 없다. "나를 따라오라. 내가 너희를 사람을 낚는 어부가 되게 하리라"(마 4:19)는 말씀은 이 책을 관통하는 핵심 메시지다. 제자들에게는 바다를 샅샅이 뒤지며 물고기를 찾는 것보다 복음을 온 천하에 퍼트리는 게 더 중요했다. 단순히 예수님의 제자가 되는 데에 삶을 바친 게 아니라 주님의 제자를 낳는 일에 목숨을 걸었다. 21세기를 사는 제자들을 향한 하나님의 구상도 다르지 않다. 예수님은 제자를 삼는 제자가 되도록 한 사람 한 사람을 부르신다. 주님의 초대는 세상의 모든 종족집단에 복음이 스며드는 날까지 계속된다.

　하지만 무언가 잘못됐다. 잘못돼도 이만저만 잘못된 게 아니다. 어디서부터인지 제자가 된다는 말의 참뜻을 놓치고 제자를 삼으라는 예수님의 명령을 한쪽으로 제쳐 두기 시작했다. 주님을 따르는 게 의미하는 바를 참담하리만치 축소해 버렸다. 사람 낚는 어부가 되기를 바라시는 하나님의 마음을 말 그대로 외면해 왔다. 결국 교회 전반에 구경꾼 심리가 뿌리를 내리는 바람에 제자도를 전반적으로 왜곡하며, 복음이 온 세상에 확산되는 걸 가로막고, 크리스천이 되는 일의 본질이 흐려지고 말았다.

나만의 제자 삼기 계획

솔직하게 인정하거니와, 「팔로우 미」는 현대 기독교가 안고 있는 병폐 가운데 하나를 고민해 보자는 취지에서 쓴 허술한 책에 지나지 않는다. 막연히, 또는 사실과 다르게 스스로 크리스천임을 자부하는 이들이 허다한 세상에서 예수님을 따른다는 말이 실제로 무슨 소린지 정확하게 짚어 보고 싶었다. 크리스천이 되는 데는 그리스도를 통해 불러 주신 하나님의 은혜로운 초대에 응하며, 피상적인 신앙을 버리고 초자연적인 변화를 체험하는 과정이 포함된다. 예수님을 따르면 주님은 생각과 욕망은 물론, 의지와 관계, 더 나아가 궁극적인 삶의 이유까지 완전히 바꿔 놓으신다. 그리스도의 제자들은 저마다 사는 곳에서, 그리고 지구상의 모든 종족집단 사이에 들어가서 제자 삼는 일을 하기 위해 존재한다. 여기에 구경꾼은 설 자리가 없다. 거룩한 백성들은 재생산을 위해 태어났기 때문이다.

자신을 돌아보라. 재생산을 하고 있는가? 도슨 트로트만의 말마따나 "형제들이여, 여러분의 형제는 어디에 있는가? 자매들이여, 여러분의 자매는 어디에 있는가? 여러분이 그리스도께 이끌어서 아직도 꾸준히 주님과 동행하는 형제자매는 어디에 있는가? … 여러분으로 말미암아 그리스도를 알게 됐고 여태껏 그분을 위해 살고 있는 이들이 얼마나 많은지 지금이라도 그 이름을 댈 수 있는가?"[32]

이런 질문을 하는 목적은 제대로 답을 하지 못하는(또는 우쭐거리며 자랑을 늘어놓는) 이들에게 죄책감을 심어 주려는 게 아니다. 저마다 중심에 품고 있는 그리스도의 생명을 세상에서 얼마나, 또 어떻게 재생산하고 있는지 돌아보라고 권면할 따름이다.

어쩌면 더 중요한 질문은 따로 있을지 모른다. 재생산을 소망하는가? 자신의 삶을 통해 다른 이들이 그리스도를 알게 되길 마음 깊은 곳으로부터 갈구하는가? 한 점 망설임이나 후회 없이 "예!"라고 답할 수 없다면 내면을 자세히 살펴보면 좋겠다. 거기에 그리스도가 계신가? 오직 예수님만이 죄인을 구원할 수 있으며, 오직 하나님만이 예배를 받으시기 합당하신 분이고, 그리스도를 통해 베푸시는 하나님의 은혜를 받아들이지 않는 이는 누구든 영원히 지옥에 들어간다는 말씀을 믿는가? 주님의 사랑을 실감하고 있는가? 예수님을 알고 주위 사람들에게 선포하는 데서 기쁨을 얻는가? 자기를 부인하고 하나님의 뜻을 좇아 온 세상에 하나님을 드러내는 증인으로 사는가?

실제로 이렇게 살고 있지 않다면, 몇 년 전에 무슨 결단을 했든, 지난주에 어느 교회에 다녀왔든 상관없이 실질적으로는 크리스천이 아닐 수도 있다. 그리스도의 제자들에게는 그러한 특징들이 자연스럽게 나타나기 때문이다. 재생산을 소망하지 않는다면, 자신의 삶을 보고 그리스도를 알게 되는 이들을 보고 싶다는 갈망이 없다면 고린도후서 13장 5절 말씀대로 "자기가 믿음

297
세상을 바꾸는 가장 큰 즐거움에 동참하라

안에 있는지를 스스로 시험해 보고, 스스로 검증해"(새번역) 보기를 권하고 싶다. 그리스도를 중심에 모시고 있는가? 예수님이 계시지 않는다면, 그러니까 주님이 죄를 용서해 주시고 성령으로 충만하게 채워 주셔서 마음과 생각, 의지가 완전히 달라진 상태가 아니라면, 지금이라도 죄와 자신에 대해 죽고 그리스도 안에서 새 생명을 얻으라.

반면에, 예수님의 제자로서 영적인 재생산을 간절히 소원하는 마음이 있다면, 자신의 삶을 보고 주위 사람들이 그리스도를 알게 되는 모습을 보길 갈망한다면, 그 목표를 이루기 위한 단계들을 의지적으로 차근차근 밟아 가라. 개인적으로는 해가 바뀔 때마다 '제자 삼기 프로젝트'를 작성한다. 기본적으로 이 도표는 어떻게 하면 다음 한 해 동안 전심으로 그리스도를 따르고 사람 낚는 어부 노릇을 잘 할 수 있을지 하나님의 은혜에 기대어 고민한 과정을 거쳐 나온 결과물이다. 브룩힐즈의 사역자들은 한 명도 빠짐없이 이와 비슷한 계획을 세우고 있으며 우리 교회의 새 식구들도 같은 절차를 거친다. 목회자로서 돌보는 이들 모두가 예수님을 따르며 사람을 낚는 저만의 전략을 갖게 되기를 간절히 기도한다.

그런 뜻에서, 어떻게 주님을 따르며 사람을 낚을지 구체적인 계획을 세워 보자는 초대로 이 책을 마무리하고자 한다. 「팔로우 미」를 끝까지 읽고 얻은 게 제자가 된다는 말의 속뜻을 다소 분명하게 파악한 정도라면, 계획표를 만들어 봐야 별 소용이 없을 것이다. 반면에 지금 사는 곳은 물론이고 세계 곳곳에 가서 '제자를 삼는 제자'가 된다는 게 무얼 의미하는지 심층적으로 이해했다면 계획표에 고스란히 반영될 것이다. 부디 오래도록 영향을 미치는 소중한 경험이 되길 기도한다.

자, 이제 그리스도의 제자로서 여섯 가지 간단한 질문에 답해 보자. 저마다 세운 계획을 직접 적을 수 있도록 책에 계획표를 실어 놓았지만 자신에게 가장 잘 어울리는 별도의 방식으로 헌신과 결단의 내용을 기록해도 좋다. 기본적인 질문은 최대한 간결하게 다듬었다. 하지만 예수님을 따르는 게 뜻하는 바를 충실하게 정리하는 데 도움이 되도록 부가 질문들을 집어넣었다. 완벽하다고는 생각지 않지만 꼭 필요한 핵심 질문들이라고 믿는다. 그리스도를 따르는 일의 참뜻을 깊이 새기는 데 보탬이 되기를 기대하고 기도한다.

1. 어떻게 마음과 생각을 진리로 가득 채울 것인가?

예수님을 따른다는 말은 곧 예수님을 믿는다는 뜻이다. 주님을 믿기 위해서는 그분의 말씀에 귀를 기울여야 한다. 제자의 삶은 배우는 인생이다. 크리스천은 끊임없이 하나님의 말씀을 잘 수신하도록 다이얼을 맞춰야 한다. 말씀을 통해 이 땅에 사는 거룩한 백성들을 가르치시고 변화시키시기 때문이다.

예수님의 제자들은 의지적으로 마음과 생각을 진리로 가득 채워야 한다. 바울은 "형제들아 무엇에든지 참되며 무엇에든지 경건하며 무엇에든지 옳으며 무엇에든지 정결하며 무엇에든지 사랑 받을 만하며 무엇에든지 칭찬 받을 만하며 무슨 덕이 있든지 무슨 기림이 있든지 이것들을 생각하라"(빌 4:8)고 말한다. 거룩한 성분들로 마음을 채워 가노라면 세상적인 사고방식이 파고 들 여지가 점점 줄어들게 마련이다. 성경 말씀을 바탕으로 그리스도에 관해 더 많이 듣고 알아 갈수록 주님을 즐거워하며 이 땅에서 그분의 이름을 높이게 된다.

그러므로 시간을 내서 어떻게 하면 의지적으로 그분의 진리로 마음과 생각을 채울 수 있을지 궁리하라. 특히 다음 몇 가지 질문들에 답을 찾아보라.

- 어떻게 하나님 말씀을 읽을 것인가? 하루에 한 장씩 읽기로 작정할 수도 있다. 두 장, 세 장, 네 장, 그 이상으로 차츰 늘려 가라. 일정 기간 안에 성경 전체를 통독하는 계획을 세우라.[33] 성경이 하나님의 자녀들에게 주시는 계시의 말씀이라면 적어도 크리스천들은 처음부터 끝까지 다 읽어 봐야 하지 않겠는가?

- 어떻게 하나님 말씀을 암송할 것인가? 성경을 읽으면서 특별히

마음에 다가오거나 삶에 적용할 만한 구절과 단락, 또는 장을 찾아서 외우라. 일주일에 한 구절을 암송하는 데서 시작하라. 하나님 말씀을 마음에 간직하고 싶은 갈망이 커지는 속도에 맞춰 조금씩 늘여 가라.

• 어떻게 다른 이들에게서 하나님 말씀을 배울 것인가? 성경을 읽고, 연구하고, 이해하는 수준을 넘어서 공동 프로젝트에 참여하라. 2부 제3장에서 살펴본 것처럼, 크리스천에게는 하나님 말씀을 신실하게 가르쳐 줄 목회자가 필요하다. 하나님 말씀으로 끊임없이 격려할 형제자매들이 있어야 한다. 교회의 구성원이자 그리스도의 가르침을 따라 살기를 원하는 크리스천이라면, 다른 이들과 함께 지속적으로 성경 말씀을 공부할 생각이 있어야 한다. 어떤 계획을 가지고 있는가?

하나님 말씀을 읽고, 암송하고 공부할 계획을 세울 때 반드시 기억해야 할 중요한 사항이 있다. 그리스도의 제자는 정보를 얻기 위해서가 아니라 변화되기 위해 말씀을 공부한다는 점이다. 예수님을 믿는 이들은 그분을 따르는 이들이기도 하다. 그리스도의 진리를 들을 뿐만 아니라 주님의 가르침을 적용해야 한다는 뜻이다. 제자들의 목표는 하나님 말씀을 믿는 차원을 넘어서 순종하는 데 있다. 그러므로 마음과 생각을 진리로 채울 계획을 세울 때는 스스로 진리가 되신 분을 따라가는 걸 목표로 삼으라.

2. 어떻게 하나님을 갈수록 더 깊이 사랑할 것인가?

이런 질문을 하고 답을 찾아보라고 권하기는 하지만, 한편으로는 제자들의 삶을 기계적이고 획일적으로 만들어 가는 위험스러운 흐름을 타는 게 아닌지 두렵고 조심스럽다. 크리스천의 목표는 단순히 하나님을 아는 게 아니라 사랑하는 데 있으며, 주님의 말씀을 읽을수록 그분의 영광을 기뻐하게 된다.

다른 영적인 훈련의 목표도 매한가지다. 하나님을 더 깊이 사랑하기 위해 예배를 드리고, 기도하고, 금식을 한다. 다음 질문들에 답하면서 차근차근 계획을 세워 보라.

• 어떻게 예배할 것인가? 로마서 12장 1절이나 고린도전서 10장 31절 말씀은 삶 전체가 예배라고 규정한다. 로마 교회에 보낸 편지에서 사도바울은 "여러분에게 권합니다. 여러분의 몸을 하나님께서 기뻐하실 거룩한 산 제물로 드리십시오. 이것이 여러분이 드릴 합당한 예배입니다"(롬 12:1, 새번역)라고 했다. 고린도 교회에 보낸 글에서는 "먹든지 마시든지 무엇을 하든지 다 하나님의 영광을 위하여 하라"(고전 10:31)고 가르쳤다. 그러므로 삶의 모든 현장에서 예배에 초점을 맞추는 폭넓은 시각을 가지라. 아울러 성

경 말씀은 정기적으로 온 교회가 만나 예배하기를 적극적으로 장려하고 있다는 사실을 잊지 말라(히 10:24-25). 형제자매들과 주 단위로 만나서 예배를 통해 하나님을 향한 갈망과 사랑을 모아 드러낼 계획을 세우라.

- 어떻게 기도할 것인가? 예수님은 "기도할 때에 네 골방에 들어가 문을 닫고 은밀한 중에 계신 네 아버지께 기도하라"(마 6:6)고 말씀하셨다. 시간과 공간을 구별해서 하늘 아버지와 교제하라는 뜻이다. '이상하다? 성경에는 쉬지 말고 기도하라고 했는데?'란 생각이 드는가? 그렇다. 데살로니가전서 5장 17절은 그렇게 못 박아 말한다. 하지만 개인적인 경험에 비추어 보자면, 특정한 시간을 정해 집중적으로 드리는 기도야말로 쉬지 않고 지속적으로 간구할 수 있게 하는 가장 훌륭한 연료다. 언제 어느 곳에서 하늘 아버지와 더불어 교제하겠는가? 단순히 시간과 장소를 구분하기만 해도 제자의 삶은 큰 폭으로 바뀌기 시작한다.

- 어떻게 금식할 것인가? 금식이란 개념 자체가 낯설지 모르겠다. 그렇지만 제자들에게 들려주신 예수님의 말씀은 정기적으로 음식을 끊고 하나님만으로 속을 가득 채우라는 뜻처럼 보인다(예를 들어, 마 6:16-18을 보라). 단 한 번도 금식해 본 적이 없다면 한 끼를 거르는 데서 시작하는 게 좋겠다. 일주일, 또는 몇 주일에 한

번씩 아침이나 점심, 저녁을 먹는 대신 기도하고 말씀을 읽으면서 시간을 보내라. 여기에 익숙해지고 그 시간이 소중하다는 판단이 들면(하나님과 한 시간을 보내는 게 얼마나 달콤한지 금방 알게 될 것이다) 하루에 두 끼로 바꾸고, 마침내는 스물네 시간 금식할 계획을 세워 보라. 그렇게 조금씩 발전하다 보면 일정한 기간마다 며칠씩 연속으로 금식하는 걸 고려해 볼 수도 있다. 기간이야 어찌 됐든, 음식을 끊고 하나님으로 속을 채우는 법을 배울 것이다.

• 어떻게 베풀 것인가? 하나님을 갈수록 더 깊이 사랑하는 법을 찾을 때, 베풂이 가장 먼저 떠오르지는 않을지 모른다. 하지만 성경을 자세히 살펴보면, 기도와 금식에 관한 예수님의 가르침은 베풂과 직접 연결되는 걸 알 수 있다. 그리스도는 구제와 기도와 금식을 가르치시고 나서 곧바로 말씀하셨다. "너희를 위하여 보물을 땅에 쌓아 두지 말라.… 오직 너희를 위하여 보물을 하늘에 쌓아 두라.… 네 보물 있는 그 곳에는 네 마음도 있느니라"(마 6:19-21). 돈과 마음(사랑)을 잇는 단단한 연결 고리에 주목하라. 주님 말씀에 따르면, 재물은 마음의 표현 정도가 아니다. 마음은 돈을 따라다닌다. 그러므로 가지고 있는 자원의 소유권을 하나님께 양도하는 것이야말로 주님을 갈수록 더 깊이 사랑하는 가장 좋은 방법 가운데 하나다. 그렇다면 예수님의 제자들은 어떻게 의지적이고, 너그럽고, 희생적이며, 즐거이 교회에, 그리고 주변과 세계

곳곳에서 어렵게 살아가는 이들에게 드리고 베풀어야 하겠는가? 그런 베풂은 하나님을 향한 사랑을 더 뜨겁게 부채질하고 세상의 물질을 소유하고 싶어 하는 이기적인 마음을 눌러 이기게 한다.

예수님을 따르는 데는 지적인 신뢰뿐만 아니라 정서적인 갈망도 포함된다. 이미 살펴본 바와 마찬가지로, 그리스도를 믿는 믿음과 주님을 향한 풍부한 감성은 떼려야 뗄 수 없는 동전의 양면과도 같다. 그러므로 예수님의 제자들은 하나님을 사랑하는 심정이 갈수록 더 깊어지도록 의지적으로 예배하고, 기도하고, 금식하며 베풀어야 한다.

3. 어떻게 증인이 되어 하나님의 사랑을 세상에 전할 것인가?

세상과 자녀들의 삶을 바라보시는 하나님의 뜻은 복음과 은혜, 영광을 모든 민족들에게 전파하는 데 있다. 예수님의 제자들은 자신의 삶에 대해 어떤 의도를 가지고 계신지 주님께 묻는 대신 "어떻게 하면 세상에 나가 거룩한 증인이 되게 하시려는 그분의 뜻에 맞춰 내 삶을 조절할 수 있을까?"라고 자문해야 한다.

• 누구에게 전할 것인가? 2부 제2장에서 브룩힐즈의 식구로 무슬림의 비율이 압도적인 나라에서 살고 있는 매튜를 소개했다. 누

구든 그리스도를 믿게 되면 안면이 있는 이들의 명단을 만들고 설령 그 손에 살해당할 위험이 있다 하더라도 담대히 가서 복음을 전하게 한다는 이야기를 했었다. 이 책을 읽는 독자들은 그런 나라에 사는 시민이 아닐지도 모른다. 그럼에도 불구하고 똑같이 도전하고 싶다. 크리스천이라는 이유로 생명의 위협을 받을 일은 없겠지만 적어도 그리스도를 주님으로 섬기지 않는 이들에게 둘러싸여 있다는 점만큼은 엄연한 사실이다. 그러므로 시간을 내서 하나님이 마음에 떠올려 주시는 대로 예수를 믿지 않는 이들의 이름들을 적으라. 셋이어도 좋고, 다섯이어도 좋고, 열 명이어도 좋다. 구체적으로 기도하고 나서 성경의 권능을 힘입어 명단에 오른 이들을 그리스도께 인도하라.

• 어떻게 전할 것인가? 기회는 날마다 찾아온다. 2부 제4장에서 마크와 킴, 로버트가 어떻게 일상적인 대화를 나누면서 복음의 자투리 옷감을 하나하나 끈질기게 이어 붙여서 결국 구원의 조각보를 만들어 내는지 이야기했었다. 그렇게 하면 어떨까? 하나님이 주위에 두신 이들(명단에 적은 이름들도 거기에 포함된다)과 더불어 살고, 일하고, 놀고 즐기는 가운데 어떻게, 그리고 어디서부터 확실한 의도를 가지고 하나님의 성품과 인간의 죄, 그리스도의 예비하심, 그 섭리에 반응해야 하는 이유 따위를 설명하기 시작할 것인가? 하루 종일 복음의 조각보를 잘 이어 붙일 수 있도록 은혜를

베풀어 주시길 아침마다 하나님께 기도하라. 거룩한 진리를 나눌 기회를 두루 찾으라. 복음을 온전히 전하고 상대방의 마음을 열어 주시는 순간을 놓치지 않도록 주의하라.

- 언제 전할 것인가? 소극적인 자세로 한 걸음 물러서서 누군가 예수님에 관해 물어 오기를 기다리지 말고 그리스도의 사랑을 전하고 보여 줄 수 있는 기회를 적극적으로 만들어 가는 게 바람직하다. 명단에 이름을 적었던 이들을 특별히 염두에 두라. 어떻게 하면 그이들에게 복음을 나눌 기회를 구체적으로, 그리고 의지적으로 만들 수 있겠는가? 점심식사에 초대하겠는가? 저녁을 같이 먹자고 하겠는가? 활용할 수 있는 다른 활동이나 경로는 없는가? 하루, 또는 주말을 비워 함께 어울리면서 이야기를 나눠도 좋고 편지를 써 보내는 것처럼 단순한 일이어도 좋다.

대상을 정하고, 방법을 궁리하고, 일정을 잡았다면 목적을 잊지 말라. 목표를 잃어버리면 모든 게 조작이고 거짓처럼 비쳐질 수도 있다. 하나님이 은혜를 베푸셔서 주위에 두신 이들은 영원한 죄인이며 구세주가 반드시 필요하다. 크리스천 역시 한때는 같은 신세였지만 누군가 의지적으로 끈질기게 매달려서 복음을 전해 주었다. 하나님이 너그러이 구원해 주신 이유가 바로 여기에 있다. 그러므로 입에는 말씀을, 마음에는 성령을 채우라.

하나님의 뜻을 찾으려 하지 말고 이미 보여 주신 뜻을 좇기로 작정하라.

4. 교회의 구성원으로서 어떻게 하나님의 사랑을 드러내겠는가?

성경은 현대사회의 개인주의와 교회의 소비자 중심주의를 반대하고 배척한다. 그리스도의 제자들은 스스로 물어야 한다. "나는 지역교회의 활동적이며 책임감을 가진 구성원인가?" 교인 명부에 이름이 적혀 있는지, 어디에 있는 교회를 다니는지 점검하라는 게 아니다. 지역교회에 출석하면서 하나님의 영광을 위하여 성경적인 리더의 인도에 따라 다른 그리스도의 제자들과 서로 책임져 주면서 삶을 나누는지 질문해야 한다. 그렇지 않다면 다음 물음들에 답해 보아야 한다.

- 지역교회를 정했는가? 브룩힐즈에서는 일 년 내내 새로 식구가 되기를 원하는 이들을 대상으로 4주간에 걸쳐 모임을 갖는다. 그때마다 참석자들에게 물어본다. "여러분들이 가장 효과적으로 그리스도의 제자들을 재생산할 수 있는 예수님의 몸이 바로 이 지역교회입니까?" 그렇다는 대답이 나오면, 구경꾼이나 방관자가 아니라 하나님이 주신 소명을 감당하는 주인공으로 우리 교회에서 함께 신앙생활을 해 나가자고 격려한다. 대답이 "아닙니다"인 경

우에는, 그리스도의 지상명령을 가장 잘 이뤄 나갈 만한 교회를 찾아 식구가 되라고 권면한다. 이제 저마다 자신을 돌아보라. 모든 민족으로 제자를 삼는 사역을 더 효율적으로 감당할 수 있는 곳은 어디인가? 믿고 따를 수 있을 만큼 하나님 말씀을 명확하게 가르치고 삶으로 보여 주는 목회자가 있는가? 예수님의 제자로서 섬기고 순종할 만한 리더들이 있는 곳은 어디인가? 이런 질문들에 답을 구하는 가운데 삶을 쏟아부을 지역교회를 찾아냈다면, 다음 단계로 넘어가라.

- 해야 할 일은 무엇인가? 자신이 속한 교회를 두루 살피면서 그리스도의 몸을 세우기 위해 무얼 해야 할지 깊이 생각하라. 공동체의 지체들을 섬길 구체적인 방법이 있는가? 특별한 뜻을 이루기 위해 맡을 만한 역할이 있는가? 교회의 구성원들을 위해 삶을 희생할 수 있는가? 그리스도 안에서 늘 관찰하다가 방황할 기미가 보이면 즉시 낚아채 끌어 줄 동료가 있다는 사실을 어떻게 확인할 수 있는가?

그리스도를 따르는 건 교회를 사랑하는 일이다. 그리스도를 가장으로 모신 가정에 온 마음을 쏟아 헌신하지 않으면서 예수님의 제자가 되는 건(제자를 삼는 건 고사하고) 성경적으로, 영적으로, 실질적으로 불가능하다. 그렇다면 어떻게 교회의 구성원으로서 하나님의 사랑을 드러내는 일에 삶을 드리겠는가?

5. 어떻게 모든 민족들에게 하나님의 영광을 전파하겠는가?

하나님의 변함없는 목표는 그리스도를 통해 인류를 구원하는 일이다. 예수님을 따르는 제자들 하나하나에게 주신 주님의 확고부동한 명령은 모든 민족, 세상의 모든 종족집단으로 제자를 삼으라는 것이다. 그렇다면 지금 어디에 살고 있느냐와 상관없이 스스로 물어야 한다. 어떻게 세상 모든 민족들에게 영향을 미치겠는가? 이건 선교사들에게만이 아니라 평범한 제자들 모두에게 주는 질문이다. 다음 물음에 답을 구하면서 하나님의 영광을 땅끝까지 전파하는 일에 참여할 방법을 찾아보라.

- 어떻게 기도할 것인가? 하나님이 온 세상에서 이루고 계신 역사에 동참할 기회를 얻으려면, 우선 집에서 무릎을 꿇는 일부터 시작해야 한다. 하나님의 나라가 임하며 그 뜻이 땅에서도 이루어지길 열심히 기도하라. 「세계기도정보」같은 자료를 활용해서 세상 모든 민족들을 위해 간구해도 좋다(책을 구입하지 않더라도 인터넷을 통해서 무료로 볼 수도 있다). 일반적으로는 모든 민족을 위해, 구체적으로는 세계의 미전도 종족집단들에 초점을 맞추어 기도할 계획을 세우라.

- 어떻게 베풀 것인가? 2부 제4장에서 미국인들이 백 달러를 헌금하면 교회를 통해서 50센트 정도가 나머지 세계로 흘러들어 간다는 이야기를 했었다. 상황을 바꿀 계획을 세우라. 어떻게 하면 생활비를 줄여서 궁핍하게 사는(대부분은 복음을 들어보지 못한 민족이다) 사람들에게 베풀 수 있겠는가? 지역교회의 구성원으로서 어떻게 하면 흔히들 중요하게 여기지만 굶주리는 형제자매들의 신체적인 필요와 온 세상 미전도 종족집단의 영적인 갈급함을 채우는 데 비하면 하잘것없는 프로그램과 활동에 들어가는 예산을 절감할 수 있겠는가? 모든 민족들을 위해 희생하며 소비를 줄일 방법을 찾으라.

- 어떻게 모든 민족들에게 갈 것인가? 전략적이고, 창의적이며, 슬기롭게 다른 종족집단, 특히 복음에 전혀 접해 보지 못한 미전도 종족들에게 복음을 전할 길을 모색하라. 소말리아 무슬림이든, 이집트 아랍인이든, 티베트 불교도든, 그밖에 어느 종족집단이든 가까이에 그런 민족 출신이 있는지 살펴보고 손을 내밀라. 바다를 건너서 직접 찾아가는 방안도 검토해 보라. 한두 주짜리 단기선교도 좋고 한두 해 정도 헌신하거나 10-20년에 걸쳐 사역하는 중장기선교도 좋다. 삶을 드릴 수 있는 여러 경로를 탐색하라. 가족들을 데리고 가거나 직장을 옮겨서 복음을 들고 다른 세계를 파고들 계획을 짜 보라. 크리스천은 그런 일을 하기 위해 지음 받는

존재들이기 때문이다.

브룩힐즈에서는 '백지수표' 이야기를 자주 입에 올린다. 그리스도의 제자들은 삶이라는 백지수표를 바쳤다. 주님이 온 세상에 복음을 전파하기 위해 마음대로 쓰실 수 있는 자원이 되었다는 뜻이다. 크리스천이 가진 시간과 재물, 가족과 미래는 모두 그분의 것이다. 그러므로 토를 달아서는 안 된다. 그리스도가 이끄는 대로 가고, 주님이 요구하시는 대로 드리고, 예수님의 명령대로 따라야 한다. 하나님이 또 다른 미전도 종족집단으로 이끄실 때마다 교회 구성원 모두가 상 위에 '백지수표'를 꺼내 놓고 "가기를 원하십니까?"라고 물어야 한다.

인생이라는 백지수표를 하나님께 드렸는가? 당신이 가진 걸 모두 상 위에 올려놓고 하나님께 물으라. "제가(또는 우리 가족이) 그 민족에게 어떻게 베풀기를 원하십니까? 제가 가진 것으로 어떻게 섬기기를 원하십니까? 어떻게 그곳에 가길 바라십니까? 주님의 이름을 위해 해외로 이주하길 기대하십니까? 어떤 것을 포기하기를 원하십니까?" 기도하며 여쭤 보면 주님은 반드시, 그리고 또렷하게 응답하신다. 그동안의 경험에 비추어 보면, 하나님은 자녀들을 통해 거룩한 뜻이 이뤄지길 우리보다 더 간절히 바라신다. 그리스도를 따르면 주님은 하나님의 이름을 드높이기 위해 앞장서 길을 인도하시며 가장 왕성하게 제자를 삼을 수 있는 자리에 앉히신다.

6. 어떻게 소수를 변화시켜 제자 삼는 제자를 만들 것인가?

모든 민족들에게 복음을 전하는 일과 관련된 위의 질문들을 던지고 답을 찾다 보면 은근히 짓눌리는 느낌이 들 수도 있다. 현실적으로 판단할 때, 과연 지상의 모든 종족집단에 복음을 전파하는 사역에 동참할 수 있을까? 하지만 답은 의외로 놀라우리만치 단순하다.

생각해 보자. 지구상에 살았던 남녀 전체를 통틀어 예수님만큼 모든 민족에게 복음을 전하고자 하는 열망이 컸던 분은 없었다. 그런 주님은 무슨 일을 하셨을까? 예수님은 평생을 소수의 제자들에게 평생을 투자하셨다. 모든 민족에게 구원의 기쁜 소식을 알리는 그리스도의 전략은 소수를 변화시켜 제자 삼는 제자로 만드는 것이었다.

이미 살펴본 대로, 하나님은 세상에 사는 동안 제각기 다른 곳에 살며 다채로운 일을 하도록 이끄신다. 하지만 어디에 뿌리를 내리든 목적은 동일하다. 교회를 이끄는 목회자든 살림을 도맡은 전업주부든, 아프가니스탄 북부 산악지대에 살든 중서부 아메리카 평원에 살든 제자들에게 주신 명령은 시종일관 제자를 삼으라는 것뿐이다. 크리스천이라면 이 명령을 피할 명분이 없으며 도망칠 길도 없다. 그러므로 주위를 돌아보며 물어야 한다. "어떻게 소수를 변화시켜 제자 삼는 제자를 만들 것인가?" 이 물음은 자연스럽게 다른 질문들로 이어진다.

- 누구를 제자 삼을 것인가? 제자 삼는 제자를 세우는 일은 대상자를 물색하는 데서 시작된다(성별이 중요하다. 남성은 남성들과, 여성은 여성들과 함께하는 게 제자를 삼는 데 가장 효과적이기 때문이다). 자신의 영향권 안에 있는 이들 가운데 제자를 삼는 제자로 이끌 만한 이들이 있는지 살펴보라. 둘도 좋고 셋이나 넷이어도 상관없다. 하나하나 구체적으로 이름을 불러 가며 하나님께 여쭤 보라. 어렵다 싶으면 교회의 목회자나 리더에게 도움을 청하라. 그리스도 안에서 더불어 성장하길 원한다는 뜻을 밝히기 며칠 전에, 따로 시간을 내서 추려 낸 대상자들과 함께 교제하라.

- 어떻게 순종하는 법을 가르칠 것인가? 앞에서 이야기한 것처럼, 제자를 삼는 일에는 그리스도가 주신 명령에 온전히 순종하는 법을 체득하게 하는 과정이 포함된다. 그러므로 지금 집중적으로 세워 가는 이들에게 그 원리를 어떻게 전해 줄지 면밀하게 검토해야 한다. 어떤 하나님의 말씀을 가르쳐야 할까? 어떻게 접근하면 스스로 성경말씀을 읽고 깨달음을 얻는 법을 배우게 할 수 있을까? 함께 성경을 통독하거나 성경공부 자료를 활용할 수도 있다.

무얼 하든지, 단순히 성경 지식을 심어 주는 데 머물러선 안 된다. 변화를 이끌어 내는 데 집중하라. 함께 모인 자리에서 어떻게 그리스도를 따라가며 사람 낚는 어부의 역할을 감당하고 있는지 물어보라. 지금까지 소개한 여섯 가지 질문을 활용해서 나름대로 제자를 삼을 계획을 세우게 해도 좋겠다. 하나하나가 어떻게 예수님을 따르며 누구에게 그리스도를 전할지 서로 묻고 답하는 기초 자료가 될 수 있을 것이다. 제자가 되고 제자를 삼는 데는 이처럼 은혜에 깊이 잠기며 복음에 이끌리고 서로 책임져 주는 관계가 필수적이다.

• 어떻게 순종의 본보기가 될 것인가? 여기가 제자 삼는 사역이 흥미롭고 활발해지는 지점이다. 마태복음 4장 말씀처럼 예수님은 지금도 "나를 따라오라"고 부르고 계신다. 거기에 응답해 따라 나선 제자들은 곧 사람을 낚기 시작하고 언젠가는 다른 이들 앞에서 이끄는 입장이 된다. 바울은 고린도 교회의 크리스천들에게 노골적으로 "내가 그리스도를 본받는 자가 된 것 같이 너희는 나를 본받는 자가 되라"(고전 11:1)고 했다. 빌립보 교회 교인들에게 보낸 편지에는 "너희는 내게 배우고 받고 듣고 본 바를 행하라 그리하면 평강의 하나님이 너희와 함께 계시리라"(빌 4:9)고 적었다. 교회 앞에서 "나를 본받으라"고 당당히 말할 수 있을 만한 삶을 살았다. 사도 바울이 완벽했다는 뜻은 분명코 아니다. 제자를 삼

기 위해서는 완전해야 한다는 말도 아니다. 그렇지만, 하나님이 붙여 주신 몇몇 크리스천들을 제자로 세워 가는 이들은 내면에 품은 그리스도의 생명을 보여 주고, 들려주고, 감지하게 해 줄 필요가 있다. 식구들을 집으로 초대하라. 가정생활을 공개하라. 어떻게 기도하고, 성경 말씀을 연구하며, 복음을 나누는지 보여 주라. 제자 삼는 제자를 양육하려면 뒤따르는 이들을 똑바로 바라보며 "나를 따르라"고 명령할 수 있어야 한다. 그러므로 예수님을 따르는 결단의 실체를 알려 주는 본보기가 될 계획을 세우라.

• 어떻게 파송할 것인가? 그리스도의 가르침을 전하고 주님을 따라 사는 모범을 보일 때, 절대로 빠트리지 말고 교육하며 시범을 보여야 할 부분이 있다면, 제자를 삼으라는 명령이다. 집중적으로 양육하고 있는 이들로 하여금 예수님을 따르게 하는 차원을 넘어 사람을 낚도록 이끄는 게 목표가 되어야 한다. 따라서 적절한 시기가 되면 그동안 돌봐 온 이들에게 자신들의 제자를 찾는 일을 맡겨야 한다. 그동안 제자가 된다는 게 무얼 의미하는 지 알려 주고 보여 주었으므로 똑같은 일을 하도록 보낼 때가 된 것이다. 물론, 지속적으로 격려하고, 섬기고, 가르치고, 보살피며, 위하여 기도하지만 다른 한편으로는 그간의 경험을 바탕으로 다른 누군가를 찾아보고 배운 대로 실천하도록 풀어 주어야 한다. 이제 직접 길러 낸 제자들을 통하여 온 세상에 복음이 증식되는 역사가

시작되는 셈이다.

그리스도의 제자들을 도와서 다시 제자를 낳게 할 목적으로 프랜시스 챈과 함께 '멀티플라이(Multiply, 「제자 제곱」)'라는 자료를 만들었다. 인터넷 웹사이트 www.multiplymovement.com에서 무료로 받아 볼 수 있다. 이런 자료들을 쓰든, 아니면 성경만 사용하든 목표는 동일하다. 소수의 크리스천들을 양육해서 제자 삼는 제자로 키워 내자는 것이다.

왕이 주신 소명

이것이 하나님이 베푸신 은혜와 영광의 복음을 온 세상에 전파하시려는 예수님의 전략이다. 2천 년 전, 주님은 이스라엘의 대로와 샛길을 두루 누비셨다. 혁명을 일으키셨지만 거대한 군중을 동원하는 방식은 아니었다. 혁명을 이끈 건 한 줌도 안 되는 소수의 인물들이었다. 제자들은 그리스도처럼 생각하고, 사랑하고, 가르치고, 살고, 섬기는 법을 배웠을 것이다. 주님의 그늘에서 변화된 제자들은 사람 낚는 어부가 되었으며 그이들이 신실하게 제자 삼는 사역을 계속한 덕에 오늘날 우리들까지 복음을 듣고 받아들이게 되었다.

이제는 오늘을 사는 우리들이 성실하게 같은 일을 해 나갈 차

레다. 크리스천은 자기를 버리고 그리스도 안에서 살게 되었다. 예수님은 죄에 빠진 생명을 구원하시고 심령에 만족을 주셨다. 진리로 생각을 변화시키고, 거룩한 기쁨으로 내면의 갈망을 채우시며, 그분의 뜻에 따라 살도록 인도하신다. 구원받은 자녀들이 한 몸을 이룬 지역교회에 들어가게 하셔서 세상의 모든 민족들에게 복음을 선포하고 하나님의 영광을 드러내는 원대한 사명을 완수하는 일을 돕게 하셨다.

모두가 함께 감당해야 할 과제다. 지상명령이 성취되는 걸 지켜보는 구경꾼 노릇을 하도록 하나님이 한쪽에 제쳐 둔 자녀는 단 한 명도 없다. 하나님은 크리스천 하나하나 부르시고 역사상 가장 위대한 사명을 이뤄 가는 최전선에 서게 하셨다. 예수님은 제자들을 부르시고, 사랑하시고, 세우시고, 구원하셔서 지상의 모든 민족들이 주님의 은혜를 만끽하고 그분의 영광을 소리 높여 찬양하는 날까지 그리스도의 제자 삼는 제자로 살게 하셨다. 마침내 그 날이 이르면, 예수님의 제자들(그리스도를 따르며 사람 낚는 어부의 일을 하는)은 누구랄 것 없이 구세주의 얼굴을 바라보며 비할 데 없이 아름다운 아버지의 빛나는 영광과 영원토록 사라지지 않는 은총을 찬양하고 또 찬양하게 될 것이다.

이는 목숨과 바꿔도 아깝지 않은 부르심이다.

주님은 삶을 드려 섬겨 볼 가치가 있는 왕이시다.

나만의 제자 삼기 프로젝트

당신만의 제자 삼기 프로젝트를 위해, 다음 질문에
구체적으로 적어 보라

1 어떻게 마음과 생각을 진리로 가득 채울 것인가?

- 어떻게 하나님 말씀을 읽을 것인가?

- 어떻게 하나님 말씀을 암송할 것인가?

- 어떻게 다른 이들에게서 하나님 말씀을 배울 것인가?

2 어떻게 하나님을 갈수록 더 깊이 사랑할 것인가?

- 어떻게 예배할 것인가?

- 어떻게 기도할 것인가?

- 어떻게 금식할 것인가?

- 어떻게 베풀 것인가?

부록 세상을 바꾸는 가장 큰 즐거움에 동참하라

3 어떻게 증인이 되어 하나님의 사랑을 세상에 전할 것인가?

- 누구에게 전할 것인가?
- 어떻게 전할 것인가?
- 언제 전할 것인가?

4 교회의 구성원으로서 어떻게 주님의 사랑을 드러내겠는가?

- 지역교회를 정했는가?
- 해야 할 일은 무엇인가?

5 어떻게 모든 민족들에게 하나님의 영광을 전파하겠는가?

- 어떻게 기도할 것인가?

- 어떻게 베풀 것인가?

- 어떻게 모든 민족들에게 갈 것인가?

6 어떻게 소수를 변화시켜 제자 삼는 제자를 만들 것인가?

- 누구를 제자 삼을 것인가?

- 어떻게 순종하는 법을 가르칠 것인가?

- 어떻게 순종의 본보기가 될 것인가?

- 어떻게 파송할 것인가?

부록 세상을 바꾸는 가장 큰 즐거움에 동참하라

제자 삼는 것, 선택의 문제가 아니다

처음부터 끝까지 남들이 기대하는 대로 살았다. 대형교회를 일
궜고, 베스트셀러를 썼으며, 대학을 세웠고, 온갖 집회에 초청되
어 설교를 했다. 그런데 거기엔 심각한 문제가 도사리고 있었다.
마음에 평안이 없었다. 말씀에 비춰 보면 모순투성이였다. 라이
프 스타일부터가 예수님과 동떨어졌다. 교회 역시 사도행전에
기록된 내용과는 딴판이었다. 예수님은 다른 문화 속에서 살았
던 분이고 사도행전은 역사상 대단히 특별한 시점에 관한 기록이
라는 걸 몰라서 하는 소리가 아니다. 그래도 시대와 상황을 뛰어
넘어 크리스천과 교회의 모습 속에 늘 드러나야 할 특성과 자질
이란 게 있는 법이다.

　주님이 새로운 여정을 시작하도록 인도하셨을 때, 우리는 전

혀 놀라지 않았다. 한곳에 뿌리를 내리고 17년 동안 성실하게 이끌어 오던(결혼생활 전체를 바쳤다 해도 과언이 아니다) 사역과 깊고 끈끈한 정을 나누던 이들을 뒤로하고, 아내와 함께 미지의 세계로 뛰어들었다. 누구나 그렇게 하라고 권하고 싶지는 않다. 그건 모든 이들에게 보편적으로 적용되는 하나님의 계획이라기보다는 우리 둘을 향한 하나님의 부르심이었을 뿐이다. 캘리포니아 주의 시미 밸리(Simi Valley)라는 지역은 더 이상 내가 남아서 복음을 전파해야 할 자리가 아니었다. 그만큼 했으면 내 몫은 감당했다 싶었다. 적어도 크리스천이라면 무슨 결정을 내리든지 하나님 나라에 가장 유익한 게 무엇이냐를 기준으로 삼아야 하지 않겠는가?

단순 곱셈의 늪에서 나오다

조그만 도시에서 사역하면서 성경을 제대로 가르치는 교회의 숫자를 붙들고 씨름해 왔다. 경건하고 진실한 지도자들을 확보하기 위해 안간힘을 썼다(리더다운 리더가 부족하거나 그런 이들을 키우는 데 아예 관심이 없는 지역도 허다하다고 들었다). 제자 삼는 일을 중심으로 삶을 꾸려 가도록 교인들에게 동기를 부여할 능력이 턱없이 모자란다는 걸 자각할 때마다 낙담하고 실망했다. 예배당에 사람을 채우고 말씀을 전할 줄은 알았지만 예배를 마치고 세상으로 나가 정말 제자 삼는 삶을 살도록 이끄는 법은 알지 못했다. 감동은 주는 건 가능했지만 절박함을 심어 주긴 어려웠다. 예수님이 교회를 향해 더 많은 걸 원하시는 걸 느꼈지만, 그게 정확히 무엇인지, 그리고 어떻게 해야 그분의 백성들이 거기에 동참하게 인도할 수 있을지 도통 감이 잡히지 않았다.

이제 와 돌아보면, 좋은 본을 보이지 못했던 탓에 생긴 문제가 아니었나 싶다. 무슨 행동이든 아빠 엄마가 본보기가 되어야 아이들이 쉬 따라오게 마련이다. 딱 그 꼴이었다. 허구한 날 갖가지 일들을 처리하고 설교를 준비하는 데 매달려 지내는 형편에 성도들에게는 가서 제자를 삼아야 한다고 가르쳤다. 스스로도 그러지 못하면서 교인들은 이웃들과 신앙을 나누길 바랐다. 안정적이고 일상적인 틀에서 한 치도 벗어나지 못하면서도 교회를 향해서는 모험적인 삶을 살아야 한다고 부르짖었다.

집을 팔고 살림을 정리해서 가족들과 함께 낯선 곳을 향해 떠나는 순간, 말할 수 없는 평안이 밀려들었다. 한 치 앞을 알 수 없는 불확실성이 편안한 느낌을 주는 반면, 확실하고 안전한 길이 도리어 그 반대의 감정을 불러일으킨다는 사실이 신기하고 놀라웠다. 우리는 아시아의 한 나라를 선택했다. 그곳 크리스천들의 신앙에 관한 이야기라면 이미 귀에 못이 박이도록 듣고 있었다. 우선은 그 현장을 두 눈으로 똑똑히 보고자 하는 욕심이 있었고 다른 한편으로 과연 주님이 나를 그곳으로 부르고 계신지 확인하고 싶었다. 날이 갈수록 스스로 선교지에 잘 맞는 체질일 뿐만 아니라, 다른 문화권에서 쓰임새가 부쩍 커지는 성향이란 판단이 들었다. 결과와 상관없이 과정을 유감없이 즐겼다. 외국 생활이라는 게 다 그런 것일까? 시간은 쏜살같이 흘러서 어느덧 결정을 내려야 할 시점이 됐다. 온 가족이 함께 기도하면서 주님이 그곳에 더 머물길 원하시는지 여쭤 보았다.

아시아에서 많은 걸 배웠다. 고국에서 사역할 당시에는 깨닫지 못했던 교훈들이었다. 주님은 중국과 인도의 크리스천들에게 얻은 가르침을 미국에 가서 적용하길 원하셨다. 그이들의 열정과 헌신은 성경에서 보았던 그대로였다. 초대교회를 21세기 판으로 고스란히 재현해 낸 모습이었다. 그리스도를 주로 받아들인 이들이 제자로 성장하면 복음이 얼마나 신속하고도 효과적으로 전파되는지를 여실히 보여 주었다. 교회를 향한 현지 신앙인들의 마음가짐과 접근 방식을 고향으로 돌아가 적용하면 똑같이 혁신적인 변화를 이끌 수 있겠다 싶은 확신이 생겼다. 남은 일은 자발적인 결단뿐이었다.

그래서 귀국을 결심했다. 하나님이 그처럼 막중한 책임을 맡기셨는지는 지금도 자신할 수 없지만, 그때부터 지금까지 일생일대의 황금기를 보내고 있다는 점만큼은 분명하다. 샌프란시스코에 자리를 잡고 복음의 동역자들과 어울려 시간을 보냈다. 날이면 날마다 이 사람 저 사람 찾아다니며 복음을 소개하는 귀한 친구들이었다. 제자 삼는 사역을 중심으로 연합하는 교회가 성장하고 발전하는 건 지극히 자연스러운 일이다. 금방 가족 같은 공동체가 꾸려졌다. 제자 삼는 일에 삶을 바친 동역자들 사이에서는 의견 일치를 보기가 한결 쉬웠다.

예수님을 모르는 이들에게 손을 내미는 게 훨씬 수월해졌다 (그만큼 겁을 덜 내게 됐다는 뜻이다). 우리 아이들도 영적으로 몰라보게 성장했다. 나가서 복음을 전하는 걸 지켜보거나 초자연적인 역사 앞에 감격했던 간증을 들을 때마다 얼마나 행복한지 모른다. 하나님이 기적적으로 기도에 응답하신 사례를 꼽자면 열 손가락이 모자란다. 세상에 대한 집착이 줄어들고 영원한 삶에 더 집중하게 되었다. 아내와 아이들은 점점 예수님을 닮아 갔으며 가족들의 라이프 스타일은 신약성경의 가르침과 비슷해졌다. 열여섯 살 먹은 우리 아이는 첫 번째 전도여행을 마치고 말했다. "성경 속을 누비는 것 같았어요."

지금 섬기는 교회는 한창 빚어 가는 단계지만 방향은 올바르게 잡혀 있다고 믿는다. 성경에서 보는 교회의 모습과 점점 더 흡사해지고 있기 때문이다. 생명과 사랑, 희생과 헌신, 능력의 역사가 뚜렷하다. 개인적으로 제자 삼는 일에 대부분의 시간을 투입하고 있을 뿐만 아니라 사역 또한 그 틀을 벗어나지 않는다.

여기에 이르기까지, 길고 긴 세월을 단순한 곱셈에 매달려 씨름했다. 쉰 명 남짓이던 공동체 식구들이 열 배 넘게 늘어나는 걸 보면서 바로 이거로구나 싶었다. 성공적인 관리자가 된 기분이었다. 5백 명의 일꾼들을 데리고 교회의 몸피를 5천 명까지 불렸다. 그야말로 승승장구였지만, 실은 그때부터 시스템이 무너져 내리기 시작했다. 리더들이 감당해야 하는 부담은 나날이 커졌다. 다들 상머슴처럼 뛰어다녔다. 새록새록 '선한' 일들을 벌이면서도 그걸 감당할 만한 사역자들을 꾸준히 키워 내지 못했다. 계속 성장하기는 했지만 수준은 미미했다. 곱셈은 거기까지였다. 가진 자원을 조금씩 깎아 먹으며 달려왔으니 그럴 수밖에 없었다.

교회의 규모가 얼마나 크고 작으냐는 결정적인 요인이 아니다. 문제의 초점은 식구들 하나하나가 지상명령을 성취하는 일에 얼마나 높은 우선순위를 부여하느냐 하는 데 있다. '와서 듣는' 차원을 넘어 '가서 전하도록' 세워 가는 게 핵심이다. 크리스천들이 참다운 생명을 삶으로 살아 내고 주님이 세우신 교회가 밝은 빛을 환하게 드러내는 게 중요하다.

삶 자체가 선교 여행이 된다면

단기선교여행을 가 본 적이 있는가? 환상적이지 않았는가? 며칠 동안 다른 크리스천들과 어울려 낯선 나라를 두루 돌아다니며 오로지 사역만 생각한다. 난생처음 보는 음식을 먹고 현지어를 어설프게 흉내 내면서 배꼽을 잡고 웃었을 것이다. 이루 말할 수 없이 가난한 그곳 백성들의 모습을 보면서 눈물을 훔쳤을 것이다.

어쩌면 몸이 아프거나, 열악한 상황에 내몰리거나, 노골적인 핍박을 받았을지도 모른다.

멋지게 살다가 편안한 집에 돌아오면 곧바로 풀어지고 늘어진다. 이른바 '현실 세계'로 복귀하는 것이다. 하나님 나라를 이뤄 가는 일을 하면서 느꼈던 평안은 연기처럼 사라진다. 영원한 보화를 염두에 두지 않고 사는 일상으로 되돌아가는 것이다. 현장의 감격과 평안을 잃어버리지 않고 그대로 유지할 수 있다면 어떻게 될까? 삶 자체가 지속적인 선교여행이 된다면 어떤 인생이 펼쳐질까? '현실 세계'에서 과연 그게 가능할까?

가능할 뿐만 아니라 하나님이 원하시는 일이기도 하다. 처음 그리스도를 믿었을 때 자주 듣던 말씀을 기억하는가? "도둑이 오는 것은 도둑질하고 죽이고 멸망시키려는 것뿐이요 내가 온 것은 양으로 생명을 얻게 하고 더 풍성히 얻게 하려는 것이라"(요 10:10).

하나님이 자녀들을 위해 예비하신 선물은 '풍성한' 삶, 곧 충만하고 연속적인 삶이다. 주님은 거룩한 백성들이 영원히 영향을 미칠 수 있는 일을 하기 바라신다. 하루하루, 이런저런 방식으로 그분의 나라를 확장하는 일로 분주하길 기대하신다. 크리스천이라면 누구나 하던 일을 그만두고 선교지로 나가야 한다는 뜻이 아니다. 날마다 하나님의 높은 뜻을 소중히 여길 방도를 찾아내야 한다는 의미일 따름이다.

사도바울은 말했다. "병사로 복무하는 자는 자기 생활에 얽매이는 자가 하나도 없나니 이는 병사로 모집한 자를 기쁘게 하려 함이라"(딤후 2:4).

우린 정반대로 살고 있지 않은가? 대다수 크리스천들은 소시민의 삶을 꾸려 가는 데 정신을 팔다가 드문드문 마지못해 영적 전쟁터로 나간다. 단기선교여행에 참여하거나, 주일 예배에 참석하거나, 기도 모임에 나가는 걸로 하나님 나라 시민의 의무를 다했다고 자부한다. 소시민의 라이프 스타일에 얽매여 지내는 걸 당연하게 받아들인다. 가물에 콩 나듯 하나님 나라를 확장하는 일을 들먹이기만 해도 두고두고 칭송받는 분위기다. 하지만 성경은 조금 다르게 가르치고 있지 않은가? 날마다 전투에 나설 길을 찾는다면 더 '풍성한' 삶을 살 것 같지 않은가?

스스로 삶을 돌아보면서 '내겐 그럴 만한 구석이 전혀 없어'라고 생각할지 모른다. 꼬박꼬박 내야 할 공과금, 먹여 살려야 할 식구들, 해야 할 일이 있는 현대인이라면 소시민적인 삶을 살 수밖에 없는 게 아닐까?

전혀 그렇지 않다. 인간은 본래 그보다 훨씬 나은 삶을 살도록 지음 받았다.

명령하신 분이 길도 열어 주신다

예수님이 그분을 따르는 백성들에게 도저히 지킬 수 없는 명령을 주셨을 리가 없다. 시험을 허락하실 때는 반드시 피할 길도 마련해 주신다(고전 10:13). 일을 시키실 때는 해내고도 남을 만한 능력을 함께 베푸신다(빌 2:12-13, 4:13, 19). 명령만 내리시고 거기에 따를 힘을 주시지 않는다면 풍성한 삶은커녕 좌절과 실망만 가득할 것이다.

인생을 통틀어 맡은 과업을 멋지게 해결해 내는 경험만큼 즐거운 일도 흔치 않을 것이다. 미친 듯이 공부해서 시험을 완벽하게 치르거나 치열하게 경쟁한 끝에 승리를 거머쥐는 기쁨을 어디에 비하겠는가? 운동선수가 오랫동안 실력을 갈고닦아 올림픽에서 금메달을 따내면 다들 부러운 눈길로 바라본다. 고된 수고가 정당한 대가를 받는 장면을 지켜보는 건 뿌듯한 일이다.

크리스천은 선한 일을 위해 지음 받은 존재들이다(엡 2:10). 입이 떡 벌어지도록 놀라운 비밀이 여기에 있다. 하나님은 명령을 주시고 거기에 따를 힘을 주실 뿐만 아니라 그 수고를 잊지 않고 풍성한 삶으로 갚아 주신다.

주님이 주신 가장 중요한 과제는 아마 마태복음 28장에 나타난 사명일 것이다. 본문의 과업은 그 일을 맡기시는 과정이 대단히 극적이었던 까닭에 더욱 도드라져 보인다. 무덤에서 다시 살아나신 그리스도는 "하늘과 땅의 모든 권세를 내게 주셨으니"라는 선언으로 명령의 첫머리를 장식하셨다.

> 그러므로 너희는 가서 모든 민족을 제자로 삼아 아버지와 아들과
> 성령의 이름으로 세례를 베풀고 내가 너희에게 분부한 모든 것을
> 가르쳐 지키게 하라. 볼지어다. 내가 세상 끝 날까지 너희와 항상
> 함께 있으리라(마 28:19-20).

예수님은 온 세상 방방곡곡에서 뒤를 좇는 이들이 수없이 나타나기를 바라셨으므로 가서 훈련시키라는 명령을 내리셨고, 제자들은 그 가르침에 백 퍼센트 순종했다. 하지만 사역은 아직 끝나지 않았다. 주님은 지금도 여전히 크리스천들이 선배들의 발자취를 좇아 삶의 틀을 재정비해서 가장 중요하고 시급한 사명을 중심으로 움직이기를 기대하신다.

사도행전 2장에 따르면, 교회는 3천 명을 헤아리는 이들이 한꺼번에 회심하는 사건을 계기로 시작됐다. 숫자는 급격하게 늘어 갔다. AD 100년 경에 2만 5천 명을 돌파한 데 이어 AD 350년 무렵에는 3천만 명을 웃돌기에 이르렀다.[1]

어떻게 교회는 온갖 박해를 받으면서도 이처럼 폭발적인 성장세를 보일 수 있었던 것일까? 초대교회는 제자 삼는 사역을 마땅히 감당해야 할 의무로 여겼다. 요즘 중국의 크리스천들에게서도 비슷한 마음가짐을 엿볼 수 있다. 시대를 달리하는 두 교회

의 발전 양상이 엇비슷한 건 우연의 소산이 아니다. 1950년만 하더라도 중국의 크리스천은 약 백만 명에 지나지 않았다. 그러나 1992년 중국 통계청은 기독교 인구를 7천 5백만 명으로 집계했다.[2] 그렇다면 크리스천들이 똑같은 마음가짐을 가지고 떨쳐 일어서는 순간, 미국을 비롯해 세계 어디서든 동일한 부흥을 경험하리라고 믿는 게 백번 타당한 일이 아닐까?

이러한 전략이 마음에 드는지, 그렇지 않은지는 본질적인 문제가 아니다. 우리에게는 선택의 여지가 없다. 이건 명령이다.

직장 상사의 지시 사항에 귀를 기울이지 않는다면 승진하고 성공하길 기대할 수 없다. 코흘리개 꼬마들도 그쯤은 다 안다. 하물며 우주를 다스리는 왕이시고 언젠가 심판주로 다시 오실 분의 명령을 귓등으로 흘려버린다는 게 될 법이나 한 이야기인가?

찍어 누르는 듯 부담감이 드는가? 그렇잖아도 눈코 뜰 새 없이 분주해서 금방이라도 녹아 버릴 것 같은가? "내 멍에는 편하고, 내 짐은 가볍다"(마 11:30, 새번역)고 말씀하신 예수님이 무슨 심사로 그처럼 엄청난 짐을 떠맡기시는지 야속하기만 한가? 누구와 더불어 '멍에'를 메고 있는지, 다시 말해서 누구와 함께 일하고 있는지 곱씹어 보면 금방 답이 나온다. 소 두 마리가 나란히 멍에를 메고 밭을 가는 장면을 떠올려 보라. 짐승들의 자리에 자신과 예수님의 초상을 나란히 대입하면 어찌 되겠는가? 그렇게만 된다면 무얼 더 바라겠는가? 부담은커녕 명예롭지 않겠는가?

예수님은 "내가 세상 끝 날까지 너희와 항상 함께 있으리라" (마 28:20)는 말씀으로 명령을 마무리하셨다. 주님의 일들을 완전히 완성하도록 줄곧 일꾼들과 동행하시겠다는 다짐이다. 크리스천들이 품는 평안과 확신, 기대감의 근원이 바로 여기에 있다.

잡지 않으면 놓칠 수밖에 없다

"예수님이 멀리 계시는 것만 같다"는 얘기를 들을 때마다 제자 삼는 일을 해 보라고 권한다. 무엇보다도, 함께하겠다는 약속은 제자를 삼는 사역과 직통으로 연결되어 있는 까닭이다. 너나없이 성령님의 권능을 체험하길 고대하면서도, 그런 능력을 주시는 궁극적인 목적은 그리스도의 증인이 되게 하는 데 있다는 사실을 잊어버리기 일쑤다(행 1:8). 하나님을 깊이 만나는 역사(진실한 크리스천이라면 누구나 간절히 원하는 일이다)는 복음을 전하고 제자를 삼을 때 경험할 수 있다.

주님의 권능을 직접 체험하는 것보다 더 감격스러운 일은 없다. 엘리야처럼 하늘에서 불을 내리거나, 다니엘처럼 사자 굴을 자유롭게 누비거나, 베드로와 요한처럼 다리가 불편한 이를 일으켜 걷게 한다고 생각해 보라. 그러나 이러한 기적들은 대부분 하나님의 일꾼들이 위태로운 상황을 무릅쓰고 복음의 증인이 되었을 때 일어났다. 믿음을 좇아 살지 않으면 성령님의 능력이 살아 움직이는 현장을 놓칠 수밖에 없다. 소리 높여 그리스도를 전하지 않으면 그분을 생생하게 느낄 방도가 없다.

하나님을 역동적으로 체험하는 삶을 살아야 할 크리스천들이 도리어 죄책감에 매어 지낸다는 건 무엇과도 견주기 어려울 만큼 비극적인 일이다. 주님의 가르침을 좇아 제자 삼는 일에 삶을 드리길 두려워하는 마음은 내면에 깊은 좌절감을 남긴다.

혹시 이런 부류의 죄책감과 씨름하고 있지 않은가?

성경 말씀을 읽고 오직 예수님만이 하늘나라에 이르는 유일한 길이라는 사실을 믿는다. 그리스도를 영접하지 않고 세상을 떠나는 이들이 마주할 참혹한 미래를 떠올리며 몸서리를 친다. 그럼에도 불구하고 이런저런 이유를 내세우며 가족과 친구들에게 그러한 사실을 경고하는 데는 별다른 노력을 기울이지 않는다. 날이면 날마다 얼굴을 대하면서도 예수님에 관해서 단 한 마디도 이야기하지 않은 채 지나치는 이웃이나 동료는 없는가?

삶을 돌아보며 곰곰이 곱씹어야 한다. '도대체 어떻게 된 일이지? 하나님 말씀을 진심으로 믿는 게 아니든지, 아니면 사랑이라곤 눈곱만큼도 없는 냉혈한이든지 둘 중 하나가 아닐까? 상대방이 영원히 벗어날 수 없을 운명은 아랑곳하지 않고 거절당할지 모른다는 염려만 한단 말인가?'

상당한 기간 동안 나 역시 이런 죄책감에 시달렸다. 신앙과 행동이 따로 노는 탓에 늘 마음이 부대꼈다.

하나님은 그렇게 살기를 원치 않으신다. 죄책감을 벗어던지고 풍성한 생명을 만끽하길 바라신다. 죄의식을 잘라 버리거나, 자신의 행실을 정당화하거나, 현실에 안주하는 이들과 비교하는 방식으로는 문제를 해결할 수 없다. 해답은 회개뿐이다. 안팎으로 달라져야 한다는 뜻이다.

요즘 들어 수많은 성도들이 꾸짖는 설교를 듣기 싫어하는 경향을 보인다. 스스로 저지른 죄에 대해 깨지고 상한 마음을 가지려 하지 않는다. 슬픔을 느끼기보다 도리어 의기양양해 하는 왜곡된 모습마저 나타나기 시작했다. "정죄하는 설교를 듣는 바람에 완전히 기분이 나빠지고 말았어!"라고 투덜대는 식이다. 죄를 꼬집어서 변화를 이끌어 내려는 의도가 아니라 지적 자체에 초점을 맞춘다. 그런 마음가짐을 갖는 한, 달라질 가능성은 높지 않다. 죄책감이 늘 이로운 건 아니다. 회개를 통해 과거의 괴로움과 슬픔을 기쁨으로 바꿔 놓을 수 있는 경우에만 유익할 따름이다.

부유하고 젊은 관리는 슬퍼하며 떠나갔지만, 삭개오(그 역시 부자였다)는 기쁨에 겨워 나무에서 뛰어내려 왔다(눅 18-19장). 둘 사이의 차이라고는 '회개'라는 요소뿐이다. 청년은 아직 버릴 준비를 갖추지 못했던 까닭에 깊은 근심에 빠졌다. 반면에 세리는 교만한 마음과 넉넉한 재물을 포기하고 환희에 차서 예수님을 좇았다. 예수님은 거룩한 백성들에게 그런 자세를 요구하신다.

이제 죄책감과 근심을 내던지고 주님이 주시는 기쁨을 받아들일 때가 됐다. "하나님의 뜻에 맞게 마음 아파하는 것은, 회개를 하게 하여 구원에 이르게 하므로" 후회가 있을 리 없다. "그러나 세상 일로 마음 아파하는 것은 죽음에 이르게" 한다(고후 7:10, 새번역).

선택의 문제가 아니다

인간은 너나없이 실수를 저지르며 살아왔으며 그 과거에 발목을 잡히면 파멸할 수밖에 없다. 거기서 벗어날 길은 남은 시간을 세상에 쏟는 것이다.

사도행전 20장에서 바울은 놀라운 고백을 하고 있다.

그러므로 오늘 여러분에게 증언하거니와 모든 사람의 피에 대하여 내가 깨끗하니 이는 내가 꺼리지 않고 하나님의 뜻을 다 여러분에게 전하였음이라(행 20:26-27).

정말 행복할 것 같지 않은가? 바울은 뒤를 돌아보고 물러서지 않았기에 그런 삶을 살 수 있었다. 사도로서 마땅히 해야 할 말을 했다. 삶을 마칠 무렵, 바울은 진심으로 말할 수 있었다.

나는 이미 부어 드리는 제물로 피를 흘릴 때가 되었고, 세상을 떠날 때가 되었습니다. 나는 선한 싸움을 다 싸우고, 달려갈 길을 마치고, 믿음을 지켰습니다. 이제는 나를 위하여 의의 면류관이 마련되어 있으므로, 의로운 재판장이신 주님께서 그날에 그것을 나에게 주실 것이며, 나에게만이 아니라 주님께서 나타나시기를 사모하는 모든 사람에게도 주실 것입니다(딤후 4:6-8, 새번역).

올림픽 경기를 마치고 금메달을 기다리는 운동선수처럼, 바울은 할 일을 다 하고 '면류관'만을 기다리고 있다. 맡은 사명을 완수해 낸 것이다. "아버지께서 내게 하라고 주신 일을 내가 이루어…"(요 17:4)라고 하셨던 예수님과 매한가지다.

자, 이제 눈을 감고 자신이 하나님께 똑같은 고백을 드린다고 상상해 보라. 하나님이 부탁하신 일을 남김없이 마치고 그분의 보좌 앞에 나가는 것보다 더 기쁜 일이 또 있을까? 예수님이 아버지 앞에서 우리를 알아보고 인정해 주신다는 게 쉬 믿어지지 않을지 모르지만, 주님은 분명히 그렇게 약속하셨다.

누구든지 사람 앞에서 나를 시인하면 나도 하늘에 계신 내 아버지 앞에서 그를 시인할 것이요 누구든지 사람 앞에서 나를 부인하면 나도 하늘에 계신 내 아버지 앞에서 그를 부인하리라(마 10:32-33).

실제 삶으로는 주님을 부정하는 행위를 그만둘 때가 됐다.

우리 시대 크리스천들은 너무나도 오랫동안 하나님의 임재와 권능을 놓쳐 버린 채 살아왔다. 이제 두려움을 떨쳐 버리고 일해야 할 시간이다. 「팔로우 미」는 그리스도의 제자들처럼, 죽는 날까지 영적인 자녀를 낳고 키우는 일을 하며 평강이 넘치는 삶을 사는 문제를 다루고 있다. 영원한 삶을 향해 가는 신나는 여행에 필요한 정보가 가득하다. 영생은 "나를 따르라"는 예수님의 간단명료한 초대에 진심으로 반응하는 이들을 기다리고 있다.

2011년 초, 어느 집회에 설교하러 갔다가 무대 뒤편에서 똑같은 목적으로 참석한 데이비드 플랫 목사를 처음 만났다. 수천 명에 이르는 청중들을 돌아보면서 저들을 모두 격려하고 무장시켜서 제자 삼는 일을 하게 도울 수 있으면 얼마나 좋겠느냐는 이야기를 나누었다. 그런 사역의 필요성을 설명하고 불특정 다수에게 동기를 부여하는 글을 써야 한다는 데도 의견을 같이 했다. 그리고 마침내 이 책이 나온다는 소식을 듣고 무척 기뻤다.

우리는 지금 흥미진진한 시대를 살고 있다. 교회에 문제가 있음을 꿰뚫어 보고 변화를 이끌어 내는 일에 뛰어드는 이들이 점점 늘고 있다. 구경꾼이나 소비자가 되기를 거부하는 진정한 제자들이 곳곳에서 일어나고 있다. 예수님은 분명히 가서 제자를 삼으라고 명령하셨다. 따라서 주저앉아 핑계거리나 찾아선 안 된다.

제자 삼는 일에 뛰어들어서 실제로 영적인 자녀를 낳고 기르며 열방의 뭇 백성이 예수님을 좇는 그날까지 지치지 않고 제자를 키우는 사역에 헌신하는 크리스천들이 날로 늘어 간다. 이 글을 읽는 독자들이 하나 같이 그 대열에 동참하기를 기도한다.

이건 선택의 문제가 아니다.

_ 프랜시스 챈

chapter 01

1. Oswald Chambers, 「주님은 나의 최고봉」*My Utmost for His Highest*, entry for May 30, www.utmost.org를 통해서도 볼 수 있다.

2. Barna Group, "Barna Study of Religious Change Since 1991 Shows Significant Changes by Faith Group," August 4, 2011 ; Barna Group, "Most American Christians Do Not Believe that Satan or the Holy Spirit Exist," April 10, 2009.

3. 몇 년 전, 폴 워셔(Paul Washer)의 설교문을 읽다가 이 예화를 처음 접했다.

4. 「세계기도정보」*Operation World : The Definitive Prayer Guide to Every Nation*, 자메이카 편, http://www.operationworld.org/jama.

5. 오히려 정반대라고 보는 편이 사실에 가깝다. 예수를 믿지 않는 이들과 달리, 세상의 우상이나 부도덕과 맞서서 끊임없이 싸움을 벌여야 하기 때문이다. 그처럼 생활 가운데 지속적으로 나타나는 회개는 크리스천으로 살기 시작하면서 처음 죄를 뉘우쳤던 회개에서 비롯된다. 여기에 관해서는 나중에 더 자세히 다룰 작정이다.

chapter 02

6. Greg Garrison, "Nirmingham's Church at Brook Hills Pastor Pens Book Telling Christians to Avoid Worldly Wealth," *The Birmingham News*, June 12, 2010.

chapter 03

7. John MacArthur, *Matthew 8-15*, vol.2, in The MacArthur New Testament Commentary(Chicago : Moody Publishers, 1987), 282.

8. W. Ian Thomas, The Saving Life of Christ and the Mystery of Godliness(Grand Rapids : Zondervan, 1988), 181.

9. Ibid., 101, 85.

chapter 04

10. Barna Group, "Most American Christians Do Not Believe That Satan or the Holy Spirit Exist," April 10, 2009.

11. Blaise Pascal, *Pensees*, section 592. 예수님의 부활에 관한 방대한 자료들을 연구하고 수많은 학자들과 토론을 벌여서 이 주제에 관한 한, 당대 최고의 학자로 꼽히는 게리 하버마스(Gary Habermas)는 이렇게 결론짓는다. "제자들과 야고보, 바울 같은 이들이 초기에 보고 들은 경험들과 극적인 변화, 뒤이어 나온 메시지들을 종합적으로 고려할 때, 예수님의 역사적인 부활 말고는 그러한 현상들을 이치에 맞게 설명할 도리가 없다." N. T. 라이트(N. T. Wright) 역시 부활을 철저하게 파헤친 논문에서 이렇게 밝히고 있다. "무덤이 비어 있었다든지 부활하신 예수님을 두 눈으로 보고 만났다는 이야기는 초대교회 크리스천들이 지어낸 소리가 아니었다.

그런 거짓말을 한다는 건 상상도 못할 일이었다. 회심 경험들 역시 조작일 가능성이 없다. 역사를 외면하고 자신만의 판타지 세계를 헤매는 탓에 엉뚱한 해석들을 내놓고 있을 따름이다."

12. James Denney and Alexander Maclaren, *The Epistles of St. Paul to the Colossians and Philemon*, Expositor's Bible, vol. 31(New York : Armstrong, 1905), 300.

13. Richard Hofstadter, *America at 1750 : A Social Portrait*, Vintage International Vintage Series(New York : Vintage, 1973), 240.

part 2   영혼을 살리는 극처방, "죽어야 산다"

chapter 01

14. J. I. Packer, *Knowing God*(Downers Grove : InterVarsity Press, 1973), 200-201.

15. John Wesley, *The Journal of the Reverend John Wesley*, January 29, 1738.

16. 용서에 관해서는 마태복음 6장 11-15절, 필요를 채우심에 관해서는 마태복음 6장 25-33절, 인도하심에 관해서는 로마서 8장 14절, 보호하심에 관해서는 로마서 8장 15절, 하루하루 살아가게 하심에 관해서는 고린도전서 8장 6절, 위로하심에 관해서는 고린도후서 1장 3절, 지도하심에 관해서는 데살로니가전서 3장 11절, 깨끗하게 하심에 관해서는 데살로니가전서 3장 13절, 훈육하심 관해서는 히브리서 12장 5-11절, 아낌없이 베푸심에 관해서는 야고보서 1장 17절, 부르심에 관해서는 유다서 1장 1절, 유업을 약속하심에 관해서는 골로새서 1장 12절을 보라.

17. Jonathan Edwards, *Religious Affections*, abridged and updated by Ellyn Sanna(Uhrichsville, OH : Barbour Publishing, 1999), 46-48.

18. C. S. Lewis, "The Weight of Glory," in The Weight of Glory : And Other Addresses(New York : HarperCollins, 2001), 26.

19. C. S. Lewis, *Reflections on the Psalms*(Orlando : Harcourt, 1986), 94−95.

chapter 02

20. 여기 소개한 하나님의 뜻을 분별하는 방법들은 독창적으로 만들어 낸 게 아니다. 다양한 자료에서 보았던 것들을 나름대로 정리해서 내놓았을 따름이다.

21. Oswald Chambers, *My Utmost for His Highest*, entry for March 20, www.utmost.org를 통해서도 볼 수 있다.

22. 그러한 사실을 직접적으로 명확하게 기록하지 않은 경우는 누가복음 1장 15−16절뿐이다. 하지만 이 본문은 그리스도의 앞길을 예비하는 임무를 맡았던 세례요한에 관한 예언이었음을 기억할 필요가 있다. 구속사의 흐름 속에서 세례요한은 하나님 나라의 도래를 구두로 선포하는 역할을 감당했다.

chapter 03

23. 서로 돌봄에 관해서는 고린도전서 12장 25절, 서로 사랑함에 관해서는 요한복음 13장 34−35절, 서로 대접함에 관해서는 베드로전서 4장 9절, 서로 받아들임에 관해서는 로마서 15장 7절, 서로 섬김에 관해서는 갈라디아서 5장 13절, 서로 권면함에 관해서는 로마서 15장 14절, 서로 용서함에 관해서는 골로새서 3장 13절, 서로 격려함에 관해서는 히브리서 10장 24절, 서로 존중함에 관해서는 데살로니가전서 5장 13절, 서로 격려함에 관해서는 데살로니가전서 5장 11절, 서로 위로함에 관해서

는 고린도후서 1장 3-7절, 기도하며 서로 죄를 고백에 관해서는 야고보
서 5장 16절, 서로 존경함에 관해서는 빌립보서 2장 3절, 서로 덕을 세
움에 관해서는 로마서 14장 19절, 서로 가르침에 관해서는 골로새서 3
장 16절, 서로 친절히 대함에 관해서는 에베소서 4장 32절, 서로 베풂에
관해서는 사도행전 2장 45절, 더불어 우는 일에 관해서는 로마서 12장
15절, 함께 기뻐함에 관해서는 고린도전서 12장 27절, 서로 회복시킴에
관해서는 갈라디아서 6장 1-5절과 마태복음 18장 15-20절을 보라.

24. Dietrich Bonhoeffer, *Life Together*(New York : Harper & Row, 1954), 107.
25. Dietrich Bonhoeffer, *The Cost of Discipleship*(New York : Touchstone, 1959), 288.

chapter 04

26. 요한일서 같은 성경의 말씀들이 크리스천들에게 구원의 확신을 주는 이
유가 여기에 있다.
27. Generous Giving, "Key Statistics on Generous Giving," http://library. generousgiving.org/page.asp?sec=4&page=311.
28. Steve Corbett and Brian Fikkert, *When Helping Hurts : How to Alleviate Poverty without Hurting the Poor ... and Yourself*(Chicago : Moody Publishers, 2012), 41.
29. William danker, quoted in Ruth A. Tucker, *From Jerusalem to Irian Jaya : A Biographical History of Christian Missions*(Grand Rapids : Zondervan, 2004), 99.

부록

30. Dawson Trotman, "Born to Reproduce," 5, 12. Retrieved from

discipleship Library, http://www.discipleshiplibrary.com/pdfs/AA094.pdf.

31. Ibid., 14, 10.

32. Trotman, "Born to Reproduce," 13, 10.

33. http://www.radicalexperiment.org/resources.html을 참조하라. 자료실에 성경을 통독할 수 있는 여러 가지 성경 읽기 방법들을 올려놓았다.

에필로그

34. Rodney Stark, *Cities of God*(New York : HarperCollins, 2006), 67.

35. Asian Report 197(Oct/Nov 1992), 9.